2023—2024年重庆出版业发展报告

重庆大学出版科学研究所 ◎ 编

西南大学出版社
国家一级出版社
全国百佳图书出版单位

图书在版编目(CIP)数据

2023—2024年重庆出版业发展报告/重庆大学出版科学研究所编. -- 重庆：西南大学出版社, 2025.6.
ISBN 978-7-5697-3275-7

Ⅰ.G239.277.19

中国国家版本馆CIP数据核字第2025FC0766号

2023—2024年重庆出版业发展报告
2023—2024 NIAN CHONGQING CHUBANYE FAZHAN BAOGAO

重庆大学出版科学研究所　编

出　品　人：张发钧
责任编辑：黄　璜
责任校对：杨　进
特约编辑：朱嘉怡
封面设计：闰江文化
排　　版：李　燕
出版发行：西南大学出版社（原西南师范大学出版社）
　　　　　地址：重庆市北碚区天生路2号
　　　　　邮编：400715
　　　　　市场营销部电话：023-68868624
印　　刷：重庆新生代彩印技术有限公司
成品尺寸：170 mm×240 mm
印　　张：15.5
字　　数：246千字
版　　次：2025年6月　第1版
印　　次：2025年6月　第1次印刷
书　　号：ISBN 978-7-5697-3275-7

定　　价：42.00元

目 录

行业改革

推动数智融跨出版体系改革 提升重庆出版业发展效能……………3
 一、坚持问题导向,确定改革总体目标要求……………………………3
 二、加强改革顶层设计,明确改革思路及核心目标……………………4
 三、注重实绩实效,制定重点改革举措…………………………………5
 四、加强统筹协调,强化保障支撑………………………………………10

行业报告

重庆出版业发展报告………………………………………………………15
 一、重庆出版业发展概况…………………………………………………15
 二、重庆出版业发展特征…………………………………………………16
 三、重庆出版业发展存在的困难与不足…………………………………22
 四、重庆出版业发展建议…………………………………………………25

重庆图书与电子音像出版业发展报告……………………………………31
 一、重庆图书与电子音像出版业发展概况………………………………31
 二、重庆图书与电子音像出版结构分析…………………………………40
 三、重庆图书与电子音像出版能力分析…………………………………45
 四、重庆图书与电子音像出版业发展中的问题与建议…………………48

1

重庆期刊出版业发展报告···56
  一、重庆期刊出版业发展现状·····································56
  二、重庆期刊出版业发展特征·····································71
  三、重庆期刊出版业面临的挑战···································73
  四、重庆期刊出版业发展建议·····································76

重庆数字出版产业发展报告···83
  一、重庆数字出版产业运行情况···································83
  二、重庆数字出版产业发展特征···································88
  三、重庆数字出版产业面临的挑战·································93
  四、重庆数字出版产业发展建议···································95

行 业 研 究

重庆出版新质生产力发展调研报告···99
  一、重庆出版业发展水平··100
  二、重庆出版新质生产力三要素情况调查··························106
  三、新质生产力赋能重庆出版业发展面临的挑战····················114
  四、新质生产力赋能重庆出版业发展建议··························120

重庆期刊分类体系研究报告··135
  一、项目研究背景··135
  二、国内外期刊分类方法··136
  三、重庆市期刊分类方法··141
  四、重庆市期刊分类体系··143
  五、重庆市期刊分类发展建议····································146

网络文化产业生态指数报告(2024) ·················150
　一、网络文化产业与网络文化产业生态 ·················150
　二、网络文化产业生态指数框架 ·················150
　三、网络文化产业生态格局 ·················152
　四、网络文化产业生态与社会发展相关关系 ·················159
　五、网络文化产业生态发展趋势 ·················165
　六、持续优化网络文化产业生态建议 ·················168

网络出版绿色健康发展机制研究 ·················171
　一、研究背景 ·················171
　二、研究对象与研究方法 ·················172
　三、网络出版绿色健康发展的概念界定 ·················174
　四、网络出版绿色健康发展的研究现状 ·················179
　五、网络出版绿色健康发展的四项机制 ·················183
　六、网络出版绿色健康发展的现状 ·················190
　七、网络出版绿色健康发展机制运行的建议 ·················193

释放数字出版创新活力　助力新时代文化强市建设 ·················200
　一、以新发展理念引领改革,为数字经济发展注入强劲动力 ·················201
　二、与时代同向而行,推动数字出版发展机制创新优化 ·················202
　三、聚焦内容、技术、数据,构建多元融合发展新模式 ·················203
　四、聚焦重点领域,打造数字出版新增长点 ·················204

2024年度重庆市全民阅读指数评估调查报告 ·················205
　一、基本情况 ·················205
　二、成年居民阅读调查主要发现 ·················206

三、中小学生阅读调查主要发现···207
　　四、全民阅读服务体系显成效···208

2023年重庆市全民阅读指数评估调查典型案例·····························210

典型案例一　传承红岩精神，塑造城市精神内核
　　　　　　——重庆市传承红岩精神全民阅读典型案例··········210
　　一、背景···210
　　二、主要做法··211
　　三、取得成效··212
　　四、经验启示··213

典型案例二　大力实施"书架工程"，打造书香重庆新标杆
　　　　　　——重庆市书架工程全民阅读典型案例·················215
　　一、实施背景··215
　　二、主要做法··216
　　三、取得成效··217
　　四、经验启示··218

行　业　会　议

2024网行者大会会议综述···223
　　一、网络出版行业的发展现状与趋势··223
　　二、网络出版的生态建设···224
　　三、文化传承与社会责任···225
　　四、技术创新对网络出版的影响···226
　　五、中小企业的机遇与挑战···227

重庆数字出版年会(2024)大会报告综述·················229
 一、新质生产力赋能出版业发展·················229
 二、新质生产力在出版业中的应用·················230
 三、新质生产力赋能出版业发展的热点·················232
 四、新质生产力赋能出版业发展面临的挑战·················233
 五、新质生产力赋能出版业发展的建议·················234
 六、总结·················236

后记·················238

行业改革

推动数智融跨出版体系改革
提升重庆出版业发展效能[1]

党的二十届三中全会聚焦建设社会主义文化强国，提出深化文化体制机制改革。出版业要担负新的文化使命，必须要深化改革，破除发展体制机制障碍，塑造发展新动能新优势。按照中共重庆市委六届六次全会精神，根据中共重庆市委对全面深化改革工作的部署，中共重庆市委宣传部（重庆市新闻出版局）经过深入调研，启动数智融跨出版体系改革。此项改革已被纳入中共重庆市委"加快实施一批"重点项目。

一、坚持问题导向，确定改革总体目标要求

坚持以习近平新时代中国特色社会主义思想为指导，深入学习贯彻习近平文化思想，贯彻落实党的二十届三中全会精神，围绕中共重庆市委六届六次全会改革部署和文化强市建设任务，针对我市出版业资源少、规模小、体系弱和书号、刊号、版号等运营效能低的痛点难点，聚焦促进思想文化创新、服务全民阅读需求、推动文明交流互鉴，实施出版体系改革，重构资源布局，重整智治流程，重塑功能集群，夯实"出版强市"建设的体制机制基础，打造龙头出版企业、新型出版产业链、特色出版品牌等标志性成果，加快建设书香重庆和西部出版高地，助力重庆成为"一带一路"沿线和新时代西部大开发中思想文化融合创新的重要枢纽。

---

[1] 作者马然希、蒲洋、张瑜等。

二、加强改革顶层设计,明确改革思路及核心目标

明确"1531"总体工作思路①。按照"1531"思路,坚持社会效益和经济效益相统一,把社会效益放在首位,提高书号、刊号、版号和实体书店等出版资源的号均店均综合效能,聚焦系统变革,锚定数智融跨出版体系这个总目标,夯实新质出版基础,以"数"为关键推动技术层开发创新、以"智"为关键推动内容层平台创新、以"融"为关键推动产业层动能创新、以"跨"为关键推动文化层范式创新,实现出版业从面向出版物向面向读者、面向阅读、面向阅读消费行为的转型,着力供给侧、服务侧、资源侧创新,培育和发展新型阅读市场;聚焦行业治理,推动数智赋能,建设"书香重庆"出版应用,形成资源整合、供给生成、流程运行、风险管控、效能评估等五项智治机制,提升行业管理、资源共享、阅读服务能力和水平;聚焦能力再造,推动新质赋能,重塑出版的基本职能,打造出版产投集群、出版研发集群、全民阅读集群等三个新质功能集群,提升出版业发展动能;聚焦发展服务,推动品牌赋能,发挥出版业的政治、经济、社会、文化功能和战略性文化基础设施作用,依托新质功能集群打造出版文化综合体,做亮陆海出版品牌,服务新时代新征程新重庆建设。

到2025年底,新型出版体系基本成形,出版产投集群的新主体、新平台、新业务、新服务、新组织模块基本建成;出版研发集群的特色内容创新、出版学科创新、行业应用创新、专业出版生态、新型阅读生态模块基本建成;全民阅读集群功能更完善,陆海出版品牌项目达4个;新型出版和阅读生态初步形成。到2027年,龙头企业营收持续保持增长;力争新增1家图书出版企业、1家全国文化企业30强,建成陆海出版文化综合体;逐步形成陆海书局、陆海书系、陆海讲读堂、全球共同阅读计划、蚂蚁找书融合阅读平台和出版应用等一批具有重庆辨识度的标志性成果。

---

① "1531"总体工作思路是指1个目标,5个智治机制,3个新质功能集群,1个出版文化综合体,详见插页中"重庆市出版体系改革架构图"。

三、注重实绩实效,制定重点改革举措

(一)建设出版大脑,构建出版智治体系

1. 建设"书香重庆"出版智治体系

坚持数字化和体制机制改革"双轮驱动",基于数字重庆建设形成的基本能力,建设出版应用,配置算力、创新算法,形成出版资源全量汇集、服务多维供给、生产流程智管、市场协同监管、效能综合提升等五个场景和发展智治体系。依托出版应用,建设覆盖出版业各领域的数智化出版系统,针对供给侧开发"出版智治"行业管理界面,推动治理现代化,提高可参与性;针对资源侧开设"有版有数"资源共享界面,推动数据标准化,提高可交易性;针对服务侧开设"蚂蚁找书"阅读服务界面,推动服务便捷化,提高可获得性。

2. 推动资源全量汇集,形成出版资源整合新机制

聚合内容资源、生产资源、客户资源、市场资源、阅读资源、资质资源等出版核心资源,推动资源数字化汇集、网络化共享、智能化开发。制定《重庆市文化数据共享标准》,实现数据资源价值评估智能化,推动优质数据资源转化为数据资产并在交易中增值,建立跨行业、跨地域、跨部门资源交易交换渠道。

3. 推动服务多维供给,形成出版供给生成新机制

以多源大数据挖掘作者意愿、阅读市场和经济社会发展中潜在的优质选题信息,提高选题生成、编辑审校、产品创意、营销推广、用户服务等出版活动的人工智能辅助水平。建立发行商、平台商、出版商和出版物数字阅读平台的数据共享交互渠道,精准智能感知大众阅读消费行为,建立读者画像。制定《版权登记保护应用服务指南》,打造"一站式"和跨区域版权服务平台,提供重点领域版权资产化标准和成套服务解决方案、版权进出口信息和法律服务支持。

4. 推动生产流程智管，形成出版流程运行新机制

基于图书出版生产ERP平台，对选题审批、书号核发、CIP核发、印刷委托、库存状态、发行状态等进行全程优化管理。依托线上平台和数据共享机制，协同开展出版物内容质量、编校质量、印装质量检测，在线协同监管"课前到书"出版审批、生产保障、物流保障、校企交接等。在线管理出版资质，推动注册信息、人才建设、经营数据和资质信息变更审核、年度核验、社会效益考核等便捷化、网络化。

5. 推动市场协同监管，形成出版风险管控新机制

建立出版市场风险分级分类体系，通过多部门数据共享实现市场风险多维感知及预警。建立市、区县两级多部门"扫黄打非"等协同处置机制，开展涉黄涉非和侵权盗版案件、软件正版化监测、出版物鉴定信息数据共享交互、案件协同查处，实现数据流与决策流融合，防控意识形态风险，维护出版市场秩序。

6. 推动效能综合提升，形成出版效能评估新机制

建立发展质量、发展模式、发展特征和资源效能、产业动能、市场营销等出版事业产业综合效能评估体系。针对出版物、出版企业建立全民阅读率、服务吸引力、设施普及度、出版传播力等社会效益评价指标体系，号均生产率、市场竞争力、产品畅销度、行业影响力等经济效益评价指标体系。强化信息和数据分析能力，提高出版行业治理、出版行业发展和创新、出版类文化企业的经营和研发投入等决策水平。

（二）建设出版产投集群，构建新质出版生产体系

1. 打造出版资质新主体

深化重庆新华出版集团企业内部改革，推动重庆出版社在数字出版、网络出版、版权交易和版权进出口、全版权开发等方面形成新能力；推动新华书店在开拓出版物市场、新型阅读市场、数字营销等方面形成新能力；推动陆海传媒成为全国一流大众报刊企业，做大做强教育报刊矩阵，提质科普报刊矩阵，打造具有较大影响力的财经期刊矩阵。推动陆海书局成为服务"一

带一路"和对外大众出版的专业机构。推动重庆大学出版社在学术、科普、艺术、时尚文化和大中专教材领域,西南大学出版社在人文历史、古籍整理和文明互鉴等细分领域形成专业优势,在工业技术、区域及民族文化等领域打造一批具有国际影响力的图书。推动重庆西信天元数据资讯有限公司深度发展文化数据库。

2.打造出版产业新平台

推动重庆两江新区国家数字出版基地、重庆市数字出版产业基地、重庆市小游戏产业基地建设,形成制度型产业服务能力,提高数字内容产业产能聚集度。建立两江新区网络游戏重点集聚区,推动新华产业园、解放碑新华时尚文化城成为出版传媒和文化创意产业的专业化基地,形成国内一流创意生态。推动维普资讯打造国际一流科技文献数据平台,探索建设学术出版开放获取自主平台。推动相关机构发展外文学术期刊。发挥版权的创意产业核心要素作用,培育意库、麦芽、宅喵等一批以版权开发为核心竞争力的新型文化产业平台和企业。

3.打造阅读市场新业态

建设融合阅读新生态、构建共同阅读新场景、培育终身阅读新风尚,创新"图书+休闲+社交+主题+公益"等新型阅读文化消费业态,推动从出版物市场向阅读市场转型,打造新华书店新概念书店,西西弗书店做大做强巩固其全国最大实体连锁书店地位,扶持特色书店、创意书店发展。建设"蚂蚁找书"融合阅读平台,以图书严选服务为支撑,破除阅读形态、场景、人群、时间的壁垒。

4.打造行业管理新服务

聚合重庆市出版监测中心、重庆市版权保护中心、陆海版权交易服务中心和重庆游戏出版服务平台,完善"开放平台+产业园区+服务中心"协同机制,推动专业机构、出版监测、版权服务"三进"园区,在出版质量监测、版权保护代理、游戏拨测服务等领域形成服务能力。在艺术与潮流艺术、民间文艺、声音产品、网络剧片等重点领域推进版权登记标准化、交易服务专业化、打击侵权盗版协同化。利用自贸试验区政策,促进"一带一路"版权交易,建设版权聚集平台、供需对接平台、交易结算机制、司法仲裁机制等。建立版权法律服务协同机制、版权经纪人队伍。申报建设中央宣传部出版产品质量监督检测中心重庆分中心,设立CMC认证检测实验室。

5.打造行业协同新组织

重庆市出版工作者协会、期刊协会、发行业协会、音像与数字出版协会、版权协会、印刷协会、高校期刊研究会、科技期刊编辑学会等发挥协同创新作用。强化与相关领域国家级行业协会、社会团体和中央出版单位的互动,推动与中国外文局、中国出版集团、中华出版促进会等合作,在中国版权协会指导下牵头用好东北—西南地区版权联合体,争取在重庆落地项目、机构、成果等。激活重庆宣传文化发展基金会,推动设立数字文化发展基金、全民阅读公益基金等,加快建立新出版、新阅读、新消费和出版科技创新的社会化投入机制。

(三)建设出版研发集群,构建新质出版创新体系

1.形成特色内容创新能力

建设陆海文明版本馆,打造新型文化基础设施,汇集"一带一路"出版物版本及数据资源,服务"一带一路"建设各方面需要,形成智能化知识服务能力。建立陆海书院(陆海智创中心),汇集各方社会力量开展研学讲学弘学、人文学术交流、智库研究协同、出版国际合作和创意生态营造,形成跨文明出版、跨文明阅读特色。

2.形成行业应用创新能力

依托高校和企业建设"智库—实验室—工作坊"应用创新体系。建好用好国家出版智库,建设智慧出版与知识服务实验室(期刊)、融合出版实验室、AI出版实验室、平行出版实验室等,开发新产品、新模式、新路径。建立当代文学、社会学、"陆海&城市"等内容研发工作坊,围绕全球发展倡议、全球安全倡议、全球文明倡议,以及具有全国全球意义的重庆选题开展出版创意策划。

3.形成出版学科创新能力

争取部地共建出版学科,建立出版学科共建机制。加快建设重庆大学出版学院(研究院)、重庆大学出版科学研究所和西南大学出版学院(研究

院),形成出版学科特色和人才培养体系,开展出版学专业博士、专业硕士培养和继续教育。组织开展出版业内部机制、外部环境研究。组织开展对组织/创意、筛选/评论、成形/复制、流传/阅读、教育/学术等出版基本职能的研究,突出出版职能与智能、出版生态与治理、阅读生态与市场、跨文明出版与批判性阅读等研究方向。

4.营造专业出版生态

建设学术出版平台,扩大维普资讯期刊数据库等科技文献平台的国内国际影响力和学术出版的高被引用率,办好《学术出版与传播》。构建高校出版合作网络。升级教育出版生态,强化课标教材建设能力,推动高水平数字教材及平台建设,建设面向全国的中小学教研大数据服务平台。营造良好少儿出版、财经出版、科普出版等重点领域产业链生态,形成专业声誉和产业优势。打造绿色健康可持续发展的网络出版生态,办好《网行者》期刊,举办网行者大会,发布网络文化产业生态指数报告。推进出版业与文学界的跨界融合发展,形成文学精品选题、创作、出版、评论和全媒体传播、全渠道营销、全版权开发的一体化机制。

5.营造新型阅读生态

打造陆海讲读堂、蚂蚁找书阅读社群和阅读MCN、书香体验空间等生态型阅读服务项目,打造书香新媒体矩阵,推动阅读社群化、生涯化、生活化、主题化,大力发展阅读教育与青少年德育、智育、体育、美育、劳动教育相结合,与普法教育、国防教育、自然教育、生活教育和社会心态建设、人生规划等相结合,推进出版与文化消费深度融合,推动书香重庆建设深度融入社会文化生态和城市精神品质。

(四)建设全民阅读集群,构建新型阅读服务体系

1.打造全民阅读服务平台

迭代设施功能,建设包括百家图书馆、千家书店、万个社区书架的全民阅读服务供给渠道,建立覆盖城乡的共同阅读社群,兼顾提供公共服务和消费服务,促进阅读行为向阅读消费行为的良性转化,提高实体书店流量和购买率,培育用书、读书、买书、藏书、赠书的阅读消费习惯。

2.实施全民阅读促进计划

《全民阅读促进条例》出台后制定重庆市实施办法。持续办好全民阅读月、全民阅读盛典、巴渝书市、旧书市集等活动。实施乡助阅读公益计划，依托农家书屋和乡村书架，在有条件的镇街建设乡助阅读中心，组织基层组织和社会力量开展阅读引导活动，培养乡村社会阅读风尚。实施驻场阅读空间计划、青春阅读梦想计划、共同阅读国际计划。

（五）建设出版文化综合体，提升出版服务发展能力

1.打造新型出版文化综合体

贯彻落实习近平总书记对重庆提出的"两大定位""三个作用"要求，聚焦陆海文明交流互鉴、陆海经济联动发展，用好资质和创意、版本和版权、阅读和生态等六大要素，强化出版智治体系的智能化枢纽作用和各功能集群间的协同互动，聚合陆海书局、陆海传媒、陆海文明版本馆、陆海版权交易服务中心、陆海书院（陆海智创中心）、陆海讲读堂等新质功能体，形成"六边形"出版文化综合体。

2.打造陆海出版品牌

围绕中心、服务大局，突出陆海叙事、城市叙事组织重大选题策划，邀请国际国内名家撰著陆海书系。汇集智库资源，建立出版学术研究协同机制。提高版权进出口服务水平，建立海外版权维权渠道和机制，为企业出海、来华投资、文化交流和研究等提供智能化国际化的知识服务、版权交易服务。促进游戏、网络剧片、网络文学等产品出海。以"一带一路"为重点探索建立出版合作组织、青少年阅读共同体等。

四、加强统筹协调，强化保障支撑

加强党对出版工作的领导，明确责任，推动政府相关部门、出版单位、社会力量等形成改革合力。加强政策保障，争取国家部委试点和有关方面支持。加强出版学科支撑，推动"科技+出版"。加强创意生态支撑，推动版权

要素化可交易、要素产品化可触达、产品市场化可消费,营造有利于出版传媒和创意经济发展的社会文化生态。加强重大项目支撑,构建出版精品生产和营销体系,激发出版活力。注重改革评估,建立导向正确、标准客观的评价体系,做好改革项目实施进展的推进监测,开展中长期改革成效评估,加强评估成果分析应用,及时发现、总结、推广创新做法和典型案例。

行业报告

重庆出版业发展报告[①]

一、重庆出版业发展概况

（一）出版主体情况

2023年全市有图书出版单位3家、电子音像出版单位6家、期刊出版单位124家（出版139种期刊）、网络出版单位22家（含游戏出版单位3家）。图书、电子、音像和期刊共有从业人员3231人，其中图书出版单位1554人、电子音像出版单位87人、期刊出版单位1590人。数字出版及相关企业共约2000家，从业人员约2万人。

（二）出版单位生产情况

2023年全市共出版图书5867种（其中新出图书1888种），图书总印数13698.72万册；共出版电子音像出版物340种（其中电子出版物318种，音像出版物22种），发行电子音像出版物共计251.56万张（盒）（其中电子出版物240.56万张，音像出版物11.00万张（盒））；共出版期刊139种、1883期，总印数0.37亿册。

（三）出版单位经营情况

2023年全市出版单位总资产37.71亿元（不含数字出版），其中图书出版单位25.53亿元，电子音像出版单位1.11亿元，期刊出版单位11.07亿元。

[①] 课题组成员：李俊、刘茂林、陈月梅、胡英奎、吴江文。

2023年全市出版单位总收入16.96亿元(不含数字出版),其中图书出版单位11.89亿元,电子音像出版单位0.45亿元,期刊出版单位4.62亿元。

2023年全市数字出版产业总资产为423.62亿元,总产出300.77亿元。数字出版产业对地区国民经济的贡献率为0.51%,占全市数字经济核心产业增加值1.13%。

二、重庆出版业发展特征

(一)出版业发展总体稳定

2023年是全面贯彻落实党的二十大精神的开局之年,是"十四五"规划承上启下的关键之年。全行业继续坚持提质增效、稳中求进的发展思路,大力推动出版业高质量发展。从生产经营核心指标看,全市出版业总资产和总收入较2022年实现小幅增长(分别增长3.63%和1.31%),利润有所下降,总体上保持稳定。利润下降主要源于市场竞争加剧,特别是线上销售与直播带货等新媒体营销降低了销售折扣,拉低了出版利润。从近5年数据来看,总资产和总收入均有一定增长,但增幅不大,增长源于行业图书价格整体水平提高。由此可看出,近几年重庆出版业发展总体趋于平稳。

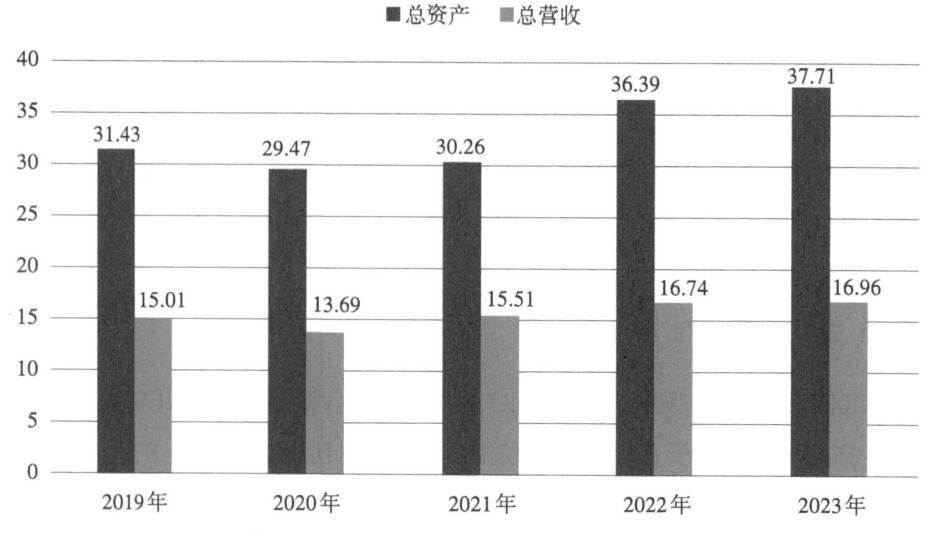

图2-1 2019—2023年重庆市出版业(不含数字出版)经营情况(单位:亿元)

表2-1 2019—2023年重庆市图书、电子音像、期刊主要经营数据

出版类型	年度	总资产（亿元）	总营收（亿元）
图书出版	2019	20.23	9.70
	2020	19.71	9.65
	2021	20.63	11.15
	2022	24.39	12.22
	2023	25.53	11.89
电子音像出版	2019	0.91	0.43
	2020	0.94	0.37
	2021	1.01	0.48
	2022	1.20	0.44
	2023	1.11	0.45
期刊出版	2019	10.29	4.88
	2020	8.82	3.67
	2021	8.62	3.88
	2022	10.80	4.08
	2023	11.07	4.62

表2-2 2019—2023年重庆市数字出版主要经营数据

出版类型	年度	总资产（亿元）	总产出（亿元）
数字出版	2019	304.22	225.11
	2020	337.50	249.75
	2021	359.42	265.97
	2022	397.70	282.36
	2023	423.62	300.77

注：各类出版详细数据见后续专题报告。

(二)主题出版成效显著

2023年,全市出版单位将主题出版工作放在首位,围绕学习宣传贯彻党的二十大精神和习近平文化思想,宣传阐释党的创新理论,宣传党和国家重大活动、重大事件,弘扬社会主义核心价值观等方面,策划出版各类主题出版物200余种,不断巩固壮大奋进新时代的主流思想舆论。

在图书和电子音像出版方面,策划出版《中国式现代化"六观"丛书》《信念的较量:鲜为人知的红岩故事》《破局乡村振兴——中国式农业农村现代化的11个思考》等一大批主题出版精品,《向着太阳前进:中国共青团百年历史图志》获2023年中宣部主题出版重点出版物。

在期刊出版方面,《当代党员》《党员文摘》《红岩春秋》等时政类期刊聚焦主题主线,通过拓展宣传广度、增加宣传厚度、增强创新力度和提升报道温度等举措,有效提升了主题宣传的吸引力和感染力。其中,《课堂内外》《世界儿童》入选中宣部"青少年期刊讲党史"主题宣传重点选题名单,并获中宣部出版局通报表扬。《今日重庆》"乡村振兴的艺术力量"组文、《党员文摘》"延安:一本永远读不完的书"组文入选中宣部第七届"期刊主题宣传好文章"。

在数字出版方面,策划推出"学习贯彻党的二十大精神数字阅读专栏"等50余种主题数字类产品,"'七一'客户端""'重庆党建'强国号"等新媒体平台下载量、订阅量不断提高,阅读量超百万、千万乃至亿次的爆款作品涌现。

2023年,重庆出版单位在理论出版物的策划出版方面达到新高度。策划了《中国式现代化"六观"丛书》《读懂新时代丛书》《国外人士看新时代系列丛书》《马克思为什么是对的》等一批高水准的理论读物。由中共重庆市委宣传部主导的《中国式现代化"六观"丛书》集合了中国社会科学院、东北大学等国内知名高等院校和研究机构的精锐研究力量,阐释了中国式现代化的理论和实践创新,既有理论高度,也有学理深度,是一套既具有国家水平,也有重庆辨识度的理论读物,未来将陆续翻译成多种语言,在全球范围内推广发行。

(三)精品出版保持良好势头

2023年,全市出版业持续实施精品出版工程,优结构、提质量,精品出版保持良好势头。

在图书和电子音像出版方面,全市出版单位共获得国家级、省部级奖项近200项,获奖作品涵盖多个领域。《大足石刻全集》《时光边缘》等作品荣获第八届中华优秀出版物奖图书奖、第十届冰心散文奖等重要奖项;《马克思主义经典文本的当代解读与中国道路》等10个项目获得国家出版基金资助,获国家出版基金资助项目数量创历年新高。其中,重庆出版社6个项目入选,入选数量在全国出版社中位居第一;《中国式现代化"六观"丛书》《新时代服务全民终身学习教育体制机制研究丛书》《近代川江文献整理汇编》等18个项目获重庆市出版专项资金资助。

在期刊出版方面,期刊学术影响力和社会影响力进一步提升。《智能肿瘤学(英文)》《智能技术学报(英文)》入选中国科技期刊卓越行动计划高起点新刊项目。截至2023年底,重庆共有8种期刊入选中国科技期刊卓越行动计划项目。同时,2023年新增《西部人居环境学刊》《重庆医科大学学报》《重庆社会科学》等刊物被《中文核心期刊要目总览》等核心期刊数据库收录。截至2023年底,重庆有68种期刊被各核心期刊数据库或核心期刊目录收录,其中学术期刊的核心期刊入选率达71.6%,各类核心期刊占全部期刊的48.9%,重庆核心学术期刊占比在全国各省(区、市)中名列前茅。此外,《镁合金学报(英文)》的影响因子连续4年位居同类期刊全球第一。

在数字出版方面,"红岩精神学习研究宣传数字服务项目"入选国家出版融合发展工程数字出版精品遴选推荐计划,这是2019年国家实施数字出版精品遴选计划以来,我市第2个入选的数字出版类项目。中共重庆市委当代党员杂志社被评为第十二届中国数字出版博览会"优秀数字内容服务商","'七一'客户端""'渝书坊'阅读服务新空间""新形态教材支撑平台""U云校智慧课堂"等项目亮相第十三届中国数字出版博览会,进一步提升了重庆市数字出版的知名度和影响力。

（四）地方文化出版持续推进

2023年，全市出版单位高度重视对巴渝文化的传承和发展，深耕地域文化，讲好重庆故事，重庆地方特色出版持续推进。

一是服务地方经济社会发展，策划出版了一批具有重庆辨识度，展示成渝地区双城经济圈经济社会发展、历史文化和人文情怀的图书，如《成渝地区双城经济圈城市概览》《成渝地区双城经济圈建设年鉴（2022）》《成渝地区双城经济圈健康与旅游产业融合发展研究》《重庆市努力发挥"三个作用"推动高质量发展实践探索研究》等。

二是挖掘弘扬传统文化，持续推进《巴渝文库》出版工程，《蜀水经十六注》等8种《巴渝文库》子项目立项，《刘文简公集》等8种11册正式出版。

三是展示重庆地域文化方面，策划出版了《山城印象：一个丹麦人眼中的重庆》《十八梯》《魁星楼》《巴蜀变》《重庆历史名人录》《重庆市地名文化故事》《小河锣鼓》《龙骨坡抬工号子》《江南会馆文书选编》《重庆好人传·2022年》《重庆红色印记寻访录》等弘扬本土文化的特色出版物。

（五）出版融合发展能力逐步提升

2023年，全市出版单位持续推进产业数字化和数字产业化，不断提升行业数字化、数据化、智能化水平，出版业态壁垒逐步消除，融合发展能力逐步提升。

一是融合出版应用体系初步构建。全市出版单位结合自身资源优势，积极探索适合本单位的融合发展模式，建设相关支撑平台，提升数字应用能力。据初步统计，全市出版单位主办网站185个、客户端73个，进驻第三方平台主办各类"号"超过500个，用户总量超过4亿，推送各类内容超过20万条次。大部分出版单位出版融合发展应用平台构建基本完成。

二是数据资源建设成效明显。在数字教育资源和专业数据资源建设方面成果较为丰富：重庆出版集团建成并上线义务教育阶段5个学科、37个品种人教版数字教材及配套资源；重庆大学出版社具有完全自主知识产权的"课书房"数字教材平台成功上线，内容涵盖培智教育多个年级、多个学科的数字资源2000余个；西南大学出版社开发各类数字教育资源238种，制作国家智慧教育平台教学视频课605节；课堂内外杂志社建设教学科研专业发展平台，包含约4000道测评题目，聚集教师教学备授课资源共计约1000份电子文档资源、500余节视频课程，并对近5年作文与阅读图书的2000份电子资源进行数据化处理。维普资讯累计完成8000余万篇期刊文章的数据化加工，覆盖1989年至今国内出版的14000余种期刊。

三是创新能力逐步增强。注重大数据挖掘、人工智能等新技术在出版领域的推广应用，不断提升创新能力。重庆大学电子音像出版社利用云计算、大数据等新兴信息技术构建起集数字教材建设、出版和应用于一体的智慧化生产平台，创新内容集成、数据分析、协同服务的运行模式。重庆大学期刊社、西南大学期刊社、重庆市卫生健康统计信息中心等出版单位引入文生图、文生视频等AIGC技术，自动提取学术论文核心观点，生成导读视频，拓展学术论文传播空间；重庆数据资讯有限公司联合中国科学院计算技术研究所开发AI生成文艺作品短视频系统，制作文艺作品简介和略读视频。

（六）网络游戏出版再上新台阶

近5年，重庆以提升游戏出版能力为核心，带动游戏全产业链壮大发展，推动产业规模不断增大，全市网络游戏产业发展逐渐进入良性发展轨道，也成了重庆数字出版中的活跃板块之一。2023年，全市有网络游戏及相关企业200余家，网络游戏总产出50.98亿元，较上年度增长9.9%。其中网络游戏研发与制作产出29.77亿元，网络游戏出版与运营产出21.21亿元。

2023年，全市游戏出版数量和在全国占比达到了近5年的最高点，无论出版数量还是在全国的占比都有较大提升。全年报送网络游戏24款，26款游戏获批版号[1]，网络游戏报送量及获批量同比增长71.4%、271.4%。与全国相比，获批版号数量占全国出版总数的2.4%。近5年，重庆游戏出版数量和在全国占比呈现快速增长态势，得益于重庆游戏出版主体的增加和高效的游戏出版审核、报审机制。

---

[1] 含往年报送游戏。

三、重庆出版业发展存在的困难与不足

（一）出版能力整体偏弱

出版能力偏弱是制约重庆出版业高质量发展的核心问题，主要表现在选题策划能力不强、市场运营能力不足、资源整合能力不够、有影响力的项目（产品）不多等方面。近年来，重庆出版业一直致力于高质量发展，但与全国相比，在产业规模和影响力等方面还处于中低水平，在主题出版方面未形成品牌优势，在精品出版方面未做到层出不穷，巴渝文化的挖掘以及本地作者凝聚和培育都未达到高水平，现有出版能力与实现领先西部的高质量出版和市政府提出的文化强市目标尚不匹配。

我市3家图书出版社虽均为一级出版社，且形成各自优势，但从经营规模上看，与行业头部企业存在一定差距。3家出版社出版的图书进入全国畅销书排行榜前100的不多，市场影响力不够。在期刊出版方面，课堂内外杂志社在青少年群体中有一定影响力，当代党员杂志社旗下刊物在全国党刊中排名靠前，核心学术期刊占比较高，但从重庆期刊的总数量、总印数，从业人员数量、资产总量来看，重庆期刊的规模都偏小，难以支撑重庆"期刊强市"目标的实现。在数字出版方面，重庆在西部地区虽属前列，但与中东部发达省（市）相比，整体产业规模、产品策划和运营能力，都存在较大差距。

（二）数字出版发展缓慢

我市数字出版起步早，早期发展态势较好。2010年4月，重庆挂牌成立全国第二家、西部首个国家数字出版基地；2011年1月出台《关于加快重庆数字出版产业发展的指导意见》；2015年有7家国家级转型示范单位，并建立了全国首个也是目前国内唯一的数字出版产业统计报表制度，数字出版产业总产出逐年增长。但从近年的发展来看，数字出版发展速度呈现下滑趋势。

一是数字出版整体发展速度放缓。2023年产业总资产、总产出、总利润虽然仍保持了上涨趋势，但增幅放缓。从投入产出视角来看，数字出版物零售、数字出版数据服务、数字出版网络接入服务和数字出版运营平台等核心数据产业影响力系数排在重庆市国民经济流量表142个部门的100位以外，对相关产业带动相对较小。在项目策划方面，精品项目数量较少，对新兴出版发展、传统出版融合发展的带动作用不强。截至目前，我市仅有2个项目、1个单位入选国家新闻出版署出版融合发展工程。市级出版专项资金申报及入选项目也是逐年减少，部分单位甚至重复申报或不再申报。

二是网络出版发展目标不清。2022年，我市有27家网络出版单位，在西部排名靠前。然而，到2023年底，仅有20家单位持有有效资质。部分网络出版企业，尤其是传统出版企业获得网络出版服务资质后，仍沿袭固有发展模式，将网络出版定位于为传统出版产品服务。其中，有的网络出版单位甚至未实质性开展网络出版工作，未制定明确的发展目标和实施计划，缺乏基本的发展保障机制。

三是网络游戏和网络文学发展喜忧参半。近几年，我市大力发展网络游戏、网络文学出版。网络游戏出版从无到有，由自生无序发展到良性快速发展状态，取得了一定成就。但总体来看，我市网络游戏产业仍处于弱势，重庆游戏企业发展缓慢，研发能力整体较弱，游戏产业发展重点仅在出版环节，3家出版单位出版的游戏绝大多数不是由重庆本土单位作为主体进行研发和运营。出版游戏资质在带动本地游戏产业发展、吸引外部优秀网络游戏企业落户重庆方面的成效未充分体现。在网络文学方面，按照中宣部《关于进一步加强网络文学出版管理的通知》要求，重庆加强了网络文学出版的管理，网络文学发展加快，每年的营收数据保持稳中有升，但总体上规模较小，精品创作能力不足，产品质量不高的问题长期存在。到目前为止，我市并未出现在全国有重大影响力的网络文学作品和平台。

（三）高端人才集聚不足、培养力度不够

截至2023年，我市有注册责任编辑1282人，其中高级责任编辑181人。

总体上,我市现有出版人才难以支撑出版业高质量发展。人才的培育和引进成效不明显,部分出版单位管理体制僵化,激励员工队伍手段有限,导致中高级出版骨干流失现象较为突出。

重庆虽为直辖市,在城市经济、文化发展等方面具有一定基础,但与北上广等经济发达地区相比,重庆出版业在人才待遇、工作环境、激励机制等方面存在一定的差距,地域吸引力相对薄弱,难以有效汇聚并留住顶尖的出版人才。在人才成长方面,部分出版企业依赖传统出版模式,未能紧跟时代步伐,在新技术、新应用、新模式、新领域等方面的探索上缺乏深度布局与前瞻视野,这种滞后不仅限制了企业自身的发展速度与潜力,更压缩了人才施展才华与实现自我价值的空间,从而削弱了重庆出版业对优秀人才的磁吸效果。在人才培养方面,重庆市新闻出版局、重庆市出版相关学(协)会组织了多种论坛、培训,重庆市音像与数字出版协会实施了数字出版"百人计划",在一定程度上发挥了人才培养的作用。然而,由于管理机制等原因,大多数出版企业并未提供足够的实践环境,这些努力在缺乏足够多具有挑战性、前瞻性和创新性实践项目支撑的情况下,其效果难免大打折扣。

(四)整体出版规模较小

近年来,重庆的出版单位出版了一些品质较高的优秀出版物,但由于出版主体较少且规模较小,无法形成整体规模化优势,整体效益优势不明显,离出版大市强市的要求相去甚远。

一是在出版资源方面处于全国末端。我国的31个省份(未含港澳台地区),出版资源平均占比为3.23%。然而我市图书、电子、音像出版单位数量分别占全国的0.51%、1.58%、1.45%,期刊数量占全国的1.37%,均远低于平均占比,处于全国末端。我市出版资源与邻省四川相比差距更大,以图书出版单位数量为例,我市不到四川的1/5。

表2-3　重庆市出版单位数量与部分省(市)及全国比较[①]

	重庆(家)	天津(家)	上海(家)	四川(家)	全国(家)
图书	3	12	39	16	585[①]
电子	6	7	24	8	380
音像	6	9	29	10	414
期刊[②]	139	236	632	354	10139

注：数据来自国家新闻出版署网站。

二是出版规模处于全国中下水平。以2022年图书、电子、音像出版为例，从出版品种数量来看，我市图书、电子、音像出版物数量在全国占比都非常低，均低于1%。与邻省四川相比，图书出版总品种不足其一半，新出品种不足其1/3。

表2-4　2022年重庆市图书、电子音像出版品种数量与部分省(市)和全国比较

		重庆(种)	天津(种)	上海(种)	四川(种)	全国(种)
图书	总出版	5412	7937	26897	12477	502246
	新出版	1839	3749	10638	6613	205261
电子		78	10	350	292	8072
音像		36	20	623	54	6612

注：数据来自国家统计局统计数据。

四、重庆出版业发展建议

2023年10月，习近平文化思想的提出，在党的宣传思想文化事业发展史上具有里程碑意义，在马克思主义文化理论发展史上也具有深远意义。

---

① 含33家副牌社。
② 期刊数据为期刊种数。

这一重要思想极大丰富和发展了马克思主义文化理论，丰富和发展了习近平新时代中国特色社会主义思想，以全新视野深化了对社会主义文化建设规律的认识，为新时代新征程铸就社会主义文化新辉煌、建设中华民族现代文明提供了科学指引，具有重大的理论意义、实践意义、历史意义和时代意义，为重庆出版业的发展提供了根本遵循和行动指南。

2024年4月，习近平总书记视察重庆，赋予重庆新时代西部大开发重要战略支点、内陆开放综合枢纽"两大定位"，中共重庆市委、市政府提出要做实"两大定位"、发挥"三个作用"，奋力谱写中国式现代化重庆篇章。党的二十届三中全会后，中共重庆市委、市政府明确目标，提出围绕做实"两大定位"、发挥"三个作用"，坚持把全面深化改革作为纵深推进现代化新重庆建设的关键变量，努力形成更多"西部领先、全国进位和重庆辨识度"的标志性改革成果，为全国改革大局作出更大贡献。重庆出版业要充分认识重庆新的时代使命和战略定位，把出版业的发展融入谱写中国式现代化重庆篇章的进程中，积极谋划、主动作为。

（一）进一步厘清重庆出版业的发展目标

全市各出版单位要提高思想站位，进一步厘清重庆出版高质量发展的思路、目标、措施。贯彻落实党的二十届三中全会精神，深入学习领会习近平文化思想和习近平总书记视察重庆重要讲话重要指示精神，紧扣中共重庆市委、市政府《关于加快推进新时代文化强市建设的意见》，把重庆出版业放到重庆的"两大定位"高度去定位，围绕"加快建设新时代文化强市，为新时代新征程全面建设社会主义现代化新重庆提供坚强思想保证、强大精神力量、有利文化条件"的要求，制定出版业发展长期、中期、近期规划；深谋实干、奋发进取，认真落实《关于加快推进新时代文化强市建设的意见》《重庆市出版业"十四五"时期发展规划》，对标对表，把习近平总书记对重庆的殷殷嘱托及市委、市政府关于新重庆建设的目标要求分解到出版业，一一落实下来。

(二)努力提升出版能力

出版能力是出版业发展的核心竞争力,要壮大重庆出版实力、影响力,必须强化改革创新,努力提升出版能力。

一是提升选题策划能力。选题策划是出版工作中最基础和最核心的环节,出版单位需持续不断提升选题策划能力。要强化选题资源聚合、优秀作者资源的培育聚集以及选题市场前景的研判论证;要针对国家发展大局、谱写中国式现代化重庆篇章、服务重庆经济社会发展、重要时间节点和重大事件主线,高起点、高站位策划具有重庆辨识度的主题出版和重大出版项目;要服务传承弘扬中华优秀传统文化,以打造重庆文化新地标的决心和勇气,策划挖掘弘扬巴渝文化的特色出版物;要面对市场,大力策划具有"双效"潜力的原创出版物;要坚守人类命运共同体理念,精心策划具有国际影响力、传播中华文明的"外向型"出版物。

二是提升市场营销能力。要重视渠道在出版环节中的重要作用,面对出版内容、出版形态、传播渠道在大数据、人工智能时代发生的深刻变化,主动转变传统的单一固定渠道营销思路,以市场需求为导向谋划营销策略,提升市场营销能力;要找准市场定位,形成有市场影响力的产品矩阵,提升品牌打造能力;要重视打造线上线下编辑、营销、发行三方互动的融合营销模式,尤其要重视新媒体应用能力的培养,提升融合营销能力。

三是提升融合发展能力。融合发展是出版业发展的必然趋势。各出版单位要高度重视融合出版,深入贯彻落实中宣部《关于推动出版深度融合发展的实施意见》,始终将出版融合发展作为出版业高质量发展的重要抓手。要坚持守正与创新,建立适宜传统出版与新兴出版"融为一体、合而为一"的体制机制;要立足出版单位实际,扩大优质内容供给,强化新技术支撑,切实把出版内容优势转化为融合发展优势;要强化市场调研分析、研判未来趋势,适应网络传播分众化、差异化趋势,用好新型传播手段,创新内容呈现传播方式;要注重系统推进与示范引领相统一,整合本单位各类资源与要素,系统性规划布局,整体推动。同时又要以点带面,发挥典型项目的示范作用,激发创造力。

（三）推动数字出版向纵深发展

2023年,中共中央、国务院印发了《数字中国建设整体布局规划》,明确提出了数字中国建设的整体框架和发展目标。《重庆市数字经济"十四五"发展规划(2021—2025年)》提出加快打造"智造重镇"、建设"智慧名城",不断激发我市数字经济创新发展活力,再创数字经济发展新优势,引领全市加快推动高质量发展、创造高品质生活。数字出版作为出版业深度融合发展的重要方向,应重新树立信心,坚持走数字出版的发展路径,深入贯彻落实中宣部《关于推动出版深度融合发展的实施意见》和国家新闻出版署印发的《出版业"十四五"时期发展规划》等文件精神,推动重庆数字出版迈上新台阶。

一是健全数字出版发展机制。要健全全面提升数字出版能力的动力机制。出版单位要转变发展理念,在投入和分配上要明确数字出版的重要地位,将数字出版与传统出版协作向全线贯通转变。要建立适宜数字出版活动的考核办法,从考核数字出版产品营收向考核数字出版产品影响力、技术创新度、内容资源数据化程度、复合产品贯通度转变,促进出版单位全员参与数字出版活动。要建立适宜数字出版的试错机制,鼓励全员创新,为数字出版产品生产服务创新提供基本保障,尤其是要允许出版人员在数字出版产品和服务研发中试错,出版单位要对试错兜底。出版行业管理部门要加强对出版深度融合发展的统筹、规划和布局,给予政策支持和业务指导,并建立出版单位融合出版评价制度,将评价结果与出版单位社会效益考核、基金项目资助、书号资源分配等挂钩,推动出版单位把融合发展落到实处。

二是探索多元融合发展新模式。首先,重构适宜出版深度融合发展的生产线。鼓励出版单位打破以传统介质为纽带的生产线,构建适宜多载体、多业态、多场景应用的产品线,形成以数据为关键生产要素的深度融合发展体系。其次,以要素驱动合作,推进出版深度融合发展。加强出版单位间合作以及出版单位与技术、运营单位的合作,探索前沿技术驱动数据资源重构再生的融合发展模式。再次,鼓励跨所有制推进出版深度融合发展。鼓励出版单位发挥内容把关优势,与数字内容生产单位、新技术开发运营单位开展合作,发挥主力军在主战场的引导力。

三是强化前沿技术应用。当前,以人工智能、大数据、云计算为代表的前沿技术快速发展,特别是随着生成式AI技术的发展,让包括出版业在内的众多行业处于一场技术革命的风口浪尖,也必将推动出版行业生产力的变革。重庆出版界要深刻认识前沿技术在推动出版业数字化转型升级、深度融合发展的重要作用,主动加强与技术企业的通力合作,将前沿技术应用于出版生产传播各环节,在内容供给、选题生成、出版形态、质量提升、传播方式等方面实现创新,催生新产品、新形态、新模式、新服务,为行业发展带来新的增长点。

四是大力推动网络游戏和网络文学发展。将网络游戏、网络文学作为数字出版新的增长点,顺势而为,发挥优势,补足短板,大力推动其发展。从全国来看,重庆的网络游戏和网络文学规模较小,产业影响力和竞争力不足,但这也为重庆出版业在这两个板块的发展留出了空间。重庆应在借鉴发达地区经验的基础上,挖掘资源优势,推动其实现差异化、特色化发展。在网络游戏方面,用好国家和市级数字出版基地,以本地"独立"游戏及小游戏为重点,以网络游戏出版为抓手,有针对性地改善营商环境,提升行业管理和服务品质,培育集文创、游戏、电竞、动漫、赛事运营等于一体的网络游戏产业链。在网络文学出版方面,以IP开发、版权输出为重点,注重规范、引导、扶持相结合,从管理政策、人才培养、精品培育等方面引导和支持现有的5个网络文学出版服务平台差异化发展。

(四)积极争取国家支持,深化改革,做大出版规模

针对重庆传统出版业小、散、弱的现状,应积极谋划,多措并举,不断壮大出版规模,提升出版市场竞争力与影响力。

一是壮大出版主体规模。推动期刊等传统出版单位申请网络出版资质,以网络游戏、网络文学为重点,加大网络游戏和网络文学出版资质申报企业的培育,积极引导符合条件的传统出版单位和部分从事数字出版的企业申报网络出版服务资质,壮大我市网络出版阵地。

二是强化资源整合。有效利用市内外相关资源,探索出版企业与国有投资平台的合作模式,实现跨界融合发展,吸引国家级出版企业布局重庆。

通过兼并重组与战略联盟,引导、鼓励和支持出版企业进行产业整合。通过资源和资产聚合,优化产业结构,提高产业集中度。充分用好书号资源和出版社资源,清理整顿和激活现有刊号资源,释放优势期刊集群办刊能力。

三是推动新质生产力赋能。贯彻落实党的二十届三中全会精神,围绕"激发全民族文化创新创造活力""优化文化服务和文化产品供给机制"等重要部署,加强出版领域综合改革,激发出版业创新创造活力,培育出版业新质生产力,构建出版新质赋能集群,提升出版综合效能,壮大出版产业规模。

(五)持续加强出版人才队伍建设

要建设一支足够支撑重庆出版业高质量发展的人才队伍。

一是大力推动出版学科建设,开展部校共建,建设重庆大学出版研究院、西南大学出版研究院,加强高校、出版企业和研究机构间的合作,构建产学研深度融合的人才培养体系。

二是行政管理部门注重领军型出版人才的培养,继续高质量举办出版业务骨干培训,提升出版骨干队伍的思想政治素质和专业能力水平;出版单位、行业学(协)会、研究机构等分层分类办好出版能力提升培训班、研修班,在培训上重点围绕融合发展新趋势、新理念、新技能,着力培养"一专多能"的出版融合发展人才。

三是出版单位、行政管理部门要健全人才激励机制,营造良好的人才发展空间,引进市外高级人才,培养更多的青年骨干人才,全面提升出版业的人才素质和创新能力。

重庆图书与电子音像出版业发展报告[1]

一、重庆图书与电子音像出版业发展概况

2023年是全面贯彻落实党的二十大精神的开局之年,是"十四五"规划承上启下的关键之年。重庆图书与电子音像出版单位全面贯彻党的二十大精神和习近平总书记系列重要讲话精神,坚持正确的政治方向和出版导向,坚持守正创新,牢牢把握高质量发展要求,按照《重庆市出版业"十四五"时期发展规划》的总体目标和要求,大力实施精品战略,稳步推进重点出版项目,取得了社会效益显著提升、经营管理亮点纷呈的良好成效。

(一)全市图书与电子音像出版业基本数据[2]

1. 图书出版业基本数据

2023年全市共有3家图书出版社,从业人员1554人,同比减少3.24%;申报选题3055种,同比增加0.16%;共出版图书5867种(其中新出图书1888种),同比增加1.91%(新书同比增加4.54%);图书总印数13698.72万册,同比减少3.27%;图书销售码洋为214153.35万元,同比减少2.88%;销售收入118897.93万元,同比减少2.67%;图书销售利润总额12712.51万元,同比减少0.49%;库存码洋124318.24万元,同比上升4.71%;引进版权129种,输出版权121种,同比分别减少50.76%、22.44%。3家图书社畅销书前十名销量累计119.11万册,同比增长79.22%。

---

[1] 课题组成员:刘茂林、雷少波、马光明、付勇、董康。
[2] 数据来源于2023年重庆出版单位出版情况调查表。

2.电子音像出版业基本数据

2023年全市共有6家电子音像出版社,从业人员87人,同比减少10.31%;出版电子音像出版物340种(其中电子出版物318种,音像出版物22种),同比减少15.63%(其中电子出版物减少6.47%,音像出版物减少65.08%);发行电子音像出版物共计2515574张(盒)(其中电子出版物2405593张,音像出版物109981张(盒)),同比增长408.30%(其中电子出版物增长749.36%,音像出版物下降48.05%);拥有资产总额11129.26万元,同比减少7.01%;实现销售收入4517.37万元,同比增长2.20%;实现利润808.77万元,同比增长23.12%。

(二)主题出版亮点纷呈,重点项目广受认可

2023年,重庆出版业充分发挥出版在宣传思想文化工作中的主渠道、主阵地作用,坚持以主题出版为抓手,围绕党的重要理论,党和国家重大活动、重大事件,以及我市红色文化、抗战文化、乡村振兴等主题,推出了《中国式现代化"六观"丛书》《国外人士看新时代系列丛书》《读懂新时代丛书》《马克思为什么是对的》《马克思主义在中国早期传播》《马克思共同体思想研究》《江姐的故事》《信念的较量:鲜为人知的红岩故事》《遗传的革命》《中华史纲》《纤笔抒丹心:红岩英烈诗文选编》《重庆抗战时期爱国民主人士演讲选集》《对话初心——图说巴渝地区早期共产主义运动》《向着太阳前进:中国共青团百年历史图志》《破局乡村振兴——中国式农业农村现代化的11个思考》《下庄村的道路》《瓦屋村》《中国乡村振兴学》《可持续农业:案例与经验》《文化赋能乡村:乡村文化振兴的案例与经验》《人生哲学导论》《共同富裕下共享发展及其内在逻辑》《大兴调查研究之风》《碳中和全民科普指南》《生态文明法律制度建设研究丛书》《生态文明探索:视野与案例》等一大批主题出版精品。这些作品不仅展示了乡村振兴、生态文明建设等中国式现代化进程中的诸多方面,也深入探讨了马克思主义在中国早期传播等重要议题。

2023年，全市图书与电子音像出版单位共获得国家级、省部级奖项近200项，获奖作品涵盖多个领域，体现了重庆出版业在社会效益方面的突出成绩。《大足石刻全集》获第八届中华优秀出版物奖图书奖；《向着太阳前进：中国共青团百年历史图志》入选2023年中宣部主题出版重点出版物；《时光边缘》获第十届冰心散文奖；《恩格斯画传：恩格斯诞辰200周年纪念版》《大国小康路》《民法典与百姓生活100问》获第六届全国党员教育培训优秀读物；《瓦屋村》《三农蓝图——乡村振兴战略》《民法典护航乡村振兴丛书》入选2023新时代乡村阅读季"乡村振兴好书荐读"100种图书；《医话血液》《溪流的神秘居民——哈佛博士蝾螈寻访记》入选2022年全国优秀科普作品；《白垩纪往事》入选2023年丝路书香工程；《福道》入选首批生态文学推荐书目；《中国歌剧百年——精选唱段集萃》等4种出版物获"音联体"首届出版奖；《解放营》《人是活的》入选第十一届茅盾文学奖参评作品；《画给孩子的中国世界遗产》《苍苍横翠微——翁凯旋、侯宝川、梁益君作品集》分别获第三十二届"金牛杯"优秀美术图书铜奖、装帧设计铜奖；《芥子园画传（全集）》获第十届全国书籍设计展佳作奖；《格罗皮乌斯论新建筑与包豪斯》《视界：资深外交官评说异国文化·亚洲篇》《男低音声乐作品集（温可铮教授手抄版）》等10种出版物获第十届全国书籍设计展优秀奖等奖项。这些奖项的获得，不仅彰显了我市各出版单位在内容创作、编辑出版、装帧设计方面的专业水准，也反映了重庆出版业在推动社会文化发展、满足人民群众精神文化需求、服务国家战略方面的积极作为。

2023年，各图书、电子音像出版单位精心组织策划重点出版项目，获得业界专家学者认可，得到政府部门专项资金大力支持。《马克思主义经典文本的当代解读与中国道路》《中华人民共和国体育史（1949—2019）丛书》《非洲文学研究丛书》等10个项目获得国家出版基金资助，资助项目数量创历年最高。其中重庆出版社共有6个项目入选，入选数量在全国出版社中位居第一；《中国式现代化"六观"丛书》《新时代服务全民终身学习教育体制机制研究丛书》《中国语言资源集·重庆》《抗癌日常随身听》《村歌嘹亮》《虎墩游学记——听张师傅讲中国古代科技》等18个图书、电子音像项目获得重庆市出版专项资金资助。

(三)图书出版品种小幅增加,主要生产经营指标有所回落

2023年,我市图书出版呈现出一种复杂的态势。虽然从业人员数量略有减少(-3.24%),但图书出版品种却有所增加(1.91%),显示出图书出版行业仍在努力推出新的品种,保持着一定的活力和创造力。然而,图书销售码洋、销售收入和全年利润均出现小幅下滑,库存码洋却有4.71%的增长(如图3-1所示),这也反映了市场竞争激烈程度的加剧和消费者阅读习惯的变化。

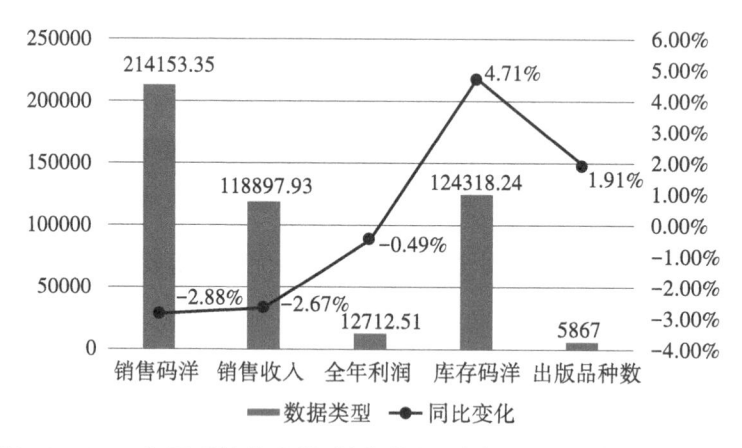

图3-1 2023年图书销售码洋、销售收入、全年利润、库存码洋(万元)、出版品种(种)及同比变化

2023年全市图书出版业继续坚持控量提质、优化结构,书号使用量、出版品种数均保持微增,重印品种数实现继续增长,但再版数降幅较明显。库存继续增加,增幅同比有所放大。库存码洋的上升可能反映了图书预印管理或市场需求方面存在一定的挑战。

从近5年的数据来看,在出版品种小幅增长的情况下,销售码洋、销售收入、利润总额均实现一定增长(如图3-2所示),2023年比2019年分别增长12.48%、22.46%、27.23%(如图3-3)。同时,近5年期间库存码洋的增幅达34.70%,持续增长的库存码洋可能会成为行业发展的掣肘。

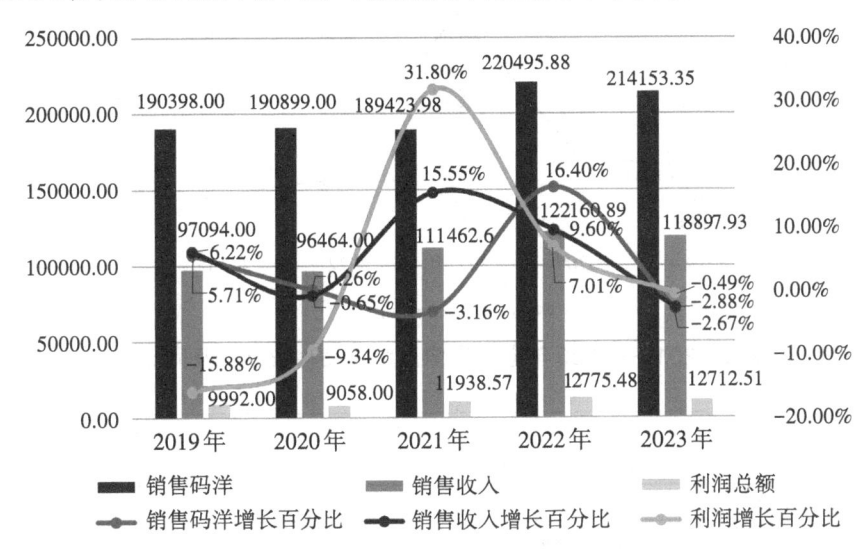

图3-2 2019—2023年图书销售码洋(万元)、销售收入(万元)、利润总额(万元)及同比变化

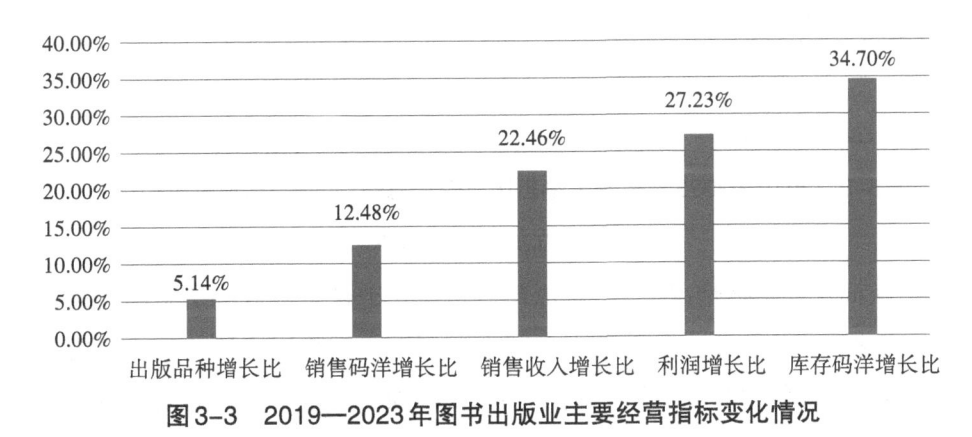

图3-3 2019—2023年图书出版业主要经营指标变化情况

(四)电子音像出版业出现结构性调整,行业整体利润大幅回升

2023年全市出版电子音像出版物品种数继续回调(图3-4),但发行量却逆势大幅攀升。电子出版物发行量大幅增加,主要源于租型的电子出版

物发行数量同比大幅增长。2023年全市音像电子出版实现销售收入4517.37万元,同比增长2.20%;实现利润808.77万元,同比增长23.12%,利润增长明显。资产总额为11129.26万元,同比减少7.01%(图3-5所示)。①

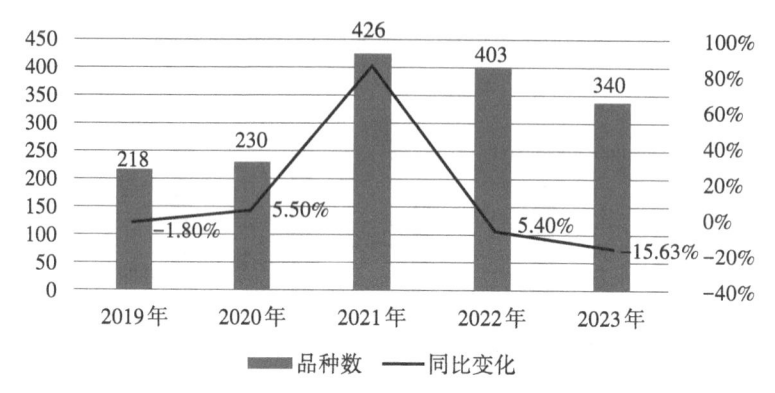

图3-4 2019—2023年电子音像出版物品种数(种)及同比变化

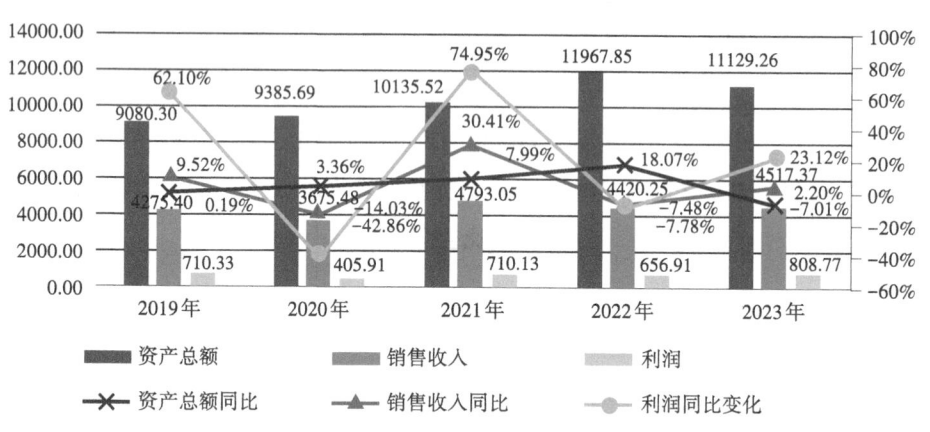

图3-5 2019—2023年电子音像出版业资产总额(万元)、销售收入(万元)、利润(万元)及同比变化

从同比的总体情况来看,2023年我市电子音像出版业经历了结构性调整,变化显著。从业人员数量大幅减少(-10.31%),显示出行业正在经历市场环境的挑战。出版物的种类有所下降,特别是音像出版物的品种减少幅度较大(-15.63%),显示出行业策划新选题、出版新品的动力不足。在财务状况方面,虽然资产总额有所下降(-7.01%),但销售收入和利润均实现同比增长,其中利润增长幅度较大,显示租型和其他非传统出版业务的利润在快速增长。

①数据来源于2019—2023年重庆出版单位出版情况调查表。

从近5年来行业的整体发展看,与2019年相比,2023年电子音像出版物的出版品种、销售收入、利润均有所上升,增幅分别为53.15%、5.66%、13.89%,但发行量呈断崖式下跌,跌幅达67.82%。如图3-6所示。

在一定意义上,这说明电子音像出版企业转型取得了一定的成效,传统的电子音像业务正在下降,来自其他业态的销售收入和利润均在增加。

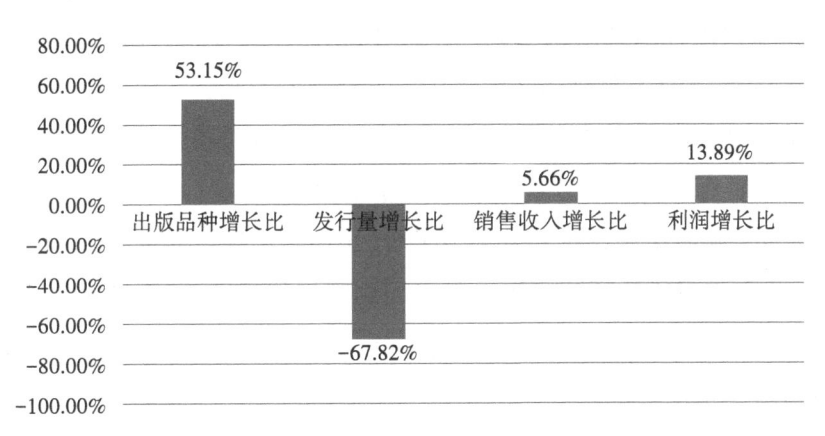

图3-6　2023年与2019年电子音像出版业主要生产经营指标的变化情况

(五)版权引进与输出双降,版权贸易继续逆差

2023年全市图书出版单位共引进版权129种,同比大幅减少50.76%;输出版权121种,同比减少22.44%,版权引进与输出双降;引进输出比为1.07∶1(2022年为1.68∶1),版权贸易继续呈逆差态势。

2023年全市的版权贸易数量有所下降,但工作成效比较突出。重庆出版集团出版的《新时代这十年》系列、《共同富裕下共享发展及其内在逻辑》等一大批主题类图书依然是集团版权输出的优势和特色。《心理罪》系列成功转让版权至俄罗斯,进一步增强中国文化在周边国家和地区的传播力和影响力。《白垩纪往事》(阿拉伯文版)入选丝路书香出版工程。重庆出版集团签约加入中国外文出版发行事业局发起建立的中国主题图书国际合作出版协作机制,将与14家国内出版发行机构、22家海外出版机构围绕中国主题图书开展国际合作出版。西南大学出版社与英国牛津大学出版社、英国菲伯尔音乐图书公司、美国人体运动出版社开展版权合作;在法兰克福国际书展中国展台与英国菲伯尔音乐图书出版公司正式签署《Basics器乐基础学习丛书》(4种)版权输出协议;与雅罗斯拉夫尔国立师范大学签署了《HSK易汉语(俄语版)》(1—6册)教材版权输出协议,授权其在俄罗斯以纸质图书形式出版发行该系列教材;该社出版物实物输出取得一定成果,134种图书通过厦门外图集团销往美国、加拿大、日本、新加坡、韩国等国家。重庆大学出版社将《中国常见古生物化石》葡萄牙文版权输出到巴西、《吉祥文化论》韩语版权输出到韩国、《昆虫之美——雨林秘境》印尼文版权输出到印度尼西亚、《峡江行:当代三峡库区考察实录》《心智障碍特殊青年的美好生活》英语版权输出到美国、《中国蜻蜓大图鉴》《镁基储氢材料》英文版权输出到德国、《导读萨特〈存在与虚无〉》繁体版版权输出到中国台湾。

从近5年我市版权贸易发展情况看,2019年出现可喜进展,输出大幅增长,且首次实现贸易顺差。2020年又回到版权贸易逆差,不过差距不大,而后几年都是顺逆互现,2023年也是逆差,整体呈起伏交替态势。如图3-7所示。[①]

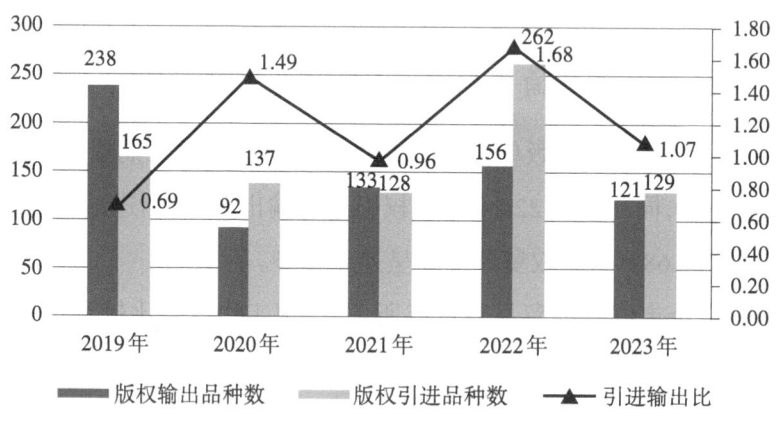

图3-7 2019—2023年全市版权引进、输出品种数量(单位:种)

(六)深化出版融合,融合出版体系建设成效明显

2023年我市图书出版单位继续加大出版融合发展力度,深化出版融合,融合出版体系建设成效显著。

第一,在运营与服务平台方面取得突破。重庆出版集团的重庆云课堂、智播云、学生心理健康协同服务平台等30多个应用已在重庆市教育委员

---

① 数据来源于2019—2023年重庆出版单位出版情况调查表。

会、重庆市教育科学研究院等单位广泛应用，其中，云课堂用户突破15万；校园延时服务支撑平台已为全市10所中小学1000多名师生提供优质服务；西南大学出版社"阅见书店"校园文化综合服务平台功能以及出版大楼演播平台服务教学科研能力均大幅提升；重庆大学出版社"服务学校优势学科融合出版平台及资源建设项目"得到教育部大力支持，获得中央国有资本经营预算资金投入。

第二，数字教材建设成效明显。重庆出版集团数字教材应用云上线义务教育阶段5个学科、37个品种，并逐步推进全市义务教育阶段国家课程数字教材全覆盖工作；重庆大学出版社成功开发并上线具有完全自主知识产权的"课书房"数字教材平台，初步形成数字教材的出版规范、出版流程、技术标准等。

第三，智慧出版建设全面推进。重庆大学出版社生产在线化工作取得实质性进展，2023年已有过半的新书在方正协编系统和云舒系统在线审校，新书和修订书的各类电子文档基本实现了资源库在线管理；全面推行智能财务系统，完成ERP系统软件升级改造，提高智能化管理水平。重庆出版集团ERP项目应用效果良好，已与南方传媒成功签约。西南大学出版社联合用友软件集团共建的出版一体化信息系统已投入使用。

第四，游戏出版渐成气候。重庆天健电子音像出版社已出版《梦启江宁》《王者万象棋》两款移动网络游戏，其中《王者万象棋》是《王者荣耀》同IP开发第一款续作，得到上级有关部门高度认可。

第五，营销新媒体矩阵更趋强健。2023年度，出版单位强化了推广平台、运营平台和新媒体渠道的开发与布局。累计已经有23个在线数据库、6454种电子书、457种听书产品以及39个网站、7个微博账号、43个微信公众号。与2022年相比，推广运营类的在线数据库、微信公众号和微博账号数量均有所减少，宣传展示类的网站却增幅明显，产品类的电子书数量有所减少，听书产品数量增幅明显。

通过以上布局，3家图书出版单位仅按各家粉丝数最高的微博账号、微信公众号计算，微博粉丝数合计19.06万，微信公众号粉丝数214.06万；数字资源包116138个，共10144GB；重庆出版集团、西南大学出版社、重庆大学出版社纸质出版物的配套资源占比分别达到35.9%、30%和76.22%。

二、重庆图书与电子音像出版结构分析

本部分对2023年全市图书、电子、音像的出版结构及从业人员结构等进行分析,同时在时间维度上进行纵向比较。

(一)图书出版结构

1. 一般图书、教材、教辅、租型

2023年全市图书出版品种5867种(同比增加1.91%)。其中,一般图书2874种(同比增加12.71%)、教材1889种(同比减少7.67%)、教辅796种(同比减少5.80%),占比分别为48.99%、32.20%、13.57%;另外,将租型图书作为一个单独品类计算,其数量为308种(同比减少2.53%),占比5.25%。可以看到,占比从大到小的排序依然是一般图书、教材、教辅、租型图书。如图3-8所示。

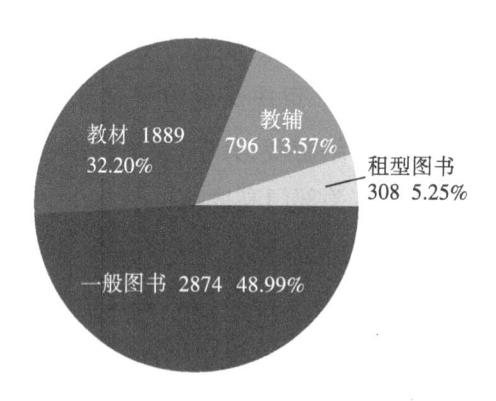

图3-8 2023年图书分类品种数(种)及占比

从销售码洋来看,2023年一般图书占比44.64%,教材占比18.09%,教辅占比21.74%,租型占比15.52%。可以看到,2023年图书出版结构中一般图书的销售码洋继续占绝对优势,与往年相近。租型的品种数占比虽不高,但其销售码洋占比与教材、教辅相差不大。如图3-9所示。

图3-9 2023年图书分类销售码洋(万元)及占比

从近5年的图书出版分类品种来看,一般图书品种基本呈逐渐升高的势头,期间增幅达23.67%;教材品种稳中有降,期间微减2.88%;教辅品种有起伏但总体仍呈下降趋势,期间下降了14.32%。从同期的图书出版分类销售码洋来看,整体增长了12.74%;其中,一般图书增长了8.64%,教材微降0.22%,教辅则大幅增长38.42%。

图3-10 2019—2023年图书品种数分类汇总(单位:种)

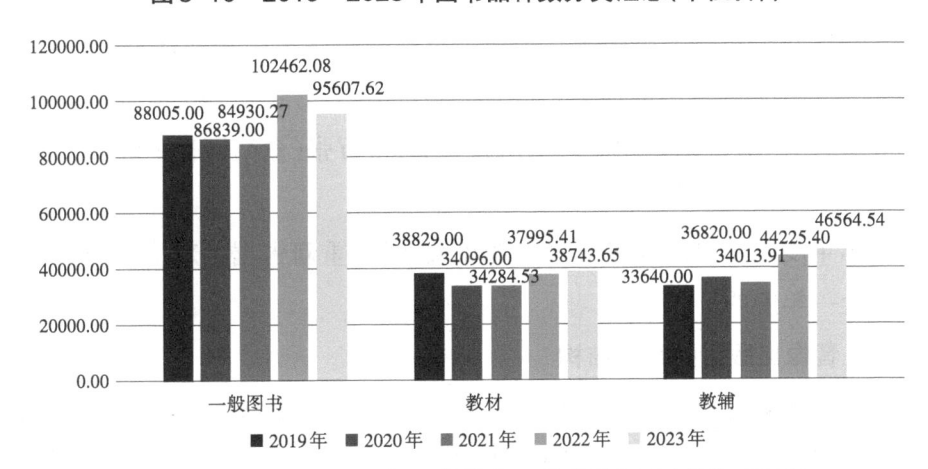

图3-11 2019—2023年图书销售码洋分类汇总(单位:万元)

41

2.新版、重印、再版、租型

2023年全市共出版新版图书1888种,占比32.18%,同比增长4.54%;重印3615种,占比61.62%,同比微升0.95%;再版56种,占比0.95%,同比下降39.78%;租型图书308种,占比5.25%,同比下降2.53%。

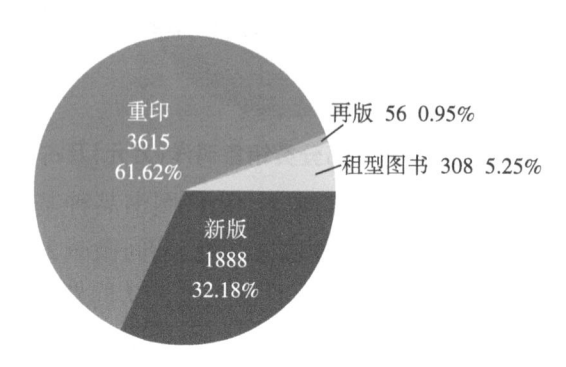

图3-12 2023年图书出版分类结构(单位:种)

(二)电子音像出版结构

1.品种数占比

2023年全市共出版电子音像出版物340个品种,同比下降15.63%。其中,电子出版物318种,占比93.53%,同比下降6.47%;音像出版物22种,占比6.47%,同比下降65.08%。电子出版物的出版品种数占比继续处于绝对优势地位,并进一步扩大,而音像制品则进一步式微。

2.发行量占比

2023年全市电子音像出版单位发行电子音像出版物共计251.56万张(盒),与2022年相比增加408.30%。其中,电子出版物240.56万张,占比95.63%,同比增长749.43%;音像出版物11.00万张(盒),同比下降48.05%,占比4.37%。

本年度电子出版物发行量呈现较大增长,重新占据绝对优势地位,扭转了上一年度的下跌趋势。

3.音像出版物的载体结构

2023年音像出版物载体形式有4种,按品种占比从高到低排序为:CD(45.45%)、U盘(36.36%)、DVD(13.64%)、AT(4.55%)。而2022年音像出版物载体品种占比从高到低排序为：DVD(44.44%)、AT(26.98%)、其他(互联网)(17.46%)、CD(11.11%)。可以看出，主要载体形式出现了较大变化。本年度CD和U盘品种数占绝对优势，其中U盘再次回归，而VCD、MP3及去年新增的其他(互联网)类型均未出现。如表3-1所示。

表3-1　2023年音像出版物不同载体的数量及占比

品种	AT	CD	DVD	U盘
数量	1	10	3	8
占比	4.55%	45.45%	13.64%	36.36%

4.音像出版物新版、再版、租型品种占比

2023年音像出版物新版、再版、租型品种分别为16种、1种、5种，占比分别为72.73%、4.55%、22.73%。2022年占比分别为68.25%、9.52%、22.22%。可以看到，新版占比继续小幅增长，而再版占比继续下降，租型占比基本持平。

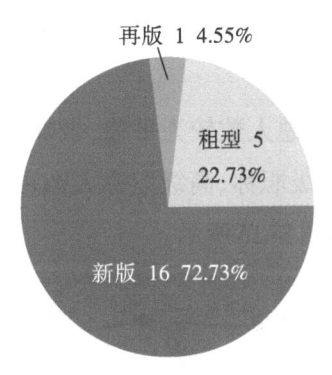

图3-13　2023年音像出版物分类品种数(种)及占比

5.电子出版物新版、再版、租型品种占比

2023年电子出版物新版、再版、租型品种分别为203种、61种、54种，占比分别为63.84%、19.18%、16.98%，如图3-14。2022年占比分别为72.06%、10.59%、17.35%。同比来看，新版占比下降约9个百分点，略有收窄，再版占比有所上升，而租型占比基本持平。

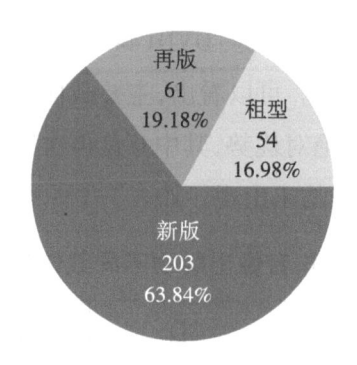

图3-14 2023年电子出版物分类品种数(种)及占比

(三)从业人员结构

1.图书出版从业人员结构

2023年图书出版单位人员共计1554人,总人数同比减少52人,降幅为3.24%。其中编辑人数为602人,占比38.74%,高级职称人数207人(含非编辑系列高级职称),占比为13.32%,中级职称人数363人(含非编辑系列中级职称),占比为23.36%。编辑总人数占比同比下降2.11%,而高级职称、中级职称人数占比分别微升0.24%、0.63%。2023年营销人员人数占比为22.14%,同比微升0.78%。

从近5年的趋势来看,总人数较为平稳,微降3.66%;编辑人数占比稳中有升,期间上升3.71%;中级职称、高级职称人数占比均稳中有升,期间分别上升1.29%和3.90%。如图3-15所示。

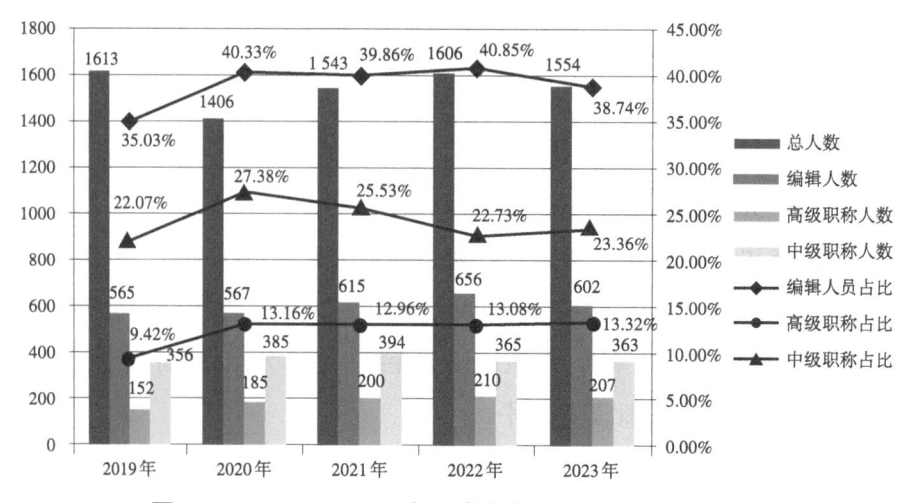

图3-15 2019—2023年图书出版人员结构(单位:人)

2.电子音像出版从业人员结构

2023年电子音像出版单位人员共计87人，与2022年相比，总人数减少10人，人员数量及其结构相对稳定，但总人数呈持续减少态势。其中，编辑人员46人，占比为52.87%，管理人员16人，占比为18.39%，营销人员15人，占比为17.24%，其他人员10人，占比为11.49%。

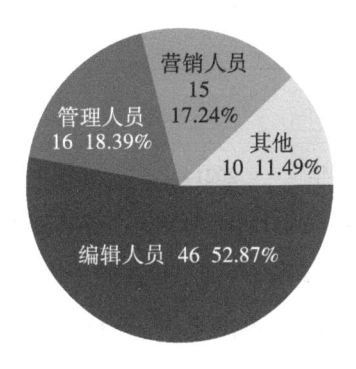

图3-16　2023年电子音像出版人员结构（单位：人）

三、重庆图书与电子音像出版能力分析

本部分对反映出版能力的指标进行分析，这些指标包括编辑人均出版新品、单品种平均利润、全员人均利润、重印率、存销比等。

（一）图书出版指标分析

1.单品种平均利润

2023年出版图书5867种，实现利润12712.51万元，单品种平均利润2.17万元。从近5年来看，单品种平均利润总体呈攀升态势，但本年度略有回调，与上年相比下降2.25%（图3-17）。

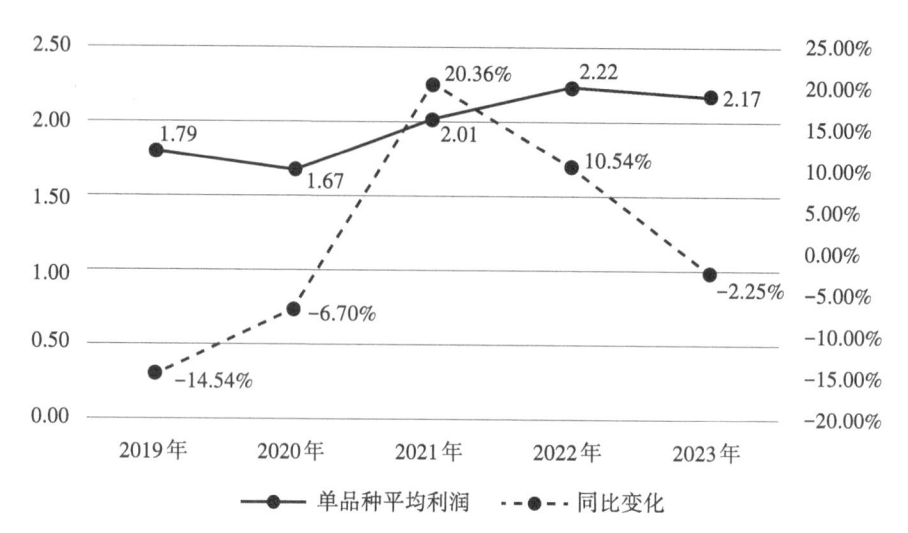

图 3-17　2019—2023 年图书单品种平均利润（单位：万元）

从近 5 年单品种平均销售码洋来看，总体呈上升势头，但各年略有起伏（图 3-18）。其中下降的有两年，2021 年和 2023 年，它们与其前一年同比分别下降了 9.39%、4.70%。

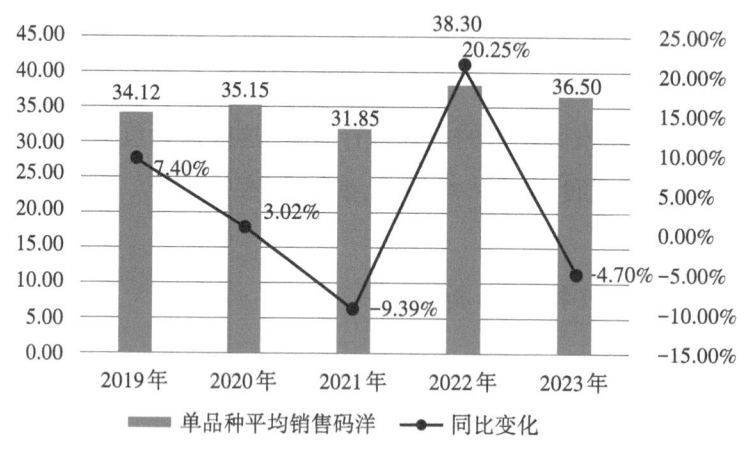

图 3-18　2019—2023 年图书单品种平均销售码洋（单位：万元）

2. 人均利润

2023 年我市图书出版单位人均利润 8.18 万元，同比上升 2.89%；3 家图书出版单位人均利润均实现了上升。2023 年重庆出版集团人均利润同比上升 2.82%；西南大学出版社人均利润同比上涨 3.71%；重庆大学出版社人均利润在保持高位的情况下，较上一年度增幅略有回落，同比上升 1.82%。

3. 重印率

2023年图书重印品种3615种，重印率61.62%，同比减少0.58个百分点。重印率的高低，一方面反映图书是否受到市场的认可；另一方面也反映出版单位面对库存压力，在印数预估策略上有所调整。

从近5年的趋势来看，重印品种数保持持续增长，而重印率围绕2020年的高点(64.00%)和2019年的低点(55.99%)震荡，2023年重印品种数略有增长，而重印率因总品种数的增加导致比上年略有回落。

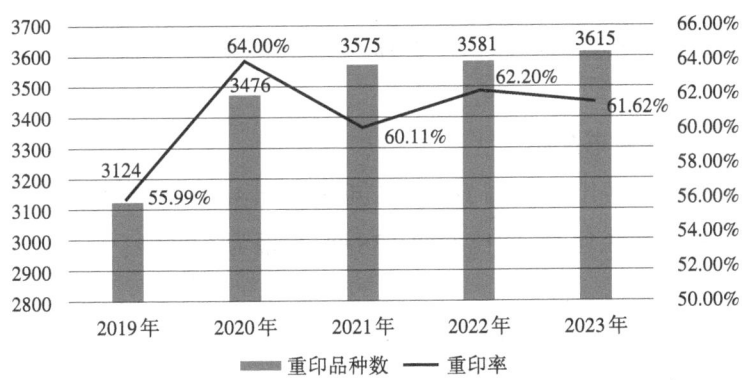

图3-19　2019—2023年图书重印品种数(种)及重印率

4. 存销比

2023年全市图书库存码洋124318.24万元，销售码洋214153.35万元，存销比为0.581，同比上升7.99%。

从近5年的数据来看，期间库存码洋持续攀升，2023年比2019年增长34.70%，而同期销售码洋仅增长12.48%。存销比总体亦呈上升趋势，期间上升了19.79%，但近两年存销比的上升势头有所减弱。图书存销比上升，反映销售码洋落后于同期的生产码洋，应引起足够重视。如图3-20所示。

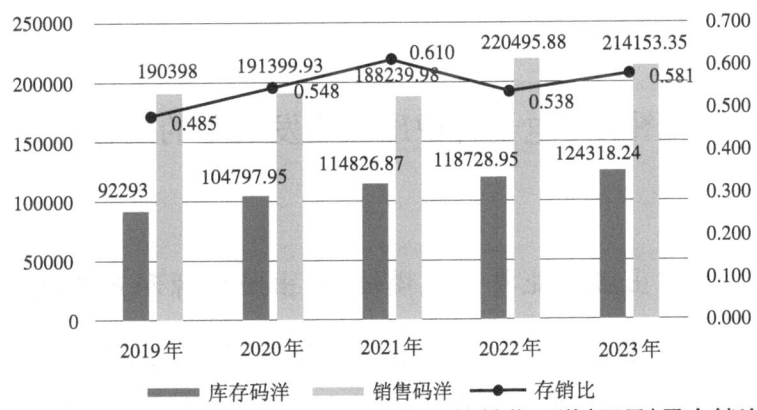

图3-20　2019—2023年库存码洋(万元)、销售码洋(万元)及存销比

5.分类码洋贡献率

按一般图书、教材、教辅、租型来分类,分析2023年各类产品对本单位的销售码洋贡献率以及与全市均值的情况。整体来看,全市图书销售码洋以一般图书为主,占比为44.64%,教辅、教材、租型差距不大,码洋贡献率分别为21.74%、18.09%、15.52%。

从3家出版单位来看,在一般图书、教材、教辅、租型经营上各有优势和劣势。重庆出版集团以一般图书为主,其销售码洋贡献率超60%,西南大学出版社、重庆大学出版社以教材、教辅为主,两社教材教辅码洋贡献率均超过60%。

6.编辑人均新书品种

2023年全市共出版新书1888种(同比增加4.54%),编辑人员共计602人,人均出版新书3.14种,同比增加0.38种,增幅为13.77%。

(二)电子音像出版指标分析

1.编辑人均新品数量

2023年全市出版电子音像出版物340种,其中新品219种。全市6家电子音像出版单位人员共计87人,其中编辑人员46人,编辑人均出版新品数量为4.76种,同比减少2.6种。

2.人均利润

从行业全员人均利润来看,2023年人均利润为9.30万元,同比大幅增长37.37%。

四、重庆图书与电子音像出版业发展中的问题与建议

(一)我市出版行业整体规模较小,出版资源和产业规模落后

我市有3家图书出版单位,6家电子音像出版单位。从图书出版单位的数量来看,我市仅排在西藏、青海之前,见表3-2。我市图书、电子、音像出版

单位数量分别占全国的 0.51%、1.58%、1.45%。

表3-2　我市出版单位数量与部分省区市及全国比较（单位：家）

	重庆	天津	上海	四川	新疆	西藏	宁夏	青海	全国	重庆占比
图书	3	12	39	16	10	2	3	2	585	0.51%
电子	6	7	24	8	2	1	1	1	380	1.58%
音像	6	9	29	10	3	2	1	2	414	1.45%

注：表中数据来自国家新闻出版署网站。

从出版物品种数量来看，我市图书、电子、音像出版物数量在全国占比都非常低。与邻省四川相比，图书出版总品种不足其一半，新出品种不足其三分之一，如表3-3所示。

表3-3　2022年我市出版物出版品种数量与部分省区市及全国比较

（单位：种）

		重庆	天津	上海	四川	全国	重庆占比
图书	总出版	5412	7937	26897	12477	502246	1.08%
	新出版	1839	3749	10638	6613	205261	0.90%
电子		78	10	350	292	8072	0.97%
音像		36	20	623	54	6612	0.54%

从图书印数来看，我市占全国的1.23%，是四川的34.15%。从电子、音像的复制数量看，重庆分别占全国的0.15%、0.04%，如表3-4所示。

表3-4　2022年我市出版物印（复）制数量与部分省区市及全国比较

（单位：图书：亿册；电子音像出版物：10000套/张）

	重庆	天津	上海	四川	全国	重庆占比
图书	1.4	1.1	4.6	4.1	114	1.23%
电子	18.2	0.8	676.5	18.3	11924	0.15%
音像	4.01	2.6	878.4	6.6	10099	0.04%

注：表3-3、表3-4中数据来自国家统计局统计数据。

以上数据虽然不是2023年数据，但我市图书、电子音像出版资源以及产业规模处于全国下游的格局并未发生改变。

我市出版单位的数量较少存在一定的历史原因，且这一状况在相当长的时期内难以改变。建议通过以下方式提升我市的出版规模和出版实力：一是通过出版资源整合、重组，充分挖掘自身出版潜力，做大做强；二是在以我为主的前提下，开展跨地域、跨行业、跨媒介合作，借力发展壮大；三是充分发挥数智技术优势，发展数字出版、融合出版，从"数字裂变"中寻找机会；四是继续壮大编辑出版队伍，在调整好出版结构的前提下，适度增加出版品种，加大出版力度；五是继续从产品质量、服务质量上下功夫，提升渝版美誉度，促进我市出版业可持续健康发展。

（二）图书出版业竞争日益激烈，行业主要经营指标回落

2023年，我市图书出版从业人员减少，总印数、销售码洋、销售收入、销售利润均小幅下降，版权引进、版权输出大幅下降，行业主要经营指标均在回落。这也是近5年来第一次出现销售码洋、销售收入、销售利润均下降的年份。

究其可能的原因，一是所处市场大环境中供需矛盾突出。图书出版品种逐年增长，而市场需求却未成比例增长。第21次全国国民阅读报告显示，2023年我国成年国民图书阅读率为59.8%，与2022年持平；数字化阅读方式的接触率为80.3%，较2022年的80.1%增长了0.2%。国民图书阅读率增长乏力，加之数字阅读的逐渐普及，加剧了图书市场的供需矛盾。二是出版社自身图书选题策划与成稿质量的偏离。图书选题可能偏离读者需求，或者即使选题策划方向正确，但选择的作者未能把作品打造成策划人期望的水平，导致图书反响平平，得不到市场认可，这反映了出版社在选题策划和市场判断上的不足。2023年，我市图书选题实现率仅为61.80%，这一数据也反映了企业在选题策划、成稿方面的不足。三是营销渠道变化影响销售折扣。企业线上销售额已经超过线下实体销售渠道，而线上销售额主要集中在几家头部销售平台，出版企业话语权缺失，销售折扣逐渐降低，加之

参加各种平台要求的促销活动带来更低的销售折扣,拉低了销售利润。2023年我市图书单品种平均销售利润下降2.25%,这一数据也在一定程度上印证了这个变化。

建议:一是优化选题。出版社应建立面向市场的选题决策机制,充分利用网络、抽样咨询等渠道收集市场信息,吸收市场销售人员参与选题决策,充分利用AI分析工具,提高市场敏锐度和选题精准性。二是加强营销与推广。线下营销渠道与线上营销渠道结合,积极开展营销推广活动,提高图书的市场知名度和吸引力。建立自有新媒体营销矩阵(如微博、网站、微信、小红书、抖音等线上平台),提高自有平台或渠道的销售占比,从而提高整体销售折扣,拉高单书利润率。三是调整出版结构。教材、教辅、学术图书和大众类图书的市场空间不同、销售折扣不同,出版企业要找到适合自身发展的出版物结构,以期实现可持续发展。

(三)图书库存码洋持续走高,影响行业可持续健康发展

2023年图书库存码洋为124318.24万元,同比上升幅度不高,仅为4.71%。但从2019—2023年5年的数据来看,期间库存持续上升,2023年比2019年增长34.70%,而同期销售码洋仅增长了12.48%。而存销比也整体呈上升趋势,期间上升了19.79%。以2023年的库存码洋为例,按码洋的30%计算成本,成本为37295.47万元,是当年图书行业利润的2.93倍。也就是说,大约三年的利润变成了库存。高居不下的库存和较高的存销比,反映出图书销售落后于同期的生产,应引起各出版社的高度重视。

究其原因,除了图书出版业所处大环境竞争日益激烈、出版社在选题策划和市场判断上的不足外,企业管理决策也是另一方面的问题,即预印与库存管理。每一个图书品种,第一次印刷以及以后多次印刷的印数如何决定,这个预印决策机制如果不合理,缺乏科学的预印管理方法,就会产生不良库存;同时,如果不及时进行滞销书处理,库存数量也会必然攀升。

建议:一是改进预印管理决策机制。通过技术手段,在掌握静态库存(企业库房库存)与动态库存(在途库存)的基础上,编辑人员、营销人员、印

务人员共同参与决策,以确定合理的印数。二是采用先进的库存管理软件系统,实时监控库存状态并进行合理调配,提高库存周转率。三是及时处理库存,定时清理滞销书,包括低折扣销售、样书赠送、公益捐赠等方式。四是积极培育与发展数字出版,加大数字出版力度,研发数字出版物,减轻库房压力。

(四)电子音像出版业分化严重,结构性调整态势明显

2023年,在全市电子音像出版品种数下降的情况下,发行数量和利润均逆势大幅上升。2023年全市电子音像出版社人均利润为9.30万元,近年来首次反超图书出版人均利润(8.18万元)。但行业经营情况分化严重,主要表现在:一是从业人员人数减少10.31%。二是传统业务中电子出版与音像出版严重分化。音像出版物品种大幅减少,下降65.08%,电子出版物品种数量是音像出版物的14.45倍,发行数量前者是后者的21.87倍。三是企业经营利润严重分化。行业利润集中在少数企业,多数企业利润微薄。四是传统业务与非传统业务利润严重分化,行业非传统业务利润占比高达85.59%。

以上的种种分化现象,主要原因还是由于数字技术的快速发展,大众市场淘汰了电子音像出版的传统载体,如光盘、磁带等,导致部分出版单位被迫放弃了传统载体的出版;有的出版单位虽有电子音像出版品种,但几乎无销售。

建议:在数字化时代,电子音像出版社传统业务面临巨大压力,为了适应这个时代的变革,电子音像出版社需要进行全面的转型,在战略上充分考虑向数字化、网络化转型。

一是要获得网络出版、数字化营销的相关资质,如网络出版服务许可证、电信增值业务许可证等。二是在机构设置、人员设备配置上要适应数字化转型的要求,加强员工的数字化技能培训,提高他们的数字化素养;引进具有数字化背景的人才,为出版社的数字化转型提供智力支持。三是充分发挥自身在选题策划、内容编辑、音视频制作上的优势,积极采用数字化技术,将现有的音像内容转化为数字格式,如电子书、数字音频和视频等,以数

字化、多媒体等多元化的出版形式,满足和适应读者的多元化需求。四是可与跨地区、跨行业的社会资源,如教育机构、影视学院、广播电视台、电商平台等,在内容、技术、平台和渠道等方面充分合作,拓展销售渠道和宣传途径,借势、借力发展。

(五)选题策划能力不强,畅销书不多,市场竞争力有待提升

2023年,我市3家图书社的畅销书前十名销量累计达119.11万册,同比增长79.22%。销量前三的《乡土中国整本书阅读任务书(修订版)》《红楼梦整本书阅读任务书(修订版)》《对小学社交霸凌说不》发行量分别为26万册、18万册、10万册。TOP10的销量在一定程度上反映了我市图书在市场上的占有率。畅销书因其销量相对较大,在带来较好经济效益的同时,形成的市场影响力也相对较大。2023年我市畅销书销售册数同比增幅较大,说明我市出版行业加大了对畅销书的打造力度并取得了一定的成效。但从全行业的视角来看,我市畅销书数量较少。根据全国图书零售市场数据监测月报,2023年1—12月,我市图书入选图书零售线下市场热销TOP100的品种累计只有3个(重庆出版社的《三体》《骆驼祥子》《绘画基础自学指南》),图书零售线上市场热销TOP100只有1个品种(《三体》),显示出渝版图书缺乏市场竞争力。[1]主要原因还是编辑选题策划能力不强,选题创新不足。

建议:畅销书的产生,选题策划是关键的一步。出版社应该深入了解读者的阅读习惯和市场需求变化,及时调整和优化选题。可借助大数据和人工智能等技术工具来提高选题优化的效果。其次是遴选优秀作者。没有优秀的作者,就没有优质内容的源泉。在读者阅读需求更加多元的背景下,作者的学术水平、文学素养、写作技巧等因素,从根本上决定了出版物内容质量的高低。找到适合既定选题的作者,是一名编辑综合能力的体现。参加线上线下的学术研讨会、行业发展会等,以及融入相关领域主流的即时交流群,都是物色优秀作者的实用路径。三是注重内容的原创性,避免跟风或过度借鉴他人作品。四是保持内容的垂直性,保持专注度,深入挖掘某一领域

---

[1] 数据来自国家出版发行信息公共服务平台。

内容资源,以吸引特定读者群体。

最后,畅销书的产生还需要高效的营销渠道。出版社可利用多种营销渠道全方位扩大图书的影响力,除了微博、网站、微信、小红书、抖音等线上平台,还可利用作者的影响力在实体书店开展线下签售、读书会等宣传推广活动,形成"线上+线下"的营销矩阵,提高营销效果。

(六)数字素养有待提升,行业新技术应用水平不高

数字素养,是指出版人创造性地理解、分析、评估、管理和处理数据信息的综合水平和素质底蕴。我市出版人才队伍在数字内容创作、专业出版软件的使用以及AI工具应用方面的能力还有待提升。新技术的应用使出版业的发展环境发生了根本性改变,管理流程、生产流程、产品形态、阅读方式、营销渠道都在发生深刻的变化,催生了新的出版业态、出版形态及出版生态。重庆图书、电子音像出版业以新技术应用为驱动力,也正在推进出版创新,传统出版正在向融合出版进发。不过,从发展进程和效果来看,新技术的应用程度还不够深、应用面还不够广,行业新技术应用水平还不高,以技术驱动出版创新的效果还不明显。我市多数出版单位的融合出版工作还停留在部门推进、项目驱动的状态,需要加强新技术应用,大力推进出版创新,以新技术赋能出版业高质量发展。

建议:增加技术投入、深化技术应用、培养技术人才。出版社应加大对新技术的投入,包括引进先进的数字化出版技术、数据分析工具等,以提升出版流程的效率和准确性;深化技术应用,在编辑、校对、排版、印刷等各个环节,充分利用新技术手段,如自动化校对软件、智能排版系统等,提高出版质量和速度;加强对员工的技术培训,着力提升人才队伍数字化、网络化、智能化等方面知识和应用水平,提高人才队伍数字素养,使之能够适应出版行业数字化变革和融合发展的需求。同时,积极引进具有专业技能的人才,为出版社的技术应用提供人才保障。

拓展数字技术应用广度,实施多媒体融合出版,提供个性化出版服务,搭建新媒体矩阵,拓展营销市场渠道。出版社应充分利用新技术,实现图书、音频、视频等多种媒体的融合出版,丰富出版物的内容和形式,满足读者

多样化的需求；借助大数据技术，分析读者的阅读习惯和兴趣偏好，为读者提供个性化的出版服务，如定制图书、推荐阅读等；通过网络技术、数据库技术，研发知识数据库、数字教材，满足读者多终端的个性化阅读需求；利用数字技术，让出版物营销变得更加多元，网站、微博、微信、APP，短视频平台如小红书、抖音等，知识付费平台如知乎、得到、分答、喜马拉雅等，都成为出版企业新增的营销渠道。

我国出版业正处于新一轮技术革命与产业变革的进程中，以出版创新驱动新技术与出版的深度融合，是出版业高质量发展的重要推动力。建议各图书、电子音像出版单位以更高的视角、更大的决心、更强的力度全面推进出版创新，推进新技术应用，以新技术赋能我市出版业高质量发展。

重庆期刊出版业发展报告[①]

一、重庆期刊出版业发展现状[②]

(一)重庆期刊基本情况

2023年,重庆共出版期刊139种,占全国10139种的1.4%,重庆期刊数量在全国的31个省、自治区、直辖市(未含港澳台地区)中排名第24位。重庆的139种期刊中,自然科学类期刊79种(占56.8%),人文社科类期刊60种(占43.2%);中文期刊131种(占94.2%),中英文期刊2种(占1.4%),英文期刊6种(占4.3%);经认定的学术期刊95种(占68.3%),非学术期刊44种(占31.7%);正常出版137种(占98.6%),休刊2种(占1.4%)。

从期刊主管单位的分布来看,重庆139种期刊分属47个主管单位,每个主管单位平均主管2.96种期刊。其中,重庆市教育委员会主管28种期刊,主管的期刊数量最多;其余期刊主管单位中,教育部主管14种期刊,重庆西南信息有限公司主管10种期刊,有3个单位分别主管7种期刊,有12个单位分别主管2—5种期刊,有29个单位分别只主管1种期刊。重庆期刊主管单位的分布情况见表4-1。

表4-1 重庆期刊主管单位的分布情况

主管期刊数量	单位数量	主管单位名称
28	1	重庆市教育委员会
14	1	教育部

[①]课题组成员:胡英奎、聂昌红、游滨、戴泽明、何杰玲、梁远华。
[②]重庆期刊相关数据来源于2023年度期刊核验数据,全国数据来源于国家统计局发布的国家数据,部分国家数据采用2022年度数据。

续表

主管期刊数量	单位数量	主管单位名称
10	1	重庆西南信息有限公司
7	3	中国兵器装备集团有限公司、重庆市科学技术协会、重庆市卫生健康委员会
5	1	重庆市人民政府
4	3	中共重庆市委、中国科学技术协会、重庆日报报业集团
3	4	中国电子科技集团公司、重庆出版社、重庆交通大学、重庆市科学技术局
2	4	农业农村部、西南大学、重庆科普文化产业(集团)有限公司、重庆市交通局
1	29	略

从期刊主办单位的分布来看,重庆139种期刊分别由72个主办单位主办(按第一主办单位统计),每个主办单位平均主办1.93种期刊。其中,重庆西南信息有限公司主办10种期刊,主办的期刊数量最多;其余期刊主办单位中,西南大学主办9种期刊,重庆大学主办8种期刊,中国兵器装备集团西南技术工程研究所主办6种期刊;其余有3个单位各主办4种期刊,有8个单位各主办3种期刊,有13个单位各主办2种期刊,有44个单位各主办1种期刊。重庆期刊主办单位的分布情况见表4-2。

表4-2 重庆期刊主办单位的分布情况

主办期刊数量	单位数量	主办单位名称
10	1	重庆西南信息有限公司
9	1	西南大学
8	1	重庆大学
6	1	中国兵器装备集团有限公司
4	3	中华医学会、重庆日报报业集团、重庆市卫生健康统计信息中心

续表

主办期刊数量	单位数量	主办单位名称
3	8	西南政法大学、中共重庆市委当代党员杂志社、重庆出版社、重庆工商大学、重庆交通大学、重庆课堂内外杂志社出版有限公司、重庆师范大学、重庆邮电大学
2	13	商界杂志社、四川外国语大学、长江师范学院、中共重庆市委党校、中国农业科学院柑桔研究所、重庆电脑报出版有限责任公司、重庆交通科研设计院、重庆科技学院、重庆社会科学院、重庆市人民政府办公厅、重庆文理学院、重庆医科大学、重庆医科大学附属第二医院
1	44	略

从期刊出版单位的分布来看，重庆139种期刊由124个出版单位出版，平均每个出版单位出版1.12种期刊。其中，《中华医学杂志》社有限责任公司出版4种期刊，西南大学期刊社、中共重庆市委当代党员杂志社、重庆工商大学学术期刊社、重庆课堂内外杂志社出版有限公司各出版3种期刊，《改革》杂志社、重庆科技学院学报编辑部、重庆师范大学编辑出版中心、重庆五九期刊社各出版2种期刊，其余出版单位各出版1种期刊。

从出版单位的性质来看，重庆139种期刊的出版单位中，有95种期刊的出版单位性质为非法人单位（占68.3%），有21种期刊的出版单位为企业法人（占15.1%），有23种期刊的出版单位为事业法人（占16.5%）。重庆期刊出版单位性质分布见图4-1。

从刊期分布来看，重庆139种期刊中，除2种期刊休刊外，有1种

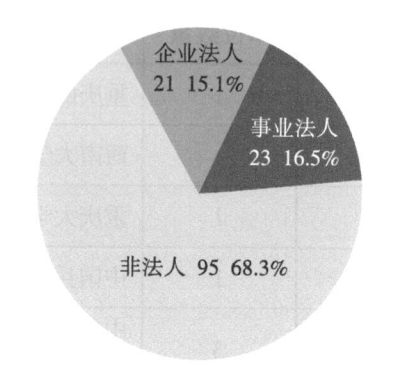

图4-1　重庆期刊出版单位性质分布情况（单位：种）

年刊(占0.7%),6种季刊(占4.3%),51种双月刊(占36.7%),42种月刊(占30.2%),24种半月刊(17.3%),9种旬刊(占6.5%),4种周刊(占2.9%)。各刊期数量的分布及占比如图4-2所示。

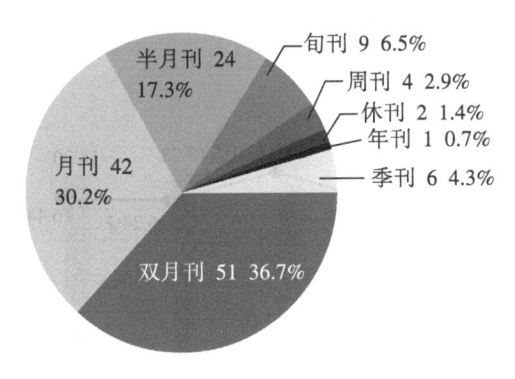

图4-2 重庆期刊的刊期分布情况(单位:种)

(二)出版规模

2023年,重庆期刊共出版1883期,总发行量为0.34亿册;总印数为0.37亿册,占全国期刊总印数18.00亿册的2.06%;总印张为1.82亿印张,占全国总印张118.97亿印张的1.53%;定价总金额为5.82亿元,占全国定价总金额217.33亿元的2.68%。2019—2023年重庆期刊出版总期数、总印张、总印量、总发行量及定价总金额如表4-3所示。

表4-3 近5年重庆期刊出版总期数、总印张、总印数、总发行量及定价总金额

年份	出版期数	年度总印张（亿印张）	年度总印数（万册）	年度总发行量（万册）	定价总金额（万元）
2019年	1866	2.36	3712.88	3610.04	44678.47
2020年	1916	2.10	3389.05	3207.53	42201.23
2021年	1851	1.53	3083.55	2941.23	39271.07
2022年	1885	1.86	3192.52	3077.57	49921.17
2023年	1883	1.82	3677.98	3388.88	58165.40

2023年，重庆学术期刊共收稿180016篇，发文29599篇，平均发表率16.44%。2019—2023年重庆学术期刊总收文量和总发文量如图4-3所示。从图4-3可以看出，近5年重庆学术期刊的年收文量基本为18万篇左右，年发文量为3万篇左右，发表率约为17%。

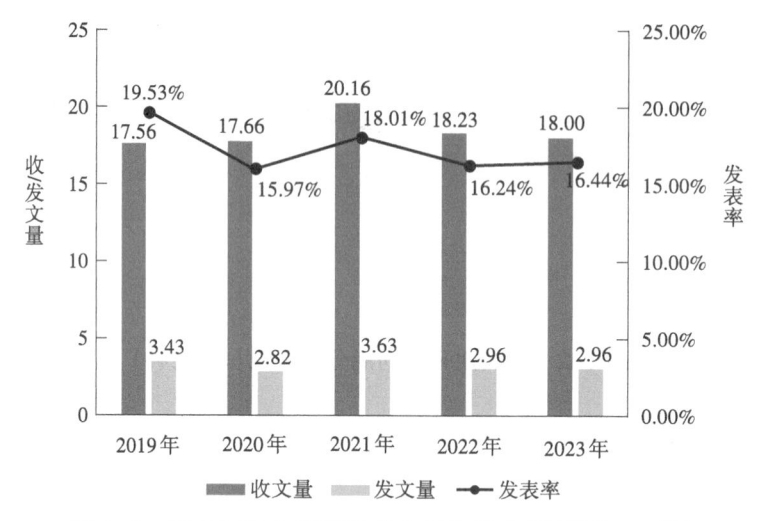

图4-3 近5年重庆期刊的收文量和发文量（单位：万篇）

（三）经营情况

2023年，重庆期刊总资产为11.07亿元，固定资产总额为1.42亿元，年末净资产为8.69亿元。2019—2023年重庆期刊总资产、固定资产和年末净资产如图4-4所示。

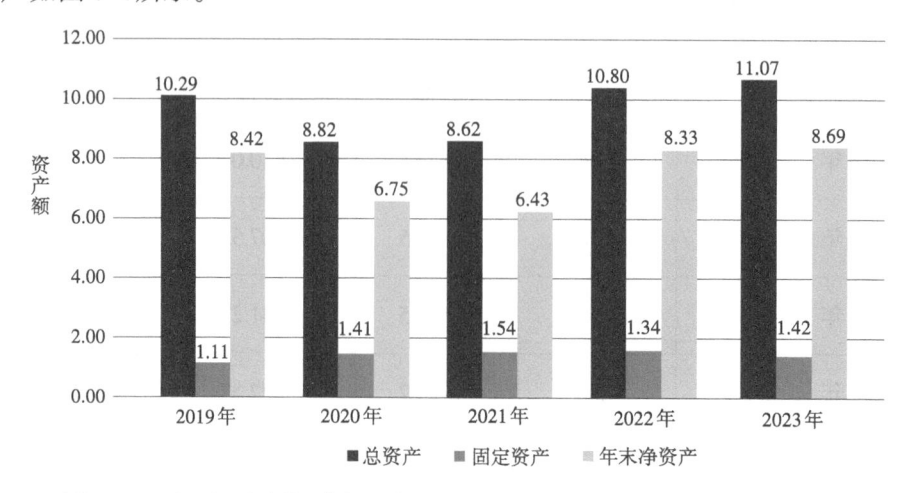

图4-4 近5年重庆期刊的总资产、固定资产和年末净资产（单位：亿元）

2023年,重庆期刊共获得各类经费支持3774.16万元,其中,主管单位经费支持358.5万元(占9.50%),主办单位经费支持2347.06万元(占62.19%),国家专项经费180万元(占4.77%),行业专项经费48万元(占1.27%),省(区、市)级专项经费221万元(占5.86%),其他专项经费619.6万元(16.42%),2023年重庆期刊获得资助的经费组成如图4-5所示。

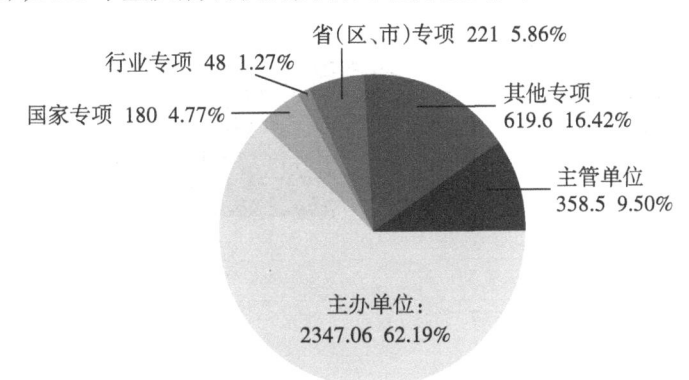

图4-5 重庆期刊获得资助的经费组成(单位:万元)

2019—2023年重庆期刊获各类经费支持情况如图4-6所示。由图4-6可以看出,近5年重庆期刊获各类经费资助的总额为每年3400万元—4200万元。

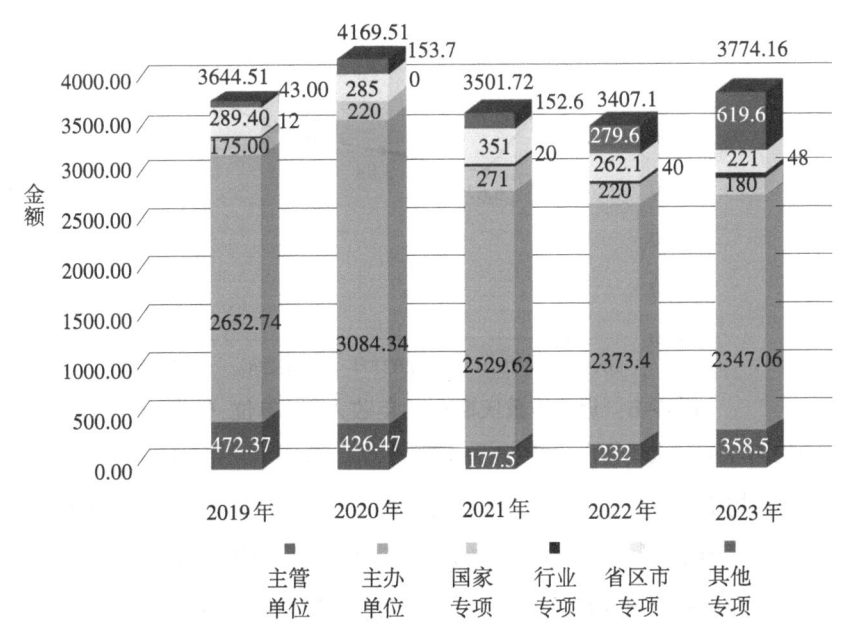

图4-6 近5年重庆期刊获各类经费资助情况(单位:万元)

2023年，重庆期刊的总收入为4.62亿元，占全国期刊总收入224.63亿元的2.06%。其中，发行收入2.14亿元（占总收入的46.32%），广告收入0.37亿元（占总收入的8.01%），新媒体收入0.07亿元（占总收入的1.52%），版权收入0.03亿元（占总收入的0.65%），项目活动收入0.47亿元（占总收入的10.17%），其他收入1.54亿元（占总收入的33.33%）。重庆期刊的收入组成情况如图4-7所示。

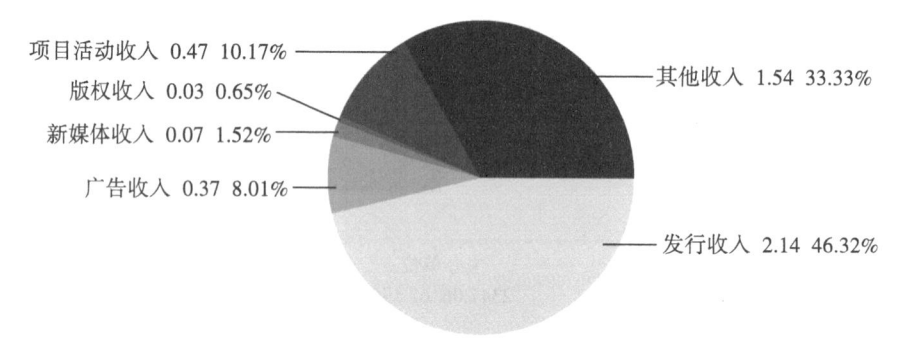

图4-7　重庆期刊的收入组成情况（单位：亿元）

2019—2023年重庆期刊的收入总额如图4-8所示。由图4-8可以看出，重庆期刊2019年的收入总额为4.88亿元，2020年下降至3.67亿元，随后持续回升至2023年的4.62亿元。

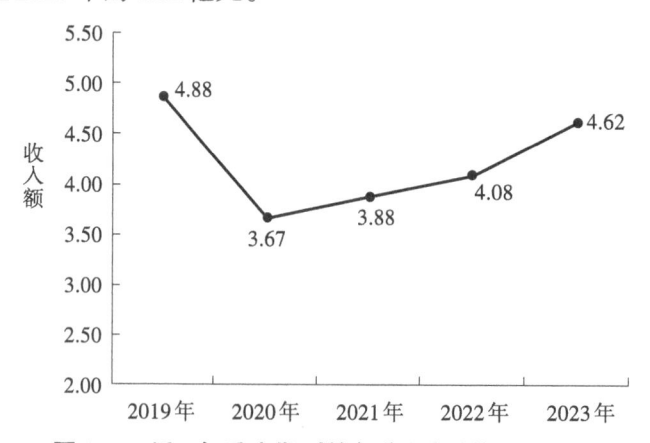

图4-8　近5年重庆期刊的年收入额（单位：亿元）

2023年，重庆期刊的总支出为4.07亿元，其中，纸张印刷费用0.79亿元（占总支出的19.41%），人员工资总额1.48亿元（占总支出的36.36%），稿酬总额0.24亿元（占总支出的5.90%），员工培训经费0.03亿元（占总支出的0.74%），新媒体投入0.06亿元（占总支出的1.47%），其他支出1.47亿元（占总支出的36.12%）。重庆期刊的支出组成情况如图4-9所示。

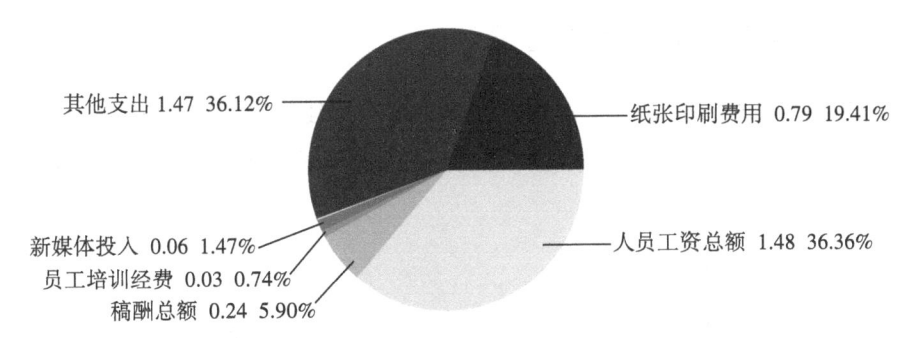

图4-9 重庆期刊的支出组成情况(单位:亿元)

2019—2023年重庆期刊的总支出如图4-10所示。由图4-10可以看出,重庆期刊2019年的支出总额为4.33亿元,2020—2023年每年的支出总额区间为3.0亿元—4.1亿元。

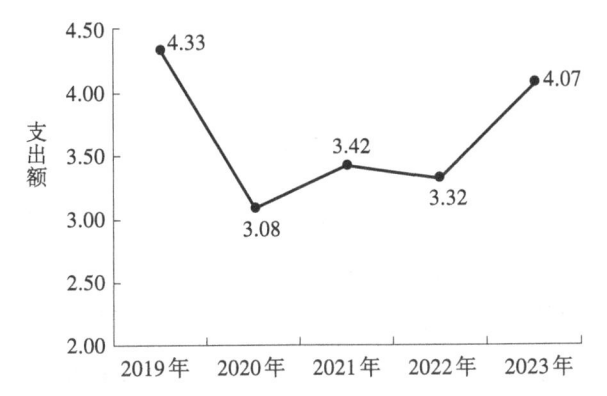

图4-10 近5年重庆期刊的年支出额(单位:亿元)

2023年,重庆期刊的利润总额为0.58亿元,占全国期刊利润总额36.88亿元的1.57%。2019—2023年重庆期刊的利润总额如图4-11所示。

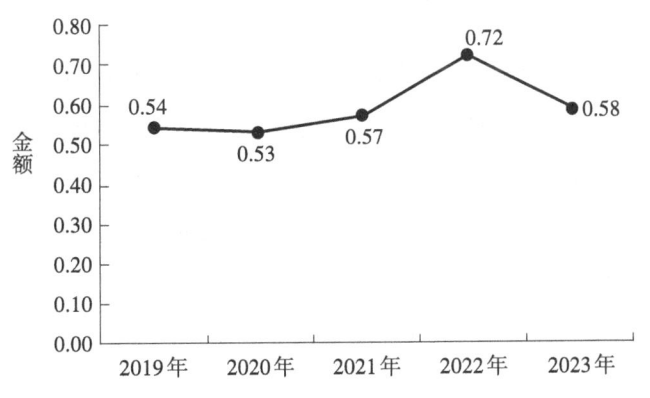

图4-11 近5年重庆期刊的利润总额(单位:亿元)

(四)融合出版发展情况

2023年,重庆的139种期刊中有114种期刊建设有网站(占82.0%),25种期刊没有建设网站(占18.0%)。2019—2023年重庆期刊网站数量如图4-12所示。

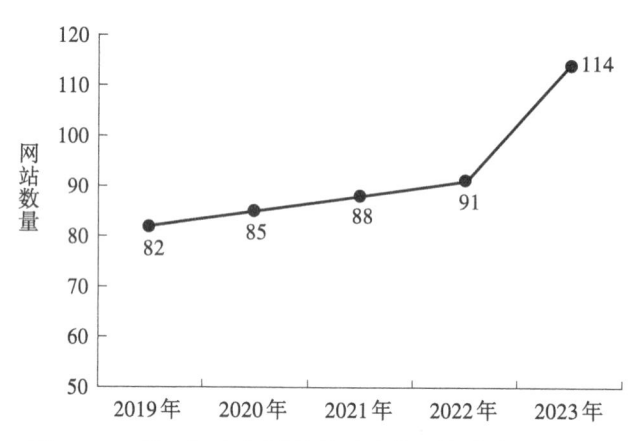

图4-12 近5年建有网站的重庆期刊数量(单位:种)

重庆期刊共有94个微信公众号,总订户数590.55万;微信公众号篇均阅读量最大的是《农家科技》的微信公众号,为3.5万次;年度阅读量10万以上文章总数为58篇,其中《中国药业》微信公众号阅读量10万以上文章数量最多,为15篇。2023年共有11种期刊的微信公众号有阅读量10万以上的文章。

重庆期刊共有36个官方微博账号,粉丝总数为882.406万;共有48个视频号账号,粉丝总数为404.174万;共有2个音频号账号,粉丝总数为100.01万。

2023年,重庆期刊共有新媒体工作人员178人,占期刊从业人员总数的11.2%;新媒体收入为731.11万元,占期刊总收入的1.58%;新媒体投入为574.80万元,占期刊总支出的1.41%。2019—2023年重庆期刊新媒体工作人员数量及人员占比、新媒体收入及收入占比、新媒体投入占比分别如图4-13、图4-14、图4-15所示。

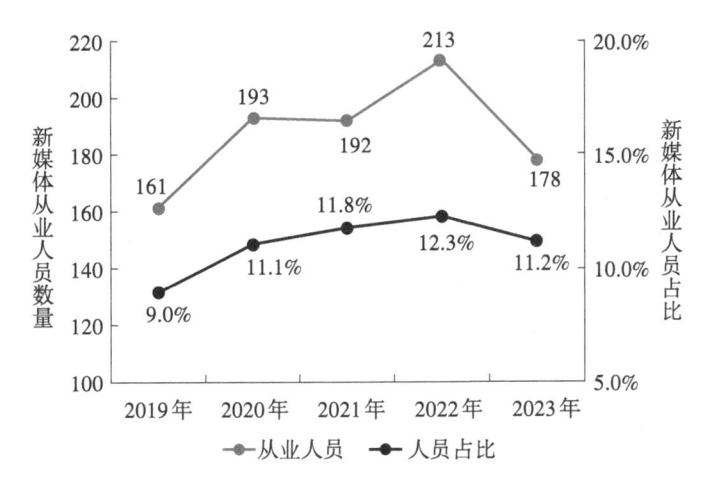

图4-13　近5年重庆期刊新媒体人员数量(人)及人员占比

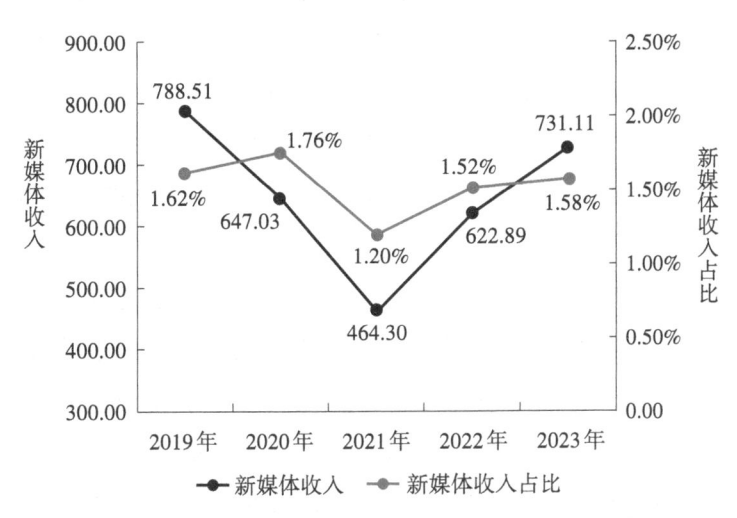

图4-14　近5年重庆期刊新媒体收入(万元)及收入占比

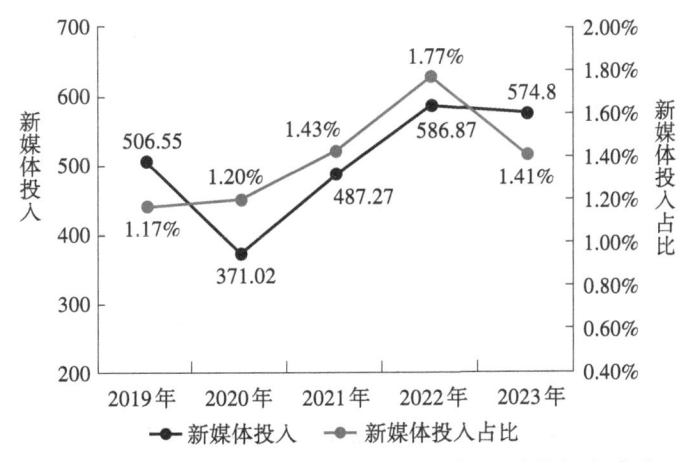

图4-15　近5年重庆期刊新媒体投入(万元)及投入占比

从图4-13、图4-14、图4-15可以看出,2019—2022年间,重庆期刊新媒体从业人员在期刊从业人员总数中的占比基本呈现稳中有增的趋势,期刊新媒体从业人员数量占期刊从业人员总数的比例已超过10%;期刊新媒体工作投入经费和在期刊总支出中的占比也基本呈现稳中有增的趋势,但期刊新媒体工作投入在期刊总支出中的占比不足2%;期刊新媒体收入在460万元—790万元间波动,新媒体收入在总收入中的占比在1.20%—1.80%间波动,期刊新媒体的收入相对较低。

(五)人才队伍和办刊条件

2023年,重庆期刊业从业人员总数为1590人,约占全国期刊从业人数6.18万人的2.6%。其中,在编人员746人(占46.9%),聘用人员844人(占53.1%)。从人员职称结构来看,期刊从业人员中有242人为正高职称(含非编辑系列正高职称,占15.2%),258人为副高职称(含非编辑系列副高职称,占16.2%),437人为中级职称(含非编辑系列中级职称,占27.5%),有653人为初级职称或无职称(占41.1%);从学历结构来看,从业人员中拥有博士研究生学历的为197人(占比12.4%),拥有硕士研究生学历的为451人(占28.4%),拥有本科学历的为799人(占50.3%),拥有大专及以下学历的为143人(占9.0%);从人员分工来看,采编人员数量最多,为920人(占57.9%),新媒体工作人员178人(占11.2%),行政服务人员181人(占11.4%),广告工作人员67人(占4.2%),发行工作人员130人(占8.2%),其他人员114人(占7.2%)。重庆期刊从业人员的职称结构如图4-16所示,学历结构如图4-17所示,分工情况如图4-18所示。

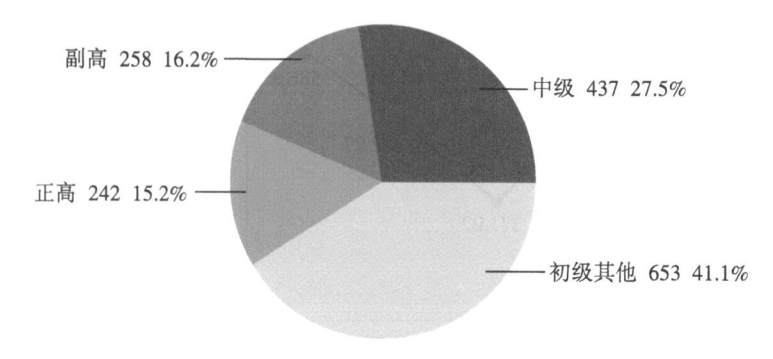

图4-16 重庆期刊从业人员职称结构(单位:人)

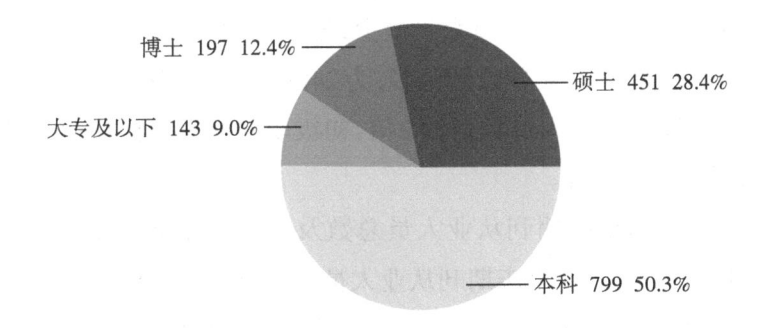

图4-17　重庆期刊从业人员学历结构分布（单位：人）

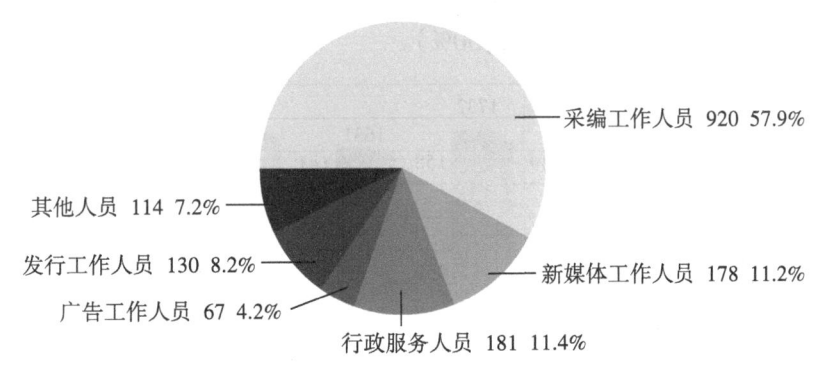

图4-18　重庆期刊从业人员分工情况（单位：人）

2019—2023年间重庆期刊从业人员总数及职称分布如图4-19所示。从图4-19可以看出，近5年重庆期刊从业人员总数和职称分布基本稳定，除2023年总人数略低于1600人外，其余年份的从业人员数量都为1600—1800人。

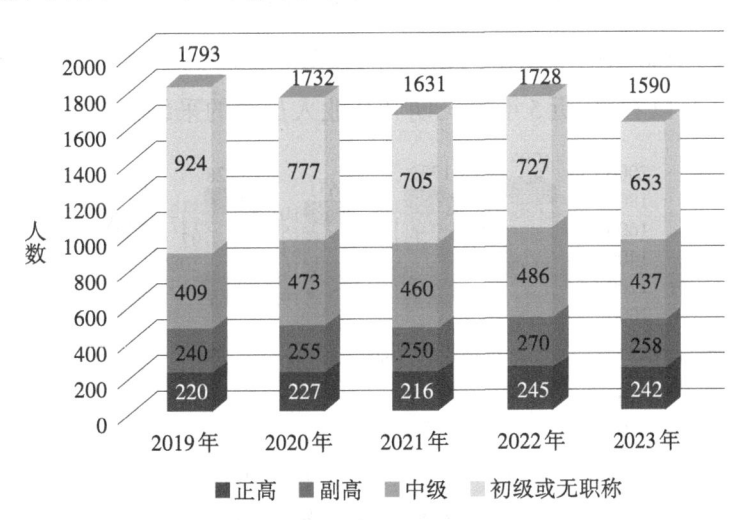

图4-19　近5年重庆期刊从业人员职称分布（单位：人）

从职称结构看,正高职称从业人员数量最少,为216—245人;副高职称从业人员数量比正高职称从业人员数量稍多,为240—270人;中级职称从业人员数量接近正高职称从业人员数量的2倍,初级职称及无职称从业人员数量最多,超过总人数的40%。

2019—2023年间重庆期刊从业人员总数及学历分布如图4-20所示。从图4-20可以看出,近5年重庆期刊从业人员中具有博士学位的人员数量明显增加,具有本科学历和专科及以下学历从业人员数量减少。但具有博士学位的从业人员占比仍然偏低(不足13%),具有本科学历的人员仍然是重庆期刊从业人员的主体(超过50%)。

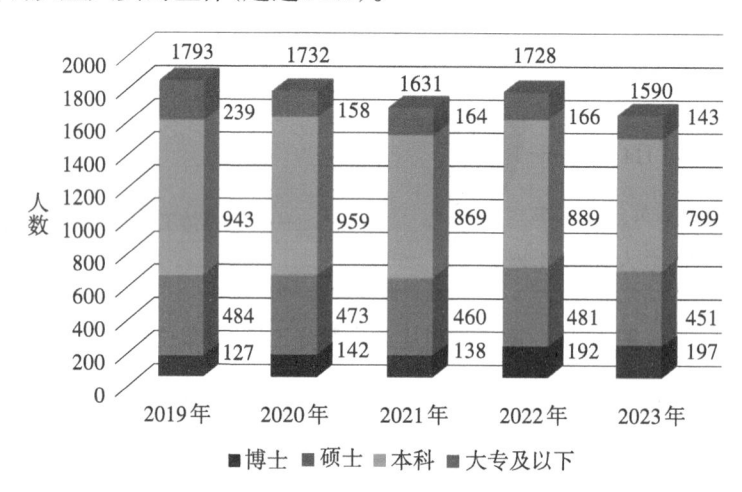

图4-20　近5年重庆期刊从业人员学历分布(单位:人)

2019—2023年间重庆期刊从业人员总数及分工情况如图4-21所示。从图4-21可以看出,近5年重庆期刊从业人员中的采编人员数量有下降趋

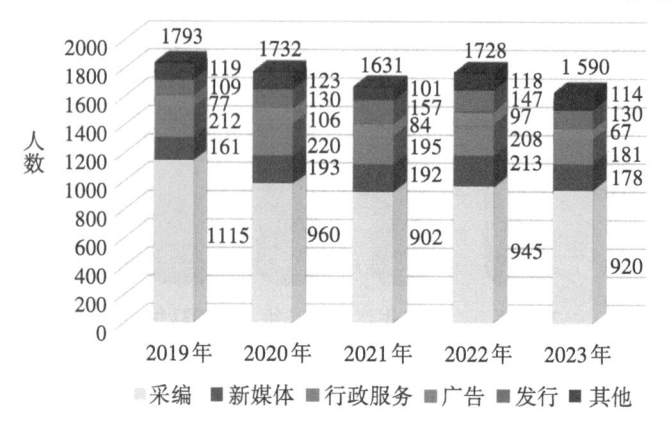

图4-21　近5年重庆期刊从业人员分工情况(单位:人)

势;新媒体从业人员数量和发行工作从业人员数量在2019—2022年间有增加的趋势,但2023年又略有减少,表明重庆期刊出版的业态在逐渐发生变化。

2023年,重庆139种期刊共投入办公场所33476.63平方米,其中自有办公场所13172.56平方米(占39.3%),上级单位提供办公场所13969.57平方米(占41.7%),租赁办公场所6134.5平方米(占18.3%),其他性质办公场所200平方米(占0.6%)。按从业人员总数为1590人计算,重庆期刊人均办公场所约为21.05平方米。重庆期刊办公场所性质分布情况如图4-22所示。

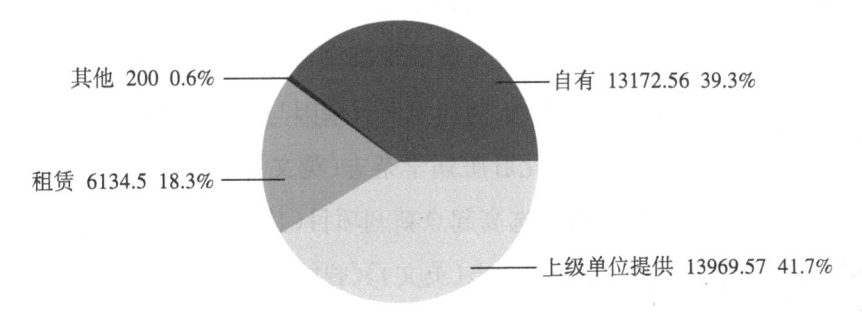

图4-22 重庆期刊办公场所性质分布情况(单位:m²)

2019—2023年间重庆期刊办公场所总面积及人均面积如图4-23所示。从图4-23可以看出,2019—2022年间重庆期刊办公场所总面积稳中有升,2023年办公场所总面积略有下降;近5年重庆期刊人均办公面积逐年增加,办公条件稳步趋好。

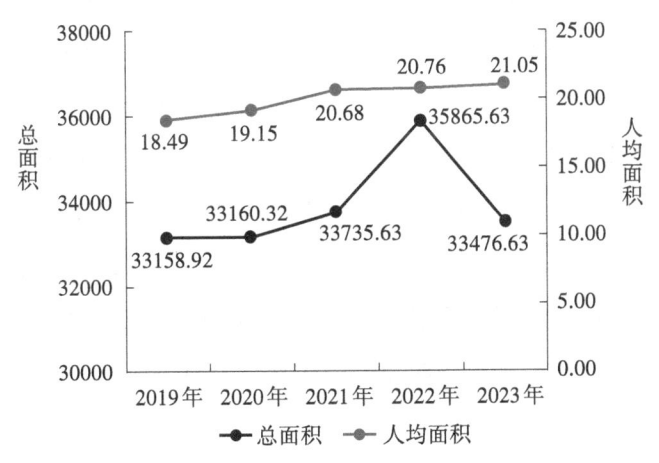

图4-23 近5年重庆期刊办公场所总面积及人均面积变化情况(单位:m²)

（六）发展业绩

2019—2023年，重庆期刊的年收入、利润呈现出稳中有升的态势。近5年，重庆期刊的年收入均在3.6亿元以上，2023年为4.62亿元；年利润均在5200万元以上，2023年为5844万元。2023年，《当代党员》等11种期刊的年收入超过1000万元，这11种期刊的年收入总和为2.61亿元，占2023年重庆期刊年收入的56.49%；利润总额为4483.77万元，占2023年重庆期刊总利润的76.72%。

截至2023年底，重庆共有8种期刊入选中国科技期刊卓越行动计划项目。其中，《镁合金学报（英文）》入选领军期刊项目；《中华创伤杂志（英文版）》《中华肝脏病杂志》入选梯队期刊项目；《基因与疾病（英文）》《自动化与人工智能（英文）》《临床与转化肝脏病学杂志（英文）》《智能肿瘤学（英文）》《智能技术学报（英文）》5种入选高起点新刊项目（其中，《自动化与人工智能（英文）》《临床与转化肝脏病学杂志（英文）》《智能肿瘤学（英文）》《智能技术学报（英文）》仅有ISSN、无CN）。

截至2023年底，重庆有68种期刊被各核心期刊数据库或核心期刊目录收录。其中，3种期刊被SCIE收录，2种期刊被ESCI收录，4种期刊被EI Compendex数据库收录，24种期刊被中国科学引文数据库（CSCD）收录，9种期刊被中文社会科学引文索引（CSSCI）数据库收录，39种期刊被《中文核心期刊要目总览》收录，48种期刊被中国科技核心期刊目录收录（社科6种、自科42种），20种期刊入选中国人文社科期刊AMI综合评价报告，5种期刊入选RCCSE权威期刊，33种期刊入选RCCSE核心期刊，21种期刊入选中国科协高质量科技期刊分级目录。其中，2023年新增《西部人居环境学刊》《重庆医科大学学报》《重庆社会科学》被《中文核心期刊要目总览》收录；新增《基因与疾病（英文）》被中国科学引文数据库（CSCD）核心库收录；新增《重庆医科大学学报》被中国科学引文数据库（CSCD）扩展库收录；新增《精密成形工程》被中国科技核心期刊目录收录；新增《统一战线学研究》被中文社会科学引文索引（CSSCI）扩展版收录。

二、重庆期刊出版业发展特征

(一)较好发挥了刊号资源的出版效能

2023年,重庆共出版期刊139种,占全国期刊数量的1.37%。重庆利用全国1.37%的刊号资源,投入全国2.57%的从业人员,生产了全国期刊总印数2.06%的期刊(总印张的1.53%)和2.68%的定价总金额,创造的收入是全国期刊总收入的2.06%,利润总额占全国利润总额的1.57%。2023年2月16日发布的"2022年度中国邮政发行百强榜"共有45种期刊,重庆的《当代党员》和《课堂内外》两种期刊入选,占全部入选期刊的4.44%。

重庆拥有的刊号资源虽然有限,但通过增加投入、挖掘潜能,充分发挥了有限刊号资源的出版效能,创造了较好的社会效益和经济效益。同时也应注意,重庆的非学术期刊中仍有少数期刊发行量小、社会影响力有限;学术期刊中也有少数期刊学术质量不高、学术影响力有限,这部分期刊的社会效益和经济效益都不明显,刊号资源的效能发挥还有提升空间。

(二)时事政治类期刊社会效益、经济效益双效俱优

以《当代党员》《党员文摘》为代表的时事政治类期刊围绕中心工作、服务大局,承担了举旗帜、聚民心、育新人、兴文化、展形象的使命任务,唱响主旋律,传递正能量。此类期刊既创造了良好的社会效益,也创造了良好的经济效益,自身可持续发展能力较强。

2023年,9种时事政治类期刊中,年度总印数最少的为1.5万册,年度总印数最多的接近760万册,7种期刊的年度总印数在10万册以上。《当代党员》表现尤为突出,入选"2022年度中国邮政发行百强榜"。从整体数据来看,9种时事政治类期刊2023年的年度总印数达到1704.73万册,占重庆期刊年度总印数的46.35%;发行收入为9991.79万元,占重庆期刊总发行收入的46.69%;利润总额为3872.57万元,占重庆期刊利润总额的66.77%;9种时

事政治类期刊的发行量、发行收入、利润等主要指标数据已超过或接近重庆期刊相应指标总量的50%,实现了社会效益、经济效益双效俱优。

(三)文化教育类和商业财经类期刊发展不平衡

文化教育类期刊中,5种期刊的年度总印数均超过200万册,其中年度总印数最大的超过350万册。经济效益方面,发行收入最高的接近4000万元,2种期刊的发行收入超过1000万元;利润总额方面,4种期刊超过100万元。其中,《课堂内外》入选"2022年度中国邮政发行百强榜"。这些期刊的发行量和经济效益在重庆文化教育类期刊中名列前茅,为重庆文化教育类期刊树立了发展的标杆。然而,重庆文化教育类期刊中也有部分期刊年发行量不足万册,利润为零甚至亏损;还有些期刊已不能正常出版,不得不通过转型谋取发展。

商业财经类期刊大多已连续多年没有盈利,生存和发展面临较大压力。

总体来看,重庆的文化教育类和商业财经类期刊中,仅有少数几种期刊发行量大、影响力高、有一定的经济效益,而其余期刊面临较大的生存和发展压力。

(四)科学技术类和科学普及类期刊发展整体欠佳

从发行情况来看,2023年,科学技术类和科学普及类期刊中,仅有3种期刊的年发行量超过15万册,其余期刊的年发行量都在10万册以下,更有3种期刊的年发行量甚至不到1万册。较小的发行量不仅难以形成社会影响力,也难以产生明显的社会效益。从经济效益来看,除1种期刊的利润超过160万元之外,其余期刊的利润都在100万元以下,有3种期刊处于亏损状态。2023年,15种科学技术类和科学普及类期刊的利润总额为320.13万元,仅占重庆市期刊利润总额的5.52%,科学技术类和科学普及类期刊产生的经济效益有限。

（五）学术期刊中核心期刊占比高，发展态势较好

截至2023年底，重庆共有95种学术期刊，占出版期刊总量的68.3%。在95种学术期刊中，有68种期刊被SCIE（ESCI）、Ei Compendex、中国科学引文数据库（CSCD）、中文社会科学引文索引（CSSCI）、《中文核心期刊要目总览》、中国科技核心期刊目录、中国人文社科期刊AMI综合评价报告、RCCSE等核心期刊目录或数据库收录，学术期刊中的核心期刊入选率达71.6%，各类核心期刊占全部期刊的48.9%。作为领军期刊的《镁合金学报（英文）》影响因子连续4年位居同类期刊全球第一。重庆核心学术期刊占比在全国各省区市中名列前茅，这一情况已成为受国内同行关注的"重庆现象"。

2023年，重庆95种学术期刊共收稿180016篇，发文29599篇，平均发表率为16.44%。刊均收稿量接近2000篇，大量的来稿为重庆的学术期刊在遴选优质稿件时提供了更大的选择空间，从而为学术质量和影响力的提升创造了可能，也为重庆学术期刊的可持续高质量发展提供了有力支撑。虽然重庆学术期刊学术质量高、整体发展态势好，但同时也应注意到学术期刊发行量小、产业化能力弱、集群化程度低、数字化进程慢、出版融合发展滞后等现实问题。

三、重庆期刊出版业面临的挑战

（一）期刊出版规模小

2023年，重庆共出版期刊139种，仅占全国的1.37%，重庆期刊数量在全国31个省、自治区、直辖市（未含港澳台地区）中排名第24位。2023年，重庆期刊总印数0.37亿册，占全国总印数18.00亿册的2.06%。重庆期刊业从业人员总数为1590人，占全国期刊从业人数的2.57%；总收入4.62亿元，占全国期刊总收入的2.06%；利润总额为0.58亿元，占全国期刊利润总额的1.57%。总资产11.07亿元，总支出4.07亿元。无论从期刊的数量、总印数，还是从期刊从业人员数量、资产规模和利润来看，重庆期刊的规模都偏小，难以支撑重庆"期刊强市"目标的实现。

(二)融合出版进程慢

2023年,重庆的139种期刊中有114种期刊建设有网站(占82.0%),尚有25种期刊没有建设网站(占18.0%)。这25种期刊没有投、审稿系统,没有发布系统,稿件的编辑、加工、校对主要依靠人工完成,新技术应用较少,效率低下,出错概率高。重庆139种期刊中,仅有36个官方微博账号,94个微信公众号,48个视频号,2个音频号。微信公众号篇均阅读量最大为3.5万次,年度阅读量10万以上文章总数为58篇;微博总粉丝数为882.406万人。重庆期刊新媒体数量偏少,影响力偏弱,对于先进出版技术的应用不足。

2023年,重庆期刊共有新媒体工作人员178人,占期刊从业人员总数的11.2%;新媒体收入为731.11万元,占期刊总收入的1.58%;新媒体投入为574.80万元,占期刊总支出的1.41%。近5年间,虽然重庆期刊新媒体从业人员在期刊从业人员总数中的占比基本呈现稳中有增的趋势,但总体而言增加缓慢,且2023年从业人员数量比2022年减少了35人(占2022年新媒体从业人数的16.4%);期刊新媒体工作投入经费及在期刊总支出中的占比稳中有增,但期刊新媒体工作投入在期刊总支出中的占比不足2%,新媒体工作的投入远远不能满足新媒体发展的需要。

随着期刊出版业的快速发展,作为现代期刊出版和传播载体的数字出版平台建设和运用不足逐渐成为制约期刊出版产业创新发展的瓶颈。期刊采编、生产、发布、传播领域的平台建设日益受到重视,中国科技期刊卓越行动计划也设立了国际化数字出版服务平台项目。近年来,科学出版社、清华大学出版社、同方知网、方正电子、仁和软件等国内期刊数字出版龙头企业纷纷推出拥有自主知识产权的期刊出版平台,但截至2023年底,重庆的期刊出版平台建设几乎是空白。

(三)集约化程度低

重庆139种期刊分属47个主管单位、72个主办单位、124个出版单位,平均每个主管单位主管2.96种期刊,每个主办单位主办1.93种期刊,每个出版单位出版1.12种期刊。即使是同一主管、主办、出版单位的期刊,在实际运行过程中也多以单刊编辑部为单位开展出版活动,单刊编辑部目前仍然是主要办刊主体,重庆期刊的集约化程度还比较低。

以当代党员杂志社、课堂内外杂志社为代表的出版单位形成了一定规模的期刊集群,取得了较好的社会效益和经济效益,为重庆期刊的集群化、集团化发展树立了标杆。但与国内外大型出版集团的期刊集群相比,这些集群的规模偏小,规模效应难以显现。重庆还有多家期刊主办单位虽然各自主办多种期刊,也成立了期刊社之类的机构,但这些机构的实际功能更偏向行政管理,同一期刊社的多个期刊一起办公、统一管理,各期刊之间业务融合程度还比较低,难以发挥期刊集群的集约效应。

总体而言,重庆期刊有一定的集群化发展基础,但集群化程度不高,集约效应、规模效应不明显,与国内外大型期刊集团的规模和影响力相比,还存在较大差距。

(四)产业化能力弱

2023年,重庆市期刊平均期印数达到25万册以上的期刊仅有2种,接近10万册的有两种,1万—10万册的有14种,而1万册以下的期刊有123种。在95种学术期刊和12种科学技术类期刊中,平均每期印数超过1万册的仅有2种,其余期刊的平均每期印数均不足1万册。

2023年,重庆市期刊总收入为4.62亿元,刊均收入332万元;利润总额为5844万元,刊均利润42万元。其中,2023年利润总额在1000万元以上的仅有2种;利润总额在100万—500万元的期刊有12种;亏损100万元以上的期刊有3种,亏损10万—100万元的期刊有12种。

头部企业(期刊)不够强大、长尾效应不明显是重庆期刊的显著特征。按出版单位统计,总收入超过1000万元的仅有5家单位。除发行收入和广告收入以外的收入,包括新媒体收入、版权收入、项目活动收入和其他收入,是期刊业务转型升级和高质量发展的重要指标。课堂内外杂志社除发行收入和广告收入以外的收入较高,占总收入的68.49%,发展质量高、可持续性强,发展模式具有较好的示范性。然而,也有部分优秀期刊收入构成较为单一,收入来源严重依赖纸质期刊的发行。

(五)人才队伍结构有优化空间

重庆期刊业的1590名从业人员中,有844人为聘用人员,占从业人员总数的53.1%。高比例的聘用人员会造成期刊从业人员的流动性大,不利于队伍稳定和期刊的持续发展。从人员职称来看,有653人为初级职称或无职称,占从业人员总数的41.1%;从学历结构来看,拥有研究生学历的仅有648人,占从业人员总数的40.8%。作为知识密集型产业,从业人员中具有高级职称、高学历的高层次人员占比偏小,不利于期刊水平的提升。从人员分工来看,新媒体工作人员仅178人,占从业人员总数的11.2%。在期刊数字化转型的关键时期,投入到新媒体工作中的人员数量过少会影响期刊融合发展的进程。

从期刊运行现状来看,重庆期刊的人才队伍基本能满足目前的正常运行需求。但从期刊高质量发展需求来看,重庆期刊的人才队伍在人员性质、职称、学历、专业、能力、分工等方面还有优化空间。

四、重庆期刊出版业发展建议

(一)加大政策支持力度

重庆期刊发展形势总体良好,影响力大,学术水平高,学术期刊中核心期刊占比高。但重庆期刊也存在一些发展短板,与"期刊强市""中国西部学术期刊高地"的建设目标对照,仍有一定的差距,与发达地区期刊发展情况相比,也存在一定的差距。为了推动重庆市期刊的繁荣发展,需要加大政策和资金支持力度。建议整合现有期刊发展资助项目、加大资金支持力度、优化期刊资助政策、提高资金利用效能,用有限的资助资金撬动重庆期刊高质量发展的杠杆,促进重庆期刊高质量发展;全面梳理全市期刊发展现状,科学分类、按类施策,精准推动重庆期刊全面发展;优化出版专业技术人员职称评定标准,扩大期刊从业人员的成长空间,加大对期刊从业人员的支持力度,助力期刊从业人员的成长成才;设立市级期刊奖励项目,激发办刊人员和办刊单位的积极性,培育一流期刊、行业领军人才和优秀办刊单位;统筹刊号资源配置,优化期刊结构和布局,在刊号资源有限的条件下充分发挥刊号资源的利用效能,促进重庆期刊整体发展;鼓励期刊集群化、集团化发展,利用期刊集约化发展优势促进重庆期刊的融合发展。

2023年,中宣部、教育部联合印发《关于推进出版学科专业共建工作的实施意见》,提出建设中国特色的出版学科专业,为推动出版业繁荣发展、建设出版强国提供有力支撑。为有效落实《关于推进出版学科专业共建工作的实施意见》,需要积极推进市内相关高校开展出版学科专业共建工作,充分挖掘相关高校学科专业优势和共建单位资源禀赋,打造具有鲜明特色的出版学院、出版研究院;引导鼓励有实力的出版单位、数字技术企业积极参与出版学科专业共建工作;安排一定经费保障出版学科专业建设。

(二)优化期刊结构布局

重庆的139种期刊中,自然科学类期刊有79种(占56.8%),人文社科类期刊有60种(占43.2%);经认定的学术期刊有95种(占68.3%),未经学术期刊认定的期刊有44种(占31.7%)。在学术期刊中,综合性学报数量较多(34种,占学术期刊的35.8%);在专业性期刊中,技术类期刊较多,但主要是传统技术科学领域期刊,其次是医药卫生类期刊,基础科学类期刊偏少,仅12种,数理科学类期刊仅有2种。在国家重点发展的新兴交叉学科和战略前沿领域,虽然近年来通过创办英文期刊的方式增加了几种期刊,但仍然数量偏少、影响力偏弱。

针对重庆期刊学科分布不均衡,基础学科、新兴交叉学科和战略前沿领域期刊数量偏少、影响力偏弱的现状,应统筹全市刊号资源,优化刊号资源配置,通过申请新的刊号和盘活现有刊号推动刊号资源向重点发展学科领域倾斜。加快完善基础学科、优势重点学科、新兴学科和交叉学科期刊布局,重视发展工程技术、科学普及、通俗理论、具有重要文化价值和传承意义的"绝学"和冷门学科等类别期刊。布局数学、物理、化学、地学、生命、材料、医学等基础和优势学科领域的科技期刊,做大做强已有期刊,鼓励具有办刊条件的单位创办新刊,提升基础学科的竞争力;着眼满足重大科技攻关需要，瞄准人工智能、量子信息、集成电路、生命健康、脑科学、生物育种、空天科技、深地深海等前沿领域，建设具有前瞻性、战略性的科技期刊。

针对重庆综合性学报数量多的现状，引导办刊单位重新审视发展的实际情况、拥有的特色资源和学术优势，以特色发展为目标及时调整发展定位；加快综合性学报专题化、专栏化建设，办好特色专栏，着力解决综合性学报的内容同质化问题，发挥综合性学报多学科优势，与专业性期刊良性竞争。鼓励有条件的综合性学报向专业化期刊转型，突出优势领域，做精专业内容，向"专、精、特、新"方向发展。

为了推动我国期刊高质量发展，2019年中国科协等七部委实施"中国科技期刊卓越行动计划"，创办英文期刊已成为"建设世界一流科技期刊"的重要途径，英文期刊也是我国提升国际学术影响力和国际学术话语权的重要载体。针对重庆以中文期刊为主、英文期刊数量少的现状，应鼓励有条件的办刊单位加大创办英文期刊的力度。通过创办英文期刊来增加基础学科、新兴交叉学科和战略前沿领域的期刊数量，扩大出版规模和学术影响力。重庆现有的英文期刊以自然科学领域专业学术期刊为主，在人文社科领域仅有西南大学创办了一种英文期刊，重庆大学正在筹办一种英文期刊。应鼓励有条件的办刊单位创办更多人文社科领域的英文学术期刊，让世界更好地认识中国、了解中国。

（三）坚持分类施策科学发展

2018年11月14日，中央全面深化改革委员会第五次会议审议通过《关于深化改革培育世界一流科技期刊的意见》《关于加强和改进出版工作的意见》，提出要科学编制重点建设期刊目录，做精做强一批基础和传统优势领域期刊；2019年，中国科协等四部门联合印发《关于深化改革培育世界一流科技期刊的意见》，提出"优化布局、分类施策"的基本原则；2021年5月，中共中央宣传部、教育部、科技部印发《关于推动学术期刊繁荣发展的意见》，提出"坚持优化布局、分类施策"。《重庆市出版业"十四五"时期发展规划》提出了坚持扶优扶强、指导一批成长型学术期刊着力提升出版质量和影响力等精准施策的举措;2023年6月,中共重庆市委宣传部等七部门印发的《重庆市推动渝版期刊高质量发展方案》也分别提出了重庆市各类期刊发展的主要任务。重庆期刊在提高质量、增加数量、扩大规模的同时,还需要考虑各类期刊的同步发展,以全面实现重庆期刊量质齐升。全面推进重庆市期刊高质量发展需要对重庆期刊分类施策,以推动重庆期刊科学发展。

时事政治类期刊应聚焦主题宣传,壮大主流舆论阵地。明确方向,突出重点,聚焦主题主线,落实中宣部关于主题出版工作的重点要求;做强内容的同时拓展主题宣传广度,不断丰富主题宣传的内容和题材;增加主题宣传的厚度,加强专文、专题、专栏的策划,形成系列品牌;增强主题宣传创新的力度,要把握时代脉搏,坚持与时代同步伐,反映时代新气象,提供新内容,开发新题材,培育新作者,推出新作品;提升主题宣传的温度,使内容更加贴近读者、贴近实际,更加接地气、有生气。在新的媒介环境下,主题宣传类期刊要深入研究全媒体时代主题宣传报道的创新策略,以提高主题宣传报道的传播效果和影响力。时事政治类期刊应通过社会效益带动经济效益,实现社会效益、经济效益双效俱优。

文化教育类期刊应从理念创新、内容革新、形式创新、渠道拓展等方面寻求新的发展空间。在期刊发展理念方面,要突破传统的经营模式,在内容、形式上与时代发展相呼应;在期刊内容方面,要加大对内容开发的创新力度,主动结合读者的阅读兴趣,不断开发新内容、新结构、新形式,优化灵活的期刊内容,激发受众的阅读兴趣,以质量占领市场,拓展自身发展。面对新媒体的冲击,文化教育类期刊要强化期刊品牌定位,实现差异化发展;发挥期刊社会职能,强化品牌社会效益;紧跟市场需求,细化产品系列,实现产品立体开发;用好互联网技术,推进融合发展;创建品牌活动,强化产品服务营销;聚合优势资源,拓展业务领域。

科普类期刊应汇聚原创资源,重塑内容供应格局;创新期刊运营理念,发挥科普类期刊品牌优势,提升读者的科技素养;加大政策扶持力度,支持科普类期刊全媒体出版,充分发挥融媒体平台作用,提高内容传播效果;着力提升办刊能力,增强科普类期刊的知识服务能力和内容的知识价值;根植期刊优质选题,打造科普类期刊立体传播模式;差异化定位发展,探索有效发展途径。

学术期刊是开展学术交流的重要平台,是传播思想文化的重要阵地,是促进理论创新和科技进步的重要力量。学术期刊应加强优质内容出版传播能力建设,创新内容载体、方法手段、业态形式和体制机制,以实现学术组织力、人才凝聚力、创新引领力、品牌影响力的显著提升,推动学术期刊加快向高质量发展阶段迈进。学术期刊应提升学术引领能力,坚持问题导向,聚焦前沿领域,活跃学术氛围,善于发现、鼓励、引领创新,对重大问题坚持长期跟踪;要提升编辑策划与把关能力,坚持以创新水平和科学价值作为选稿用稿标准,围绕重大主题打造重点专栏、组织专题专刊;要提升出版服务能力,优化出版流程,提高投审稿和出版的时效性,为有重大创新观点的高质量论文设立快速审稿发稿通道,注重为作者提供高水准的专业审稿意见。

(四)加快推进出版深度融合发展

《关于推动学术期刊繁荣发展的意见》提出,要创新内容载体、方法手段、业态形式、体制机制,努力打造一批世界一流、代表国家学术水平的知名期刊,推动学术期刊出版良性健康发展。《重庆市出版业"十四五"时期发展规划》把"壮大数字出版产业,推动出版深度融合发展"作为重庆市出版业"十四五"时期发展的主要任务之一,提出要推进重庆出版产业数字化和数字产业化,提升行业数字化数据化智能化水平,推进出版深度融合发展,打通出版业态壁垒,推动传统出版与新兴出版"融为一体,合而为一"。《重庆市推动渝版期刊高质量发展方案》把"渝版期刊融合发展迈上新台阶"作为渝版期刊发展的总体目标之一,提出要进一步健全传统出版与新兴出版"融为一体、合而为一"的体制机制,实现渝版期刊出版流程数字化全覆盖,基本形成新型出版模式。

面对出版技术的快速革新和期刊发展的迫切需求,期刊出版同样需要突出科技创新在推动出版业数字化转型升级、实现高质量发展中的重要作用,大力推动5G、大数据、云计算、人工智能、区块链、物联网、虚拟现实和增强现实等新技术在出版领域的应用,主动采用新技术推动融合出版的发展;期刊出版单位应主动推进机构融合、业务融合、资源要素融合,引领行业创新发展;建立一体化发展体制机制,鼓励期刊跨专业、跨行业、跨地域发展;把握期刊数字化、网络化、智能化方向,实现期刊从选题策划、稿件采集、编辑加工到出版传播的全链条数字化转型升级,强化期刊网络优先出版、数据出版、全媒体出版等新型出版模式;推动期刊融合观念与模式创新、内容策划与生产创新、传播与盈利模式创新,通过创新引领驱动出版融合跨越式发展;加强新媒体编辑力量和技术力量,提升新媒体传播和服务能力;鼓励有条件的期刊出版单位建设数字化支持服务平台和学科数据库平台。

(五)鼓励集群化集团化发展

目前单刊编辑部仍然是重庆期刊的主要办刊主体,且主管、主办单位分散,集约化能力较弱,导致期刊的影响力和竞争力较弱。优化期刊资源配置,实行集约化管理和集群化建设,有利于提高我市期刊的整体水平和核心竞争力。《关于深化改革培育世界一流科技期刊的意见》提出推进集群化并加快向集团化转变。《关于推动学术期刊繁荣发展的意见》提出推进集群化集团化建设,开展学术期刊集群化发展试点,以优质学术期刊为龙头重组整合资源,建设一批导向正确、品质一流、资源集约、具备核心竞争力的学术期刊集群。中国科技期刊卓越行动计划设置集群化试点项目,试点探索我国科技期刊集群化发展路径,实现旗舰期刊的尖兵突破和高水平刊群的集聚发展。《重庆市出版业"十四五"时期发展规划》提出支持有条件的期刊集群化集团化,建立同类或相关期刊紧密联系机制,形成各具特色、功能互补、相互促进、错位发展的期刊群体。

《重庆市推动渝版期刊高质量发展方案》把"渝版期刊集群化发展趋势基本形成"作为渝版期刊发展的总体目标之一,提出建设一批导向正确、品质一流、资源集约、错位发展、具备竞争力的期刊集群。

从国家和市级相关政策文件来看,集群化集团化发展是期刊发展的趋势,然而,受限于现行期刊管理的体制机制,通过变更期刊主管、主办单位推进期刊集群化集团化发展的难度较大。重庆市期刊应在现有管理体制机制下积极探索集群化集团化发展的可能路径,推进集群化发展、支持有条件的期刊集群化集团化发展;引导单刊发展的期刊向优秀龙头期刊出版单位集聚,建立同类或相关期刊间紧密联系机制,形成各具特色、功能互补、相互促进、错位发展的期刊群体;探索期刊集群内资源共享、价值共生、品牌共建、人才互通的竞合机制,聚合单刊力量,形成群体优势,提高渝版期刊整体竞争力;以具备较大影响力或较高学术水平的期刊为龙头,聚集一批社会影响力大、学术水平高、功能互补的期刊,形成时事政治类、文化教育类、人文社科类、材料科学类、医药卫生类、工程技术类、建筑环境类、电子信息类、科学普及类等特色期刊集群,以刊促群、以群带刊,实现重庆期刊的整体高质量发展。

(六)持续推进人才队伍建设

人才是事业发展的基础,《出版业"十四五"时期发展规划》《关于推动学术期刊繁荣发展的意见》《关于推动出版深度融合发展的实施意见》等文件都将加强人才队伍建设作为重要内容。《重庆市出版业"十四五"时期发展规划》《重庆市推动渝版期刊高质量发展方案》提出要加强人才队伍建设,提高办刊水平。

重庆市拥有1600人左右的期刊从业人员队伍,这是期刊繁荣发展的基础。要继续加强人才队伍建设,努力打造一支政治强、业务精、作风正的高水平办刊队伍;实施出版学术人才培养支持计划,着力培养一批理论功底扎实、创新能力突出、实践经验丰富的出版学术领军人才、骨干人才;推动学术期刊选聘国际国内专家学者建立高质量编委会,建设新时代出版人才矩阵;期刊主办单位应探索编研结合模式,将优秀学者和科研人员引入办刊队伍,为教育科研单位中教学科研人员与办刊人员双向流动创造条件;有条件的期刊主办单位可以设立人才培养基金,为出版人才学历提升、技能提升、交流访问提供经费支持,为出版人才发展提供持续动力;期刊主办单位应根据期刊出版的需要,制定相关人才建设规划和制度,坚持全员参加与专人负责相结合、内部挖潜与外部引进相结合,不断扩充期刊出版人才队伍。

重庆数字出版产业发展报告[①]

2023年,数字中国、文化强国战略纵深推进,数字出版业发展环境持续优化。同年2月,中共中央、国务院印发《数字中国建设整体布局规划》,擘画了夯实"两大基础",推进"五位一体"深度融合,强化"两大能力",优化"两个环境"的总体蓝图,形成"2522"整体框架,对数字文化建设提出具体要求;同年4月,重庆召开数字重庆建设大会,绘制了数字重庆建设"1361"架构[②],数字文化作为六大应用之一,从事业到产业作出全方位部署;同年12月,全市宣传思想文化工作会议和全市经济工作会议对数字文化和数字出版产业发展提出具体要求,部分区县发布了文化产业高质量发展行动计划,落实中央和重庆市的部署,对数字文化和数字出版产业作了战略部署和时序安排。

一、重庆数字出版产业运行情况

(一)行业发展能力分析

2023年,重庆数字出版业总资产较上年增长6.52%,增幅放缓4.13%;总产出较上年增长6.52%,增幅较上年增加0.44%;利润较上年增长1.24%,增幅较上年收窄0.68%;增加值较上年增长3.40%,增幅放缓2.76%。数字出版产业对地区国民经济的贡献率为0.51%,占全市数字经济核心产业增加值的1.13%。[③]

[①]课题承担单位:重庆华略数字文化研究院。课题组成员:吴江文、陈正伟、吴子鑫、董康。
[②]《数字重庆建设总体方案》总体任务可概括为"1361",包括建立一体化智能化公共数据平台,打造三级数字化城市运行和治理中心,建设六大系统(党建统领整体智治、数字政府、数字经济、数字社会、数字文化、数字法治)。
[③]按数字经济核心产业增加值占地区国民经济的45%测算。

整体而言,除总产出增长高于上一年度之外,总资产、利润、增加值均延续了2022年全行业增幅放缓的趋势。增加值增幅首次低于地区国民经济总值。

从总产出、增加值、总资产、利润四项指标关联分析,新现象值得关注。

多方因素共同作用压缩了利润空间。一是数字出版产品和服务进入转型期。受到市场影响,经过十多年高速发展,低水平数字出版产品和服务市场趋于饱和,而重庆高品质的数字出版产业供给能力尚未形成。二是数字出版行业竞争加剧,创新不足,同质化竞争加剧,进一步挤压利润空间。三是新业务的高投入抵消了利润值。在供需特征转换过程中,新技术研发与应用中的投入未能有效转化为数字出版产品和服务的经济效益,进而造成了阶段性亏损。

数字出版增加值逐步降低。自重庆开展数字出版产业统计以来,重庆数字出版业增加值率一直处于高位,具有典型的高新技术产业特征。然而,2020年开始出现增加值率波动现象。在统计的22个行业小类活动中,2020年有3个行业增加值率增加,6个行业增加值率降低;2021年有4个行业增加,3个行业降低;2022年有2个行业增加,6个行业降低;2023年,7个行业降低。2019—2021年增加值率保持在0.52的水平,2022年上升到0.59,2023年下降为0.51。随着数字出版产业持续发展,增加值率可能会持续下降,与一般科技产业持平。从2023年的数据看,增加值下降原因,应考虑以下几个方面,一是市场竞争加剧,利润率降低;二是生产成本增加,产业新技术研发与应用未能转化为产品和服务,相关投入计入了生产成本;三是行业薪酬结构发生变化,这是数字出版产业及相关产业受经济环境影响产生的连锁反应。

(二)产业带动能力分析

参照重庆市统计局2017年《142部门基本流量表》,将2023年重庆市的数字出版产业的59个产业活动合并成10个产业活动部门,对基本流量表进行拆分,嵌入数字出版产业[①]活动部门,发现数字出版部门分别对中间使用

---

①2022年重庆市基本流量表尚未发布。

环节影响较大,10个产业活动的产出与国民经济152个活动具有中间使用关系,具有遍历性特征,其中,最多的是数字出版设备制造活动产出提供给151个部门,最少的是数字出版网络服务、数字出版运营平台服务、数字出版数据服务供137个部门使用;同时,数字出版产业10个产业活动至少需要60个产业部门进行支撑,其中数字出版设备制造涉及部门最多,为102个;其次是数字出版物零售,涉及92个部门,最少的是数字出版咨询服务,需要有60个部门为其投入(见表5-1)。

表5-1 重庆数字出版业相关产业活动与国民经济部门的关系

(单位:个)

序号	产业活动	中间使用	中间投入
1	数字出版设备制造	151	102
2	数字出版物批发	150	73
3	数字出版物零售	150	92
4	数字出版网络服务	137	72
5	数字出版运营平台服务	137	73
6	数字出版数据服务	137	73
7	数字出版软件研发	150	65
8	数字出版物制作	150	65
9	数字出版咨询服务	150	60
10	数字出版内容生产	145	81

数字出版对国民经济产业部门的带动性呈现两极分化。152个部门中,88个部门的影响力系数大于1,属于高于全社会平均水平;64个部门的影响力系数小于1,低于全社会平均水平。数字出版产业10个活动部门中,有4个部门影响力系数大于1,对相关产业带动性较大。数字出版设备制造、数字出版物制作、数字出版咨询服务、数字出版软件服务四个产业活动对国民经济的带动性较强。而数字出版物批发、数字出版物零售、数字出版数据服务、数字出版网络服务和数字出版运营平台服务的影响力系数排在100位以外,对相关产业带动相对较小。同时,数字出版对相关产业的依赖性也相对较大,数字出版业的发展需要相关产业同步或先行发展(表5-2)。

表5-2 重庆数字出版及相关产业部门影响力系数

名称	后向联系	影响力系数	位序
数字出版设备制造	4.71	1.68	2
数字出版物制作	3.35	1.20	17
数字出版咨询服务	3.35	1.20	18
数字出版软件服务	3.35	1.20	19
数字出版内容生产	2.68	0.96	93
数字出版运营平台服务	2.42	0.87	117
数字出版网络服务	2.42	0.87	119
数字出版数据服务	2.42	0.87	120
数字出版物零售	1.80	0.64	140
数字出版物批发	1.63	0.58	144

数字出版产业对相关产业的推动力不强。152个部门中，感应度系数超过1的有38个，对产业的推动性高于全社会平均水平；低于1的部门114个，对产业的推动性低于全社会平均水平。数字出版10个产业活动中，除数字出版设备制造排在第47位，接近全社会平均水平外，其他9个产业活动均在百位之外。这与出版产品的精神消费特征密切相关（表5-3）。

表5-3 重庆数字出版及相关产业部门感应度系数

名称	前向联系	感应度系数	位序
数字出版设备制造	2.49	0.89	47
数字出版软件服务	1.25	0.45	111
数字出版物制作	1.21	0.43	114
数字出版物批发	1.06	0.38	127
数字出版物零售	1.04	0.37	130
数字出版运营平台服务	1.02	0.36	134
数字出版数据服务	1.02	0.36	135
数字出版咨询服务	1.02	0.36	136
数字出版内容生产	1.02	0.36	137
数字出版网络服务	1.01	0.36	142

（三）产业集群运行分析

按现行分类方法，重庆数字出版业分为数字出版服务、数字出版支撑服务和数字出版设备制造三大产业体系。

三大产业体系中，数字出版服务增加值较上年增长5.42%；数字出版设备制造增加值较上年增长2.77%；数字出版支撑服务增加值较上年增长1.1%。数字出版服务、数字出版支撑服务增幅较上年放缓，而数字出版设备制造止降转升。

表5-4　2019—2023年三大体系同比增幅

（单位：%）

年份	数字出版服务	数字出版设备制造	数字出版支撑服务
2019年	15.41	4.37	5.36
2020年	18.28	−22.66	4.58
2021年	8.66	37.13	4.68
2022年	10.23	−4.86	2.35
2023年	5.42	2.77	1.10

按现行产业集群归类方法，重庆数字出版及相关产业活动归集为七个产业集群，2023年较2022年各集群实现增加值情况如下：数字出版软件开发与数据接入增长0.07%，数字出版设备制造增长2.77%，数字出版知识产权服务增长1.76%，数字教育出版服务增长1.77%，网络出版服务增长3.67%，网络游戏研发与运营增长11.13%，文献数据库出版服务增长4.91%。

从数字出版增加值在7个产业集群中的分布情况来看，仍呈现出核心业务增加值贡献大于周边业务增加值贡献的特征（图5-1）。

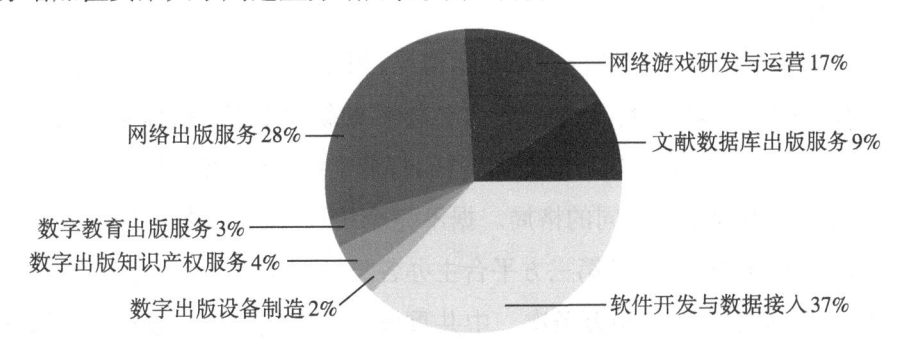

图5-1　2023年重庆数字出版产业增加值分布

（四）典型行业运行分析

2023年，全行业增加值增速放缓，其中网络接入服务、移动客户端呈现负增长，分别为-1.68%和-3.53%。网络接入服务负增长是因为接入费用持续下降，利润空间被压缩，已连续两年呈现负增长，预计未来将持续这一趋势；移动客户端增加值负增长，在考虑用户使用量的同时，应该充分考虑技术迭代带来的投入增长，由于投入未能有效转化为产品，导致未能产生有效利润。

有7个行业增加值增长率保持在两位数。其中2个行业处于数字出版支撑服务，5个行业处于数字出版服务。数字出版支撑服务增加值增幅较大的是数字内容加工制作服务，为15.50%，数字出版运营平台11.05%；数字出版服务中增加值增幅较大的分别是网络动漫15.59%、数字图书15.43%、互联网视听节目15.37%、网络游戏研发与制作13.06%、网络视频10.56%。这5个行业的共同特征是，其产品和服务具有可移动、可拆分的特征，这表明可移动性服务领域仍然受到用户青睐。

二、重庆数字出版产业发展特征

（一）新型出版传播体系基本形成

构建数字时代新型出版传播体系，是面向新的传播环境，提升出版的传播力、引导力、影响力、公信力的重要举措，也是增强中华文明传播力影响力的重要路径。

重庆数字出版单位结合自身实际情况，积极探索适应本出版单位且与内容相匹配的传播平台，基本形成了"主体+"的新型出版传播体系。数字出版单位根据资源实际和用户触媒的特征，打造主体平台+客户端+三方平台，突出渠道特色和相互协同的格局。据不完全统计，全市出版单位主办网站185个，客户端73个，进驻第三方平台主办各类"号"超过500个，用户总量超过4亿，推送各类内容20万条次。中共重庆市委当代党员杂志社持续深化"3+4+N"重庆党刊全媒体传播体系建设，坚守《当代党员》《党员文摘》《党课参考》3种期刊阵地,注重发挥七一网、"'七一'客户端"、"党建头条"微信公众号、"重庆党建"强国号4个新媒体渠道作用,提升内容传播的即时性。同时还开办了人民号、抖音号、快手号等10个第三方平台账号,用户量达6000余万。华龙网集团股份有限公司在网站、客户端建设基础上,开办微博账号、微信账号、今日头条号、抖音号、快手号,同时深化"华龙芯"中台赋能,加快"1+41"集群平台迭代升级。重庆大学出版社不断深化官方出版平台功能,同步统筹微博和微信公众号矩阵建设,形成了官方微信公众号、分社微信公众号和品牌产品微信公众号/微博号协同的格局。

(二)资源基础不断夯实

数据资源是出版业重要的生产要素,重庆出版业积极推进出版数据要素化进程。全年新建各类数据库25个,数据包116138个,资源数据量10144GB,纸质出版物配套资源占比47%,90%的期刊出版单位对当年出版内容进行数据化处理。

特色文化资源建设力度加大。红岩春秋杂志社以红色文化凝聚年轻受众,以全景式学习研究宣传红岩精神为需求导向,全力推进红色资源数据化、系统化,打造红岩精神数据库,形成了"1+4+5+N"的服务创新范式,即1个出版数据中心提供高效知识管理方案,4个服务系统定制多种信息组织方案,5个应用场景提供多场景自主学习功能,N个功能模块助力打造数据化、平台化、智慧化主题数据库。重庆出版集团开发《重庆市地名文化故事》有声书160余集。

教育资源建设再上新台阶。重庆出版集团建成并上线义务教育阶段5个学科、37个品种统编版数字教材及配套资源,打造全民艺术普及基础资源库、精品数字教育课程库、地方特色文化资源库等,建成不同专题并引入资源,"视听中心"聚集2.5万分钟有声书内容。重庆大学出版社以配套资源为基础推进数据资源数据库建设,内容涵盖培智教育方面多个年级、多个学科的数字资源2000余个,包括PPT课件、视频微课、教学设计等类型。西南大学出版社开发各类数字教育资源238种,制作国家智慧教育平台教学视频课605节,较好地为读者提供数字内容服务;"基础教育资源服务平台"内容更新近6000条,平台资源容量12000余条。课堂内外杂志社专注青少年读写素养提升的"群读共写"教育资源库,实现个性化阅读的中小学生阅读素养测评系统,平台含作文数据5万余条,授课视频资源200余集,名师线上课堂、活动赛事通道等系列产品与服务,教科研专业发展平台题库已有约4000道测评题目,覆盖阅读感知、阅读理解、阅读评鉴、阅读表达等维度,聚集教师教学备授课资源,共建约1000份电子文档,500余节视频课程,对近5年作文与阅读图书的2000份电子资源进行数据化处理。

专业数据资源建设持续推进。维普资讯累计完成8000余万篇期刊文章的数据化加工,覆盖1989年以来国内出版的14000余种期刊。天健互联网出版有限公司升级视频功能,发布视频32集,制作电子书59本、有声书24本。重庆大学期刊社、重庆市高校期刊研究会牵头成立了建筑科学领域学术期刊集群,以期刊集群为依托建设我国建筑科学领域学术期刊数据库,为建设建筑科学领域知识服务系统提供数据支撑。《建筑结构学报》《土木与环境工程学报(中英文)》《地下空间与工程学报》《西部人居环境学刊》《建筑科学与工程学报》《工业建筑》《西安建筑科技大学学报(自然科学版)》等期刊作为第一批期刊,其数据已入库。重庆华略数字文化研究院对长江水域、嘉陵江重庆水域、乌江重庆涪陵水域的过江大桥进行了遍历性影像采集,部分影像文件已完成并按照相关元数据标准做了数据化处理。

(三)创新能力稳步提高

新质生产力的显著特点是创新。重庆数字出版业结合本地区本行业的实际情况,积极推进技术应用创新能力建设。在大数据挖掘、人工智能技术应用、标准化工作等方面稳步推进。

大数据技术广泛应用。重庆大学电子音像出版社利用云计算、大数据、融媒体和移动互联网等新兴信息技术,构建起数字教材建设、出版和应用的平台,创新了内容集成、数据分析、协同应用的运行模式。重庆出版集团基于大数据精准服务教学,分析考试阅卷小分表、错题项,发挥大数据技术优势,为学生提供错题专项练习题库,用专人专册的方式取代传统教辅一致化的劣势,达到针对性练习、个性化学习,提升学习效率的效果。重庆大学出版社儿童心理评估及养成云服务平台集成心理评估量表、在线心理课程、电子图书等数字内容,实现儿童心理、课程学习的测评和大数据分析,研判儿童心理健康问题,并拓展介入通道。诵读帮的普通话测评报告实现全文逐字评分,同时根据声母、韵母类别进行数据统计分析,准确划分擅长的声母、韵母发音及不擅长的声母、韵母发音。根据测评结果,推荐相应课程资源,让用户在普通话学习上真正做到精准分析、查漏补缺、整体提升。

人工智能技术稳步推进。华龙网"芯问"大模型将人工智能技术深度融入内容生产和传播全流程,实现标题生成、关键信息提取、数据标准化和稿件自动归类。同时提供逻辑结构、语义分析等智能支持,并结合重庆本地特色,创建"机审+人审"的智能审核模式,构建深度学习、内容审核模型,自动识别文本、图片中出现的敏感内容,并给出校对建议,对敏感内容进行舆情监控预警,提高审核效率,降低内容风险,助力内容安全。重庆大学期刊社、西南大学期刊社、重庆市卫生健康统计信息中心等出版机构和技术团队引入文生图、文生视频等AIGC技术,自动提取学术论文核心观点,撰写导读脚本,生成导读视频,拓展学术论文传播空间。例如,用《土木与环境工程学报(中英文)》重点文章生成的导读视频,单个视频3分钟左右,部分视频点击率超过2万次,有效地提升了学术论文传播效果。重庆数据资讯有限公司联合中国科学院计算机技术研究所开发AI生成文艺作品短视频,制作文艺作品简介和略读视频,单个视频时长约5分钟。

标准化工作积极推进。重庆大学出版社及其电子音像出版社大力推进数字出版标准化工作,将研制成果转化到"课书房"数字教材平台、教学云平台的研发及数字教材制作等工作环节中,参与《数字教育资源评价指南》《中小学数字教材管理与服务平台建设要求》2个行业标准起草,以及高教职教领域数字教材封装标准、平台接口标准、出版基本流程规范、加工规范、平台服务功能基本要求5个团体标准的起草工作。重庆数据资讯有限公司积极推进公共数据标准化进程,与市场监管等部门合作,推进各部门数据标准研制。重庆华略数字文化研究院牵头完成了中国音像与数字出版协会团体标准《数字版权生态唯一标识符》的印发,明确界定了数字版权生态要素,说明了各要素之间的关联关系,对《中华人民共和国著作权法》规定的17种著作权类型做了详尽的标识。

(四)影响力持续增强

重庆出版产业快速发展,伴随着载体扩展和创新,数字出版物的影响力不断提升,一批优秀的出版物下载量、阅读量再创新高。"红岩精神学习研究宣传数字服务项目"入选国家出版融合发展工程2023年数字出版精品遴选推荐计划。中共重庆市委当代党员杂志社被评为第十二届中国数字出版博览会"优秀数字内容服务商"。

主题出版物影响力持续提升。"'七一'客户端"下载量超2226万,"重庆党建"强国号订阅量达3767万,"党建头条"微信公众号粉丝量破44.5万。2023年,重庆党刊全媒体10万+的爆款作品达143个,比去年增加12个,其中,50万+作品61个,100万+作品54个。《"百事通"炼成记》《戚先生的书屋》被新华社客户端、人民日报客户端、经济日报网等中央媒体转发,系列短视频《喜迎"七一"》被央视新闻客户端"看中国"首页推广,微纪录片《从"天问"到"问天",我奔向了星辰大海》被"学习强国"客户端首屏推介。主题教育期间,重庆党刊全媒体推出相关作品1000余件,总阅读量超5亿人次。典型报道《缙云山壮歌》荣获第33届中国新闻奖二等奖。华龙网全年共生产上"亿+"作品(系列)2条,"千万+"作品41条,"百万+"作品443条。其中,《VLOG接力联播迎着两会春风 感受轨道上的新重庆》《报告里的中国色 彩绘活力中国》《音小见大,听!活力中国的BGM》《听见声声不息的中国》等4件作品获得中宣部阅评表扬。《从"第一"到"第一"7本火车驾驶证见证"中国速度"》《重庆山火突发,他们逆行而上——人民的英雄,英雄的人民!》两条数字内容产品同时获第33届中国新闻奖一等奖。《复兴之路上坚定前行——重庆十册添彩〈复兴文库〉》巧用红色资源解读抗战大后方历史,搭建起"复兴之路"特色思政"实景课堂",浏览量突破5000万。

重庆出版集团开发的曲小奇音频全网收听量突破9亿,在"学习强国"学习平台、央视云听收听量突破2000万,喜马拉雅粉丝42.3万。上游新闻APP用户下载量超过8000万,全网矩阵用户覆盖数达到1.4亿。上游新闻微博粉丝突破1000万,短视频矩阵粉丝突破1000万,官方腾讯微视号粉丝突破100万,原创作品《超震撼航拍——看,星光战胜火光!》荣获第33届中国新闻奖二等奖,《手绘H5|最是一年春好处》等69件作品获得1亿+阅读量。2023年重庆商报头条号,总浏览量约5亿,其中1000万+稿件1篇,100万+稿件共计12篇。电脑报全媒体年发稿量超过2万条,官方微博粉丝数240万,在同类科技媒体中影响力排名第一。

三、重庆数字出版产业面临的挑战

(一)资源整合能力有待提升

出版资源内涵丰富,涵盖出版资质、出版人才、内容资源、出版中介、技术研发、设施设备等诸多方面。近年来,重庆部分出版单位以产品开发为目标,积极探索出版资源整合。整体而言,重庆出版业的资源整合仍处于狭义上的出版资源整合阶段,即策划能力较强的出版单位协同拥有特色要素的出版单位策划适宜特定受众的内容产品,但整合的力度和带动力相对有限。出版单位与内容策划商、数据处理商、出版人才、出版中介、技术团队等相关机构的协作尚未迈出关键一步。同时,缺乏有效的资源要素整合平台,机构间的交互协同和要素交互共享机制尚未建立,导致现有出版资源效能不能有效释放,一定程度上影响了重庆数字出版由高速发展向高质量发展的能级转换,难以形成有效的数字出版业集聚能力、创新能力、驱动能力、带动能力和辐射能力。

(二)产业协同能力有待提升

数字出版产业链条长、涉及面广。基于数字出版业研究需要,将国民经济142个部门拆分至152个部门,呈现与国民经济发展高关联特征。从产业外部看,数字出版活动影响到151个部门,与其产业活动不同,受到最高102个部门、最少60个部门发展的影响,部分领域虽然属于重庆产业门类,但并非有效供给选择。从产业内部看,数字出版从产品策划到市场流通,涉及38个国民经济产业活动。从产品供给看,数字教育成为本地区红海领域,产品形态和产品市场高度趋同,导致资源投入产出效率低。从业务协同看,出版单位间缺乏更广泛、能横向协同的擅长领域,包括共建业务平台、共建资源共享平台,以及更广泛领域的产品共创。从出版单位内部看,部分出版单位部门之间存在资源同质化、产品同质化、市场同质化的问题,未能有效整合资源推进产品和服务的迭代创新。

(三)数据驱动能力有待提升

数据是数字出版的关键要素。内容数据是数字出版产品和服务的内核,用户数据是提升数字出版产业活动有效性的支持。重庆数字出版内容数据资源存在体量小、数据连通性有限、重构再生能力弱等问题。

数据资源量方面,近十年来,重庆从多方面投入数据资源建设。一是完成一批历史文化资源数字化加工,部分历史文化资源数据化加工涉及音频、图片和文字数据;二是投入较大资金对重庆特色文化资源进行数字化加工,如抗战大后方文化数据库、大足石刻数据库等超百种数据资源;三是部分出版单位对既有出版物购买或获得数字版权授权,完成了数据化加工;四是域内文化单位和其他机构对本机构的文献资源进行了数据加工。但这些资源数据量较少,难以支撑数字出版业海量的数据需求。

数据连通性方面,面临两个具体问题:一方面重庆数据资源分布面广,数据权属复杂,统一文化元数据标准推广力度不够,标准化程度较低,导致横向贯通难;另一方面,数据价值评估缺乏科学模型支撑,在资产保值增值规则下,决策面临估价转化和资产流失的两难选择,导致决策者简单选择不联通(不流通)以规避风险。

数据再生方面,一是产品和服务策划中,更注重新建资源,而较少选择资源重构,形成新的产品服务,这也是重庆数字出版产业发展中,数据资源投入量较大,产出量较小的原因之一;二是在新一轮人工智能应用中,尤其是生成式人工智能发展,数据驱动的重构场景不断迭代,而重庆数字出版业尚未能建立有效的数据生成式人工智能发展场景,从而影响数据智能化应用向产品和服务转化。

四、重庆数字出版产业发展建议

(一)提升以资源整合为关键的融合发展能力

立足全面释放出版能力,构建"多跨"的资源整合模式。对全域出版单位出版要素进行遍历性清查,全面评估有效出版能力。立足有效释放和着眼提升出版能力需要,探索以出版单位为主体,构建跨出版单位、跨所有制、跨领域、跨地域的出版资源深度整合模式,引导和支持内容资源、技术资源、市场资源深度整合。实施以出版单位为牵引,以优势资源有效聚合和释放为目的,以出版物市场绩效和社会评价为关键指标的有效分配机制,优化和完善出版供给结构,提升多方主体的资源转化能力和出版物市场供给能力,激发出版活动相关各方的活力,最终形成"出版+"和"+出版"的发展模式,有效提升出版业的发展能力。

(二)提升以产业协同为关键的产业集聚能力

加快构建重庆数字出版产业地图,厘清重庆数字出版产业链条体系,确立数字教育、文献和数据库出版服务、网络游戏等具有较好产业基础的数字出版产业链"链主",建立以"链主"为核心的产业协同体系,促进本地区数字出版单位主动协同产业链发展,吸引域内相关链条的数字出版内容供给、技术研发、专业平台、市场开发等相关领域的市场主体参与产业链建设,协同发展。深化出版产业资金引导功能,以形成和完善产业链为目标,重点资助本地区数字出版产业链重点环节的项目,有效凝聚产业特色,夯实产业基础,集聚产业相关市场主体,以有效的产业集聚能力壮大产业规模,提升产业发展实力和竞争力。

（三）构建以数据为关键要素的产业创新能力

加大文化数据的聚集力度,深化文化数据共享机制建设,促进文化数据有效流通,探索以文化数据有效应用和产业供给能力有效提升的创新能力建设。一是强化以数据为基础的人工智能技术与出版生产的融合,重点在生成式内容供给、选题生成、出版物质量提升、市场方向确立的创新;二是基于文化数据的出版物形态创新,适应新时代用户需求特征,把握用户触媒机制,创造有效触达的出版物;三是利用文化数据,在内容生产、内容传播、内容评价方面提供更多符合新的文化需求的数字出版产品;四是用好文化数据,发挥数字出版优势,深度挖掘数据关联关系,加快构建中国话语和中国叙事体系,讲好中国故事、传播好中国声音,展现可信、可爱、可敬的中国形象。

行业研究

重庆出版新质生产力发展调研报告[①]

党的二十大报告强调:"高质量发展是全面建设社会主义现代化国家的首要任务。"习近平总书记指出:"发展新质生产力是推动高质量发展的内在要求和重要着力点。"习近平总书记关于发展新质生产力推动高质量发展的论述,成为各行业高质量发展的理论指引和行动指南。

出版业要实现高质量发展,须因"业"制宜发展新质生产力,即发展出版新质生产力。出版新质生产力是由数智技术赋能出版业而形成的先进生产力。对照马克思关于生产力三要素的论述,课题组把出版新质生产力三要素即出版劳动者、出版劳动资料、出版劳动对象,对应地称为新型出版人才、新型出版工具、新型出版对象。与出版传统生产力三要素相比,新型出版人才即出版行业的新型劳动者,其"新"体现在劳动者具有数字素养和掌握数字技能;新型出版工具即行业的新型劳动工具,其"新"体现在劳动资料中新型出版工具的数字化、智能化;新型出版对象即行业的新型劳动对象,其"新"体现在劳动对象的数字化以及全新出版数据要素的出现。

本调研报告在对比了我市出版业在全国、西部地区和直辖市的发展地位基础上,对我市出版业新质生产力三要素做了调研、分析,最后基于培育和发展出版新质生产力的视角,分析新质生产力赋能我市出版业发展面临的挑战,并针对性地提出了行业发展建议。报告分四个部分:第一部分为重庆出版业发展水平,以地域空间横向对比了我市出版业在出版机构数量、出版规模等方面与其他直辖市、西部省份的发展差异;第二部分为重庆出版新质生产力三要素情况调查,课题组设计了《新型出版人才调查问卷》《新型出版工具调查问卷》《新型出版对象调查问卷》,对我市包括图书、期刊、音像、电子、网络、游戏等在内的出版单位进行了调查,并对调查结果进行了分析;

[①]课题承担单位:重庆大学出版科学研究所。课题组成员:陈月梅、刘茂林、陈晓阳、游滨、付勇、廖伟。

第三部分为新质生产力赋能重庆出版业发展面临的挑战,提出了行业面临增长较缓、出版观念传统、选题能力偏弱、技术应用滞后、智库建设偏慢等问题;第四部分为新质生产力赋能重庆出版业发展建议,提出了"培育与发展我市出版新质生产力,大力提升出版人才队伍的数字素养和创新能力,深度配置数字化、智能化新型出版工具,充分利用出版数据要素,释放和提升出版生产要素活力,提高出版经营效能,实现提质增效。培育出版新质赋能集群,打造旗舰型企业,推动行业高质量发展"的发展思路,并给出了改革管理体制机制、构建数智化出版体系、创新出版形态、培育出版新质集群、打造旗舰文化企业、健全出版政策体系等建议。

本调研报告的主要内容来自重庆市新闻出版局2024年重庆市出版专项资金资助项目《重庆出版新质生产力发展研究报告》(课题研究)的结项成果。

一、重庆出版业发展水平

本部分通过重庆与其他直辖市和西部各省区市在出版机构、出版规模方面的比较,来分析重庆出版业的发展水平。

(一)出版机构数量比较

我市图书出版、音像出版、电子出版的机构数量分别占全国的0.51%、1.45%、1.58%,远低于平均占比,处于全国末端。如表6-1所示。

表6-1 直辖市、西部十二省区市及全国出版机构数量比较

省区市	图书出版(家)	音像出版(家)	电子出版(家)
上海	39	29	24
北京	18	22	15
四川	16	10	8
陕西	16	11	9

续表

省区市	图书出版(家)	音像出版(家)	电子出版(家)
天津	12	9	7
新疆	10	3	2
甘肃	9	3	3
广西	8	5	4
云南	8	9	6
内蒙古	7	1	3
贵州	6	2	5
重庆	3	6	6
宁夏	3	1	1
西藏	2	2	1
青海	2	2	1
全国	585	414	380

注：1.课题组把我国31个省区市（未含港澳台地区）的平均占比计算出来，为3.23%，简称平均占比。2.北京的数据不含注册地在北京的中央级出版单位。3.表中数据来自国家新闻出版署网站。

（二）出版规模比较

课题组以国家统计局公布的2022年数据为基础进行比较分析。把重庆分别与西部各省区及全国情况进行比较，分析重庆在图书出版、期刊出版、音像制品出版、电子出版物出版、数字出版领域的发展水平。其中，数字出版缺乏各省区的数据，仅做了与全国总量的占比分析。

1.西部十二省区市图书出版规模的比较

比较2022年西部各省区市的图书规模，从出版品种看，重庆排在陕西、四川、广西之后，数量不及陕西、四川的1/2；从新出品种看，重庆排在四川、陕西、广西、云南、新疆之后，数量不及四川的1/2；从总印数看，重庆排在四川、广西、陕西、云南、新疆之后，数量不及四川、广西的1/2。如图6-1所示。

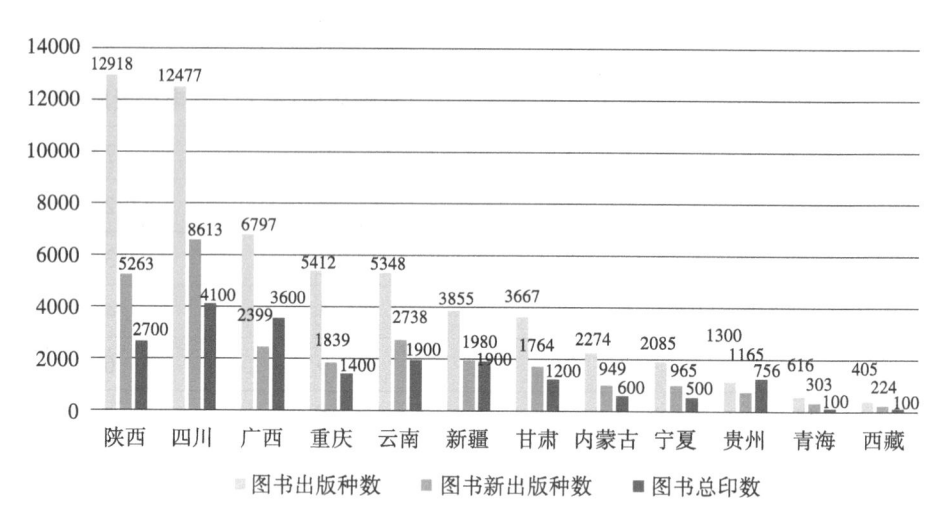

图6-1　西部十二省区市图书出版规模(2022年)(单位:种/十万册)

2.直辖市图书出版规模比较

比较2022年四个直辖市的图书出版规模,从出版品种、新出品种看,重庆排在上海、北京、天津之后,位列末位,数量均不及上海的1/5、北京的1/2。从总印数看,重庆排在上海、北京之后,数量约为上海的1/3、北京的1/2。如图6-2所示。

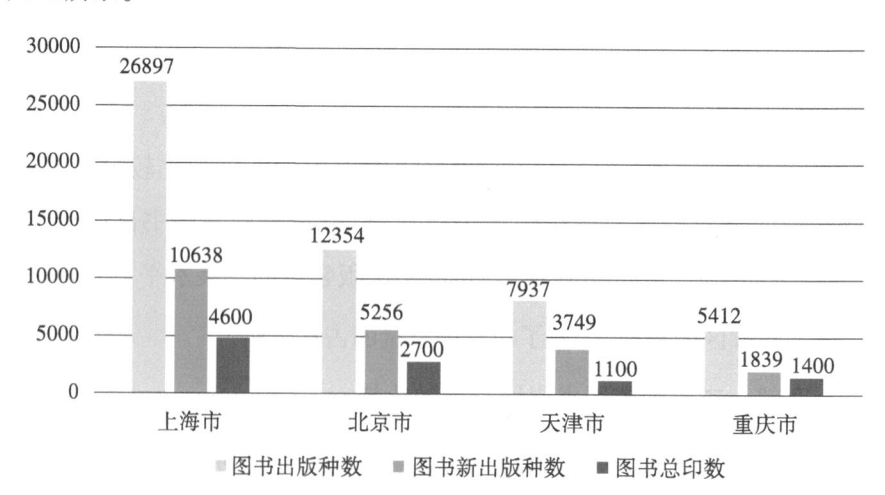

图6-2　直辖市图书出版规模(2022年)(单位:种/十万册)

注:国家统计局的"国家数据"中,图书总印数的单位是"亿册"。课题组为了图表的可视性,把单位改为了"十万册"。

3.西部十二省区市期刊出版规模比较

从期刊种数看,重庆位列西部十二省区市第6位;从期刊出版总印数看,重庆与陕西、广西并列第3位。如图6-3所示。

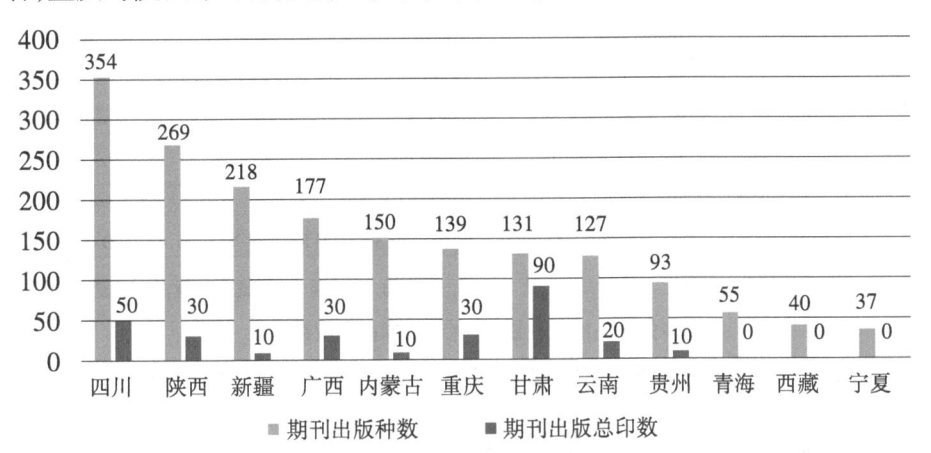

图6-3 西部十二省区市期刊出版规模(2022年)(单位:种/百万册)

注:期刊出版总印数为0的原因是其在国家统计局"国家数据"中不足0.1亿册。课题组为了图表的可视性,把单位改为了"百万册"。

4.直辖市期刊出版规模比较

从期刊种数看,重庆位列直辖市末位;从期刊出版总印数看,重庆位于第2位。如图6-4所示。

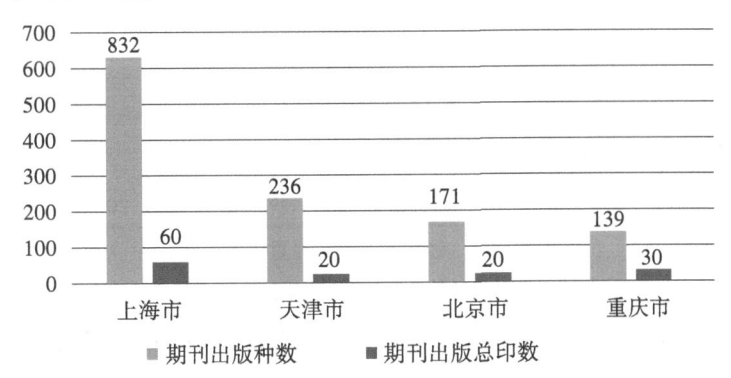

图6-4 直辖市期刊出版规模(2022年)(单位:种/百万册)

5.西部十二省区市音像制品出版规模比较

从音像制品品种看,重庆位于西部十二省区市第6位;从音像制品出版数量看,重庆位于第7位。如图6-5所示。

[图表：西部十二省区市音像制品出版规模数据]

云南 177 / 6.36
广西 138 / 61.02
新疆 123 / 200.43
陕西 94 / 18.57
四川 54 / 6.61
重庆 36 / 4.01
青海 16 / 0.32
甘肃 15 / 0.83
西藏 10 / 4.82
内蒙古 8 / 1.41
宁夏 4 / 0.04
贵州 2 / 0.2

（■ 音像制品出版种数　■ 音像制品出版数量）

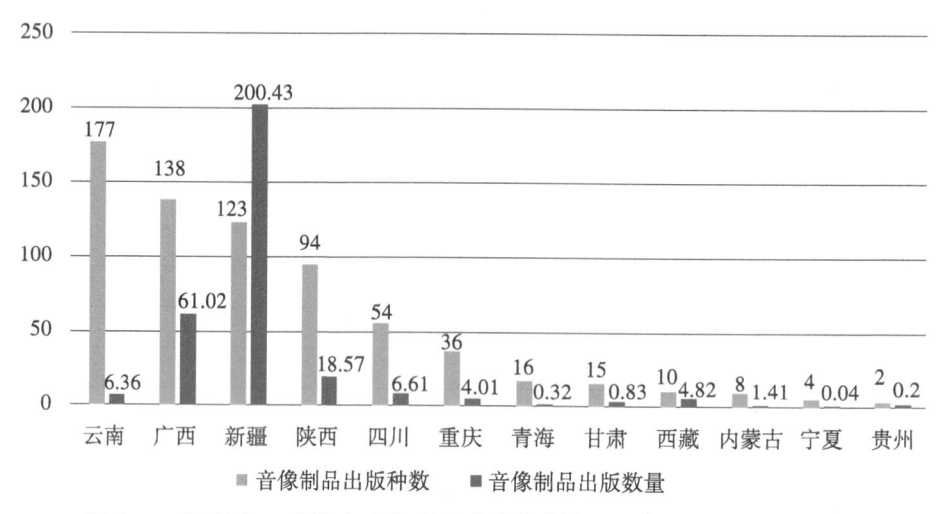

图6-5　西部十二省区市音像制品出版规模（2022年）（单位：种/万盒）

6.直辖市音像制品出版规模比较

从音像制品品种、出版数量看，重庆均位于直辖市第3位，品种只有上海市的5.78%，出版数量只有上海市的0.46%。如图6-6所示。

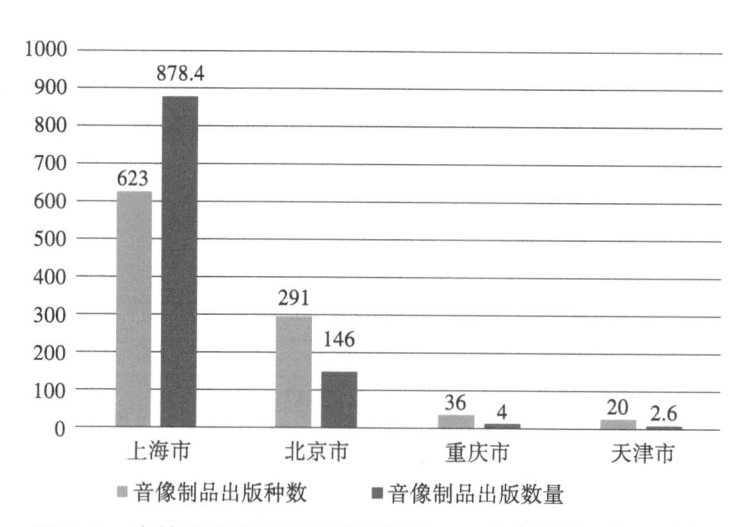

[图表：直辖市音像制品出版规模数据]

上海市 623 / 878.4
北京市 291 / 146
重庆市 36 / 4
天津市 20 / 2.6

（■ 音像制品出版种数　■ 音像制品出版数量）

图6-6　直辖市音像制品出版规模（2022年）（单位：种/万盒）

7.西部十二省区市电子出版物出版规模比较

重庆电子出版物出版品种、出版数量均位于西部十二省区市第3位。出版品种只有四川省的26.71%。如图6-7所示。

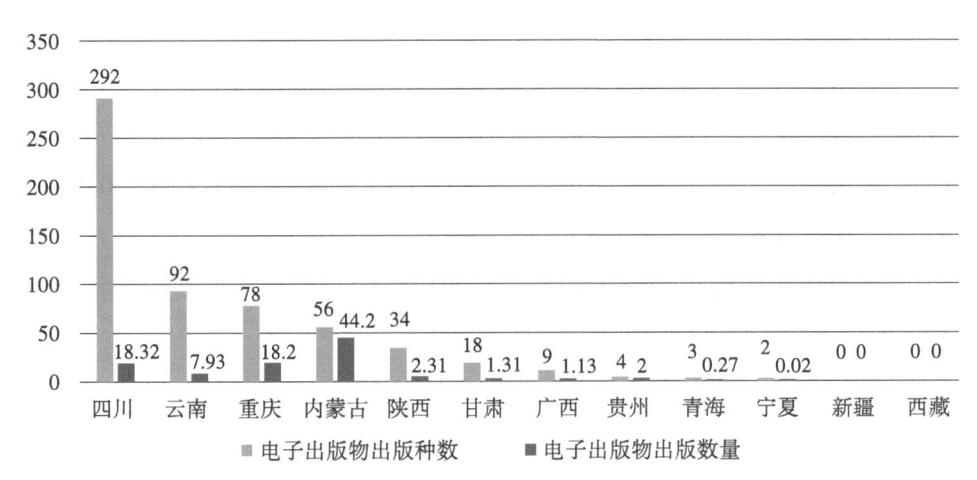

图6-7 西部十二省区市电子出版物出版规模(2022年)(单位:种/万张)

注:新疆、西藏两个自治区在国家统计局网站的统计数据为0。

8.直辖市电子出版物出版规模比较

重庆电子出版物出版品种、出版数量均位于直辖市第2位,分别占上海的22.29%、2.69%。如图6-8所示。

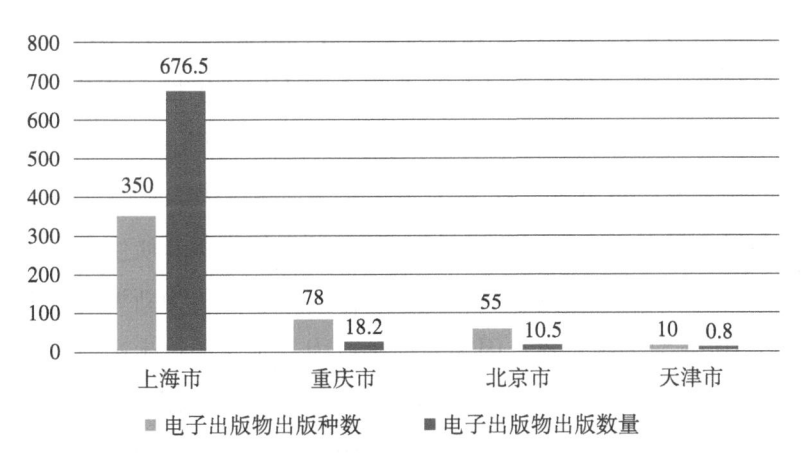

图6-8 直辖市电子出版物出版规模(2022年)(单位:种/万张)

9.重庆出版规模与全国出版总量比较

重庆图书出版品种、新出品种、总印数占全国的百分比分别为1.08%、0.90%、1.23%,远不及平均占比。

重庆期刊出版品种、总印数占全国的百分比分别为1.37%、1.55%,都不及平均占比的1/2。

重庆音像制品出版品种、出版数量占全国的百分比分别为0.54%、0.04%，远不及平均占比。

重庆电子出版物出版品种、出版数量占全国的百分比分别为0.97%、0.15%，远不及平均占比。

2022年重庆数字出版产业收入为282亿元，全国数字出版产业收入为13587亿元，占比2.08%，不及全国平均占比。

从与全国出版总量相比的情况来看，无论是哪个出版类别，我市出版规模都远低于全国平均水平。

二、重庆出版新质生产力三要素情况调查

2023年，习近平总书记在四川、黑龙江、浙江、广西等地考察调研时提出要加快形成新质生产力。在2024年1月31日中共中央政治局就扎实推进高质量发展进行第十一次集体学习时，习近平总书记强调，发展新质生产力是推动高质量发展的内在要求和重要着力点。习近平总书记关于发展新质生产力的重要论述，不仅为加快发展新质生产力提供了根本遵循，也为推动出版业高质量发展提供了理论指引和行动指南。出版业要实现高质量发展须因"业"制宜发展新质生产力，即发展出版新质生产力。

对照马克思对生产力三要素的论述，课题组把出版新质生产力三要素，即出版劳动者、出版劳动资料、出版劳动对象，对应地称为新型出版人才、新型出版工具、新型出版对象。因为新质生产力有别于传统生产力，它是以数字技术为代表的新一轮技术革命引致的生产力新跃迁[1]，所以课题组设计了反映员工数字信息技术应用能力的《新型出版人才调查问卷》、反映出版企业数字信息技术应用水平的《新型出版工具调查问卷》、反映出版企业数字信息技术支撑的《新型出版对象调查问卷》，以及对应的评分表。课题组通过这些调查问卷表和评分表来获取数据并进行分析，了解我市出版业基于

---

[1]戚聿东,徐凯歌.加强数字技术创新与应用 加快发展新质生产力[N].光明日报,2023-10-03.

数字信息技术的新质生产力三要素,即人才、工具和对象的基本情况。本部分内容隐去了受访企业的名称,用字母替代,但不影响数据的真实性。

(一)新型出版人才问卷调查分析

本问卷的核心任务是评估我市出版行业人才在多个关键技能领域的现状,包括基础IT技能、数字内容创作、数字营销、AI应用等。问卷设计采用多维度问题,能较为全面地了解基于数字信息技术应用的人才能力结构。

收回问卷138份,来自18个单位,包括图书、期刊、音像、电子、网络、游戏出版单位。工作部门包括编辑部、总编室、编校中心、出版部、营销部、财务部、物流部、办公室、融合发展部、新媒体事业部、内容资源中心、信息中心、品牌管理部、风控部、纪检监察室等,几乎涵盖行业所有企业设置的部门。

对收回问卷进行分类数据分析可以看到:

①绝大多数受访者都具备基础IT技能。手机、PC机和平板电脑的使用率分别为94.2%、89.9%和87.0%,97.8%的受访者掌握了文字处理和电子表格技能,85.5%的受访者掌握了PPT演示制作技能,表明大部分受访者都具备这些基础IT技能。

②互联网使用能力整体较高,基本技能普及。从数据可以看出,99.3%的受访者能够浏览网页,98.6%的受访者能够使用搜索引擎,97.8%的受访者能够发送电子邮件,94.2%的受访者会使用网络会议平台,92.0%的受访者参与在线社交。

③大多数受访者具备数字内容基础创作能力。87.0%的受访者具备编辑图形、图像的能力,60.9%的受访者会剪辑音视频,仅有6.5%的受访者表示不会使用数字工具创作内容。

④少数受访者具备数字内容高级创作能力。能够制作电子书、数字教材、数字期刊、动画的受访者比例分别为43.5%、31.9%、23.2%、23.2%,均低于50%。具备数字内容高级创作能力的受访者多数来自编辑部、技术融合发展部、信息中心等部门。

⑤大多数受访者具备数字营销与推广能力,擅长内容推广和社交媒体

营销。68.8%的受访者擅长内容推广,68.1%的受访者擅长社交媒体营销,这两项技能占比最高。而不会使用数字营销工具的仅占10.1%,说明大部分人才都具备一定的数字营销能力。

⑥AI内容生成能力最受重视,AI编程能力关注度最低。AI内容生成(63.8%)在所有选项中占比最高,表明大部分受访者认为AI内容生成能力对于新型出版人才最为重要。而AI编程(8.0%)的关注度最低,说明编程在出版行业中的应用相对较少。AI辅助出版(AI采编、审校、发布、推广)占50%,AI翻译占47.1%,不会使用AI工具的占8%。整体来说,我市出版业中AI工具的普及率较高,超出了课题组的预期。

⑦在专业系统使用能力方面,大部分受访者具备OA办公自动化系统和ERP企业资源计划系统的使用能力。83.3%的受访者会使用OA办公自动化系统,60.1%的受访者会使用ERP企业资源计划系统,这两项占比较高。而其他软件系统的使用率相对较低,资源管理系统占比29.7%,客户关系管理系统占比20.3%。不会使用的受访者仅占2.9%。

⑧在数据决策能力方面,大多数受访者具备数据驱动的决策能力。59.4%的受访者选择"市场趋势分析",53.6%的受访者选择"选题热度分析",50.0%的受访者选择"读者行为分析",远超不会使用的受访者(18.1%)。

⑨在信息安全意识方面,受访者普遍具备较强的信息安全意识。绝大多数受访者选择了"保护个人隐私安全"和"保护个人信息安全",分别占比95.7%、94.2%,仅0.7%的受访者表示"不了解"。高达96.4%的受访者表示会识别网络诈骗,87.7%的受访者会识别恶意软件,仅有3.6%的受访者表示不会识别这些安全威胁。

⑩受访者普遍具备较高的道德和法律意识。高达92.0%的受访者了解数字版权,90.6%的受访者了解用户隐私权,83.3%的受访者了解"学术诚信",仅有2.2%的受访者表示"不了解"。

基于收回问卷中各受访企业的情况,课题组设计了满分为100分的评分权重体系,计算出的综合平均得分结果如图6-9。

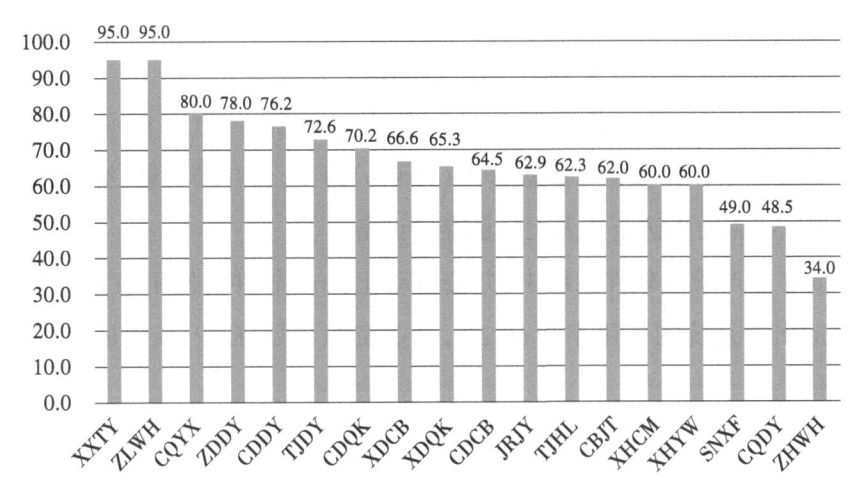

图6-9 企业新型出版人才综合平均得分情况(单位:分)

从图中数据看,80分及以上占16.67%,70分及以上占38.89%,60分及以上占83.33%,60分以下仅占16.67%。整体呈现为两头小、中间大的橄榄型,说明我市新型出版人才能力基础较好。

发展出版新质生产力要求强大的人才支撑。作为出版新质生产力的核心要素,新型出版人才自身的变革是推动出版新质生产力发展的关键性和主导性因素。从本次问卷调研的情况来看,课题组认为我市出版企业的新型出版人才能力参差不齐,亟须培训、培养,特别是在AI内容生成、专业设计工具以及数据驱动决策能力等方面。只有培养出更多具备更高素质和更高业务水平的新型出版人才,才能适应新质生产力的发展需求,进而推动我市出版业高质量发展。

(二)新型出版工具问卷调查分析

随着数字化转型的推进,新型出版工具的需求日益增长。本次问卷调查旨在了解企业在硬件和软件方面的配备情况,以及对软硬件合作解决方案的需求,为我市出版行业提供更有效的数字工具支持。本问卷的核心在于评估企业对新型出版工具的需求和使用现状。问卷设计采用分类列举法,尽可能确保信息收集的全面性和准确性。参与新型出版工具问卷调查的企业共13家,包括图书出版(3家)、音像电子出版(5家)、期刊出版(4家)、网络(含游戏)出版单位5家。①

对收回问卷进行分类数据分析可以看到：

①服务器方面以云服务器(92.3%)为主,本地服务器(76.9%)为辅。

②大容量存储设备以磁盘阵列(76.9%)为主,云存储为辅(38.5%)。同时也有15.4%的受访企业无大容量存储设备。

③在生产管理软件系统中,办公自动化(OA)软件的使用率为100%,智能辅助出版系统的使用率为69.2%,企业资源计划(ERP)软件的使用率为53.8%。

数据表明,OA系统在我市出版业中已经是标配,同时智能辅助出版系统的使用率(69.2%)较高,显示出其在出版行业中的重要性。而反映企业工作流、业务流敏捷化的ERP的使用率(53.8%)刚过半,在一定程度上看出不同出版类型的企业对其的需求程度不同。还有资源管理系统(46.2%)、客户关系管理系统(15.4%)的占比情况,也反映出企业所处的发展阶段对其的需求程度不同。

④在数字创意工具使用方面,受访企业主要集中在图形设计、音频制作和视频剪辑软件的使用上,使用率均为92.3%。而动画制作软件、虚拟仿真开发软件和其他同类软件的选择率较低,分别为30.8%、7.7%和7.7%,说明对这些工具的需求相对较少。

⑤对于数字营销平台,网站和微信公众号的使用率最高,均为92.3%,远高于其他选项。这表明用户更倾向于通过这两种渠道进行数字营销。其次,76.9%的企业选择了视频号,46.2%的企业选择了APP,38.5%的企业选择了微博,30.8%的企业选择了智能推广平台。企业采取轻量级、便捷的小程序营销的比例为30.8%,采用京东、天猫、微店等电商平台作为数字营销渠道的占比也为30.8%。这些平台拥有庞大的用户基数和成熟的交易生态系统,能够为企业品牌提供广泛的曝光和精准的目标客户定位。

⑥大多数受访企业未使用数字人,少数企业使用了虚拟主播和虚拟客服。61.5%的受访者表示没有使用任何数字人软件,表明大部分受访者对数

---

① 网络出版单位与其他出版类别出版单位有重复。

字人软件的使用率较低。虚拟主播、虚拟客服的使用占比分别为15.4%、7.7%。如图6-10所示。

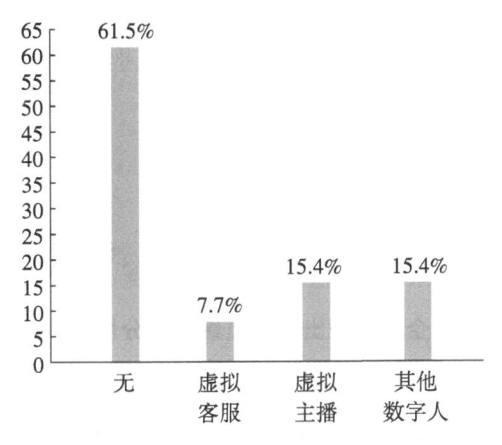

图6-10 数字人软件使用情况

⑦在使用防火墙保护网络安全方面，软硬件一体防火墙和软件防火墙的选择率均为46.2%，并列第一，表明企业对这两种类型防火墙的偏好相当。采用硬件防火墙的占比为38.5%。需注意的是，有15.4%的受访企业没有安装任何防火墙。

⑧采用机器人的受访企业数量很低。从数据可以看出，69.2%的受访者表示没有接触过机器人，仅有30.8%的受访企业采用了服务机器人，生产机器人的接触率为0。这表明机器人在受访企业中的普及率较低。

⑨AI大模型的开发应用开始受到关注。在13份有效问卷中，虽然53.8%的受访者表示没有使用AI大模型，但选择联合开发AI大模型的受访者占比为46.2%，且有7.7%的受访者选择自建AI大模型。AI大模型的开发成本极高，从问卷数据来看，只有1家企业在自建AI大模型，反映出该企业的战略胆识。

基于收回问卷中各受访企业的情况，课题组设计了满分为100分的评分权重体系，计算出的综合得分结果如图6-11。

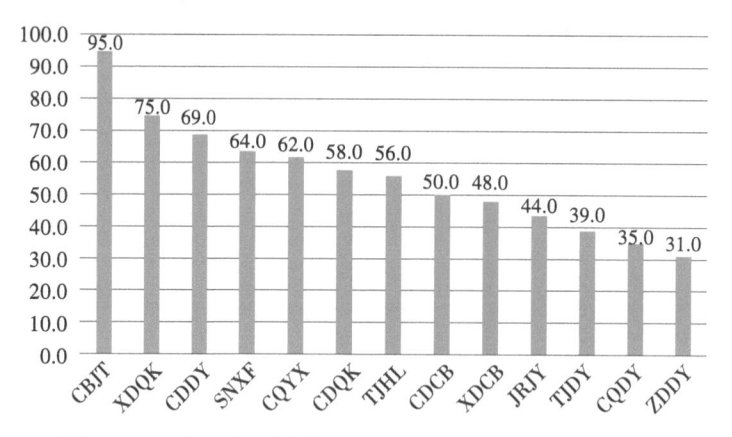

图6-11　企业新型出版工具综合得分情况（单位：分）

从图中数据可以看出，60分以上的企业占38.46%，60分以下占61.54%。课题组认为，该问卷数据由各企业信息中心负责人提供，可信度较高，具有参考价值。从数据看，我市出版业在数字智能工具的使用方面还有较大的提升空间。出版劳动工具的发展和变革决定着出版生产力的发展水平。课题组建议加强我市新型数字基础设施建设，推动数字创意工具、智能辅助出版系统的优化、普及，加速新型出版工具和AI智能设备的运用。

（三）新型出版对象问卷调查分析

随着数字信息技术的快速发展，新型出版对象不断涌现。本次问卷调查旨在了解我市各类企业的版权保护意识及对新型出版对象的认知、需求，为我市出版行业的发展提供参考。问卷聚焦新型出版对象，涵盖文本、多媒体内容、集成数字内容、软件、数据信息等，旨在分析新型出版对象的丰富性以及对数据信息的管控和利用情况。

参与新型出版对象问卷调查的企业共13家，包括图书出版（3家）、音像电子出版（5家）、期刊出版（4家）、网络（含游戏）出版单位5家。[①]

对收回问卷进行分类数据分析可以看出：

①基本的出版对象除包含数字化的书稿（76.9%）、论文文稿（53.8%）、插图（92.3%）、表格（76.9%）外，还包括音频[有声书（69.2%）、音频教程（61.5%）]、视频[教学视频（61.5%）、慕课（30.8%）、纪录片（46.2%）、动漫（23.1%）]。

---

① 网络出版单位与其他出版类别出版单位有重复。

②复合的出版对象。首先在多形态数字内容中,电子书(69.2%)、数据库(69.2%)最受企业欢迎,其次分别是数字期刊(30.8%)、网络小说(15.4%)、游戏(15.4%)、电影(15.4%)、电视剧(15.4%)。

在多媒体集成内容中,首先是数字教材(46.2%)、学习软件(46.2%)最受企业欢迎,其次是数字图书(38.5%)。

③最具创新性的出版对象。首先是软件代码(53.8%),表明过半数的企业参与软件开发。同时具有使用软件代码编写文档能力的企业也占53.8%,表明这些企业拥有良好的软件开发规范。其次是数据信息方面。84.6%的受访企业表示已经制定了数据安全策略,如访问控制、加密、数据备份和恢复等,这是所有选项中比例最高的。76.9%的受访企业已经制定了数据存储问题解决方案,以确保数据的可靠性和安全性。69.2%的受访企业表示在数据质量、数据交换、数据合规等方面制定了规则并采取了措施。有数据分类的企业占61.5%,数据技术标准、数据生命周期管理、数据责任方面有管控的企业均占53.8%。特别是数据资产评估和数据资产入表的企业占30.8%。表明随着2024年1月1日起《企业数据资源相关会计处理暂行规定》的正式施行,我市出版企业在数据资产评估和数据资产入表方面开始采取行动。而这一行动是将数据价值通过数据创新应用、数据流通交易等方式助力企业可持续发展的前提。

基于收回问卷中受访企业的数据,课题组设计了满分为100分的评分权重,计算出的综合得分结果如图6-12。

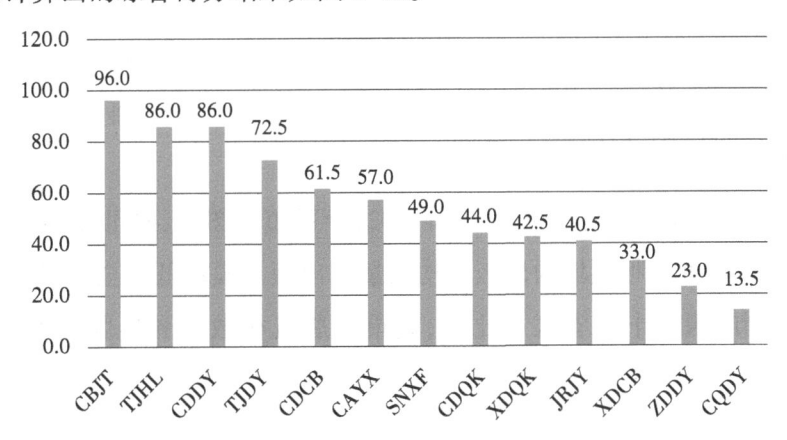

图6-12 企业新型出版对象综合得分情况(单位:分)

课题组认为,该问卷数据由各企业信息中心负责人提供,可信度较高,具有参考价值。从图中数据可以看出,80分以上占23.08%,60分以上占38.46%,60分以下占61.54%。平均分54.19分,总体得分低。主要原因可能是,课题组在评分设计时,为强调数据信息的有无和是否管控、利用对企业发展的重要性,将"数据信息"的分值权重设置为25分,导致很多企业在这一项上得分偏低。

伴随数字信息技术的发展,出版新质生产力除了要求新型出版人才、新型出版工具更新升级外,同样要求新型出版对象随之改变。新质生产力发展要求新型出版对象不仅包括实物形态的产品,如图书,还应包括非实物形态的对象,如与出版相关的数据信息。建议我市出版业充分重视数据信息这一重要的要素,加强数据信息的认知、数据信息管理利用、数据资产评估入表等方面的培训,助力企业将数据价值通过数据创新应用、数据流通交易等方式催生出新的经济增长点。

三、新质生产力赋能重庆出版业发展面临的挑战

(一)行业增长较缓,整体发展水平偏低

从我市出版业2019—2023年的发展情况来看,图书、音像电子、期刊、数字出版5年期间的利润增长分别为27.23%、13.89%、7.41%、21.94%,年均分别增长6.21%、3.31%、1.80%、5.08%。各类出版的利润年均增速均低于我市同期地区生产总值的年均增速6.30%。显示出我市出版业在近5年间增长较缓。

从可获得的行业官方数据来看,2022年我市在图书、期刊、音像电子、数字出版等各个出版领域的出版机构数量和出版规模均低于全国平均水平。与直辖市、西部十二省区市比较,我市出版机构数量和出版规模均不占优势。

(二)出版观念传统,开拓创新意识不强

我市出版业在坚持把社会效益放在首位、保证内容出版质量方面做得相对较好,展现出高度的社会责任感和行业使命感。然而,行业出版创新能力不足,对新理念、新技术、新模式的接纳和应用未及时跟进。在出版结构、内容创作、编辑加工、出版形式等方面过于依赖传统模式,缺乏突破和创新,开拓创新意识不强。

图书出版结构中,一般图书与教材教辅品种数基本持平,但在销售码洋上依然是教材教辅领先。教材出版方面,除常规的组织作者编写外,出版社自身对教材出版的研究不够深入,难以持续推出优秀教材,导致入围国家规划教材少、市场占有率低。在学术出版方面,依然是作者资助出版占据主流,导致技术领先、填补空白的学术著作不多。一般图书在出版作品的选题、立意及规划方面,缺乏深入调研和创新,容易出现跟风现象,难以形成独特的出版品牌和风格。重庆出版社于十多年前出版完成的《三体》,在2024年1—7月还连续进入图书零售线上市场热销TOP100[1]。这是出版社对原创作品内容及作者的成功挖掘。但类似的渝版图书作品太少,2024年除《三体》外,未见其他渝版图书进入该榜。在音像电子出版领域,由于受数字信息技术的冲击较大,传统市场丢失殆尽,除重庆音像出版社正在逐渐摆脱传统业务走上转型之路外,我市音像电子出版单位真正实现数字化转型并形成稳定模式的还没出现。

我市期刊出版方面,2023年基于融合发展、知识增值服务等方面的收入占比不足15%,新媒体方面的投入在总支出中的占比仅为1.5%左右,反映出我市期刊业向数字出版转型进展较缓。[2]我市科技期刊集群平台建设,至今仍处于孵化阶段。

开拓创新意识不强还表现在出版企业内部创新氛围缺失,缺乏鼓励创新的文化氛围,员工对于创新活动的参与度和积极性不高;企业缺乏完善的创新激励机制和容错机制,使员工在创新过程中面临较大的风险和压力。同时,创新成果的评估和奖励机制不够完善,难以激发员工的创新热情和动力。

---

[1] 数据来自国家出版发行信息公共服务平台数据。
[2] 见本书《重庆期刊出版业发展报告》。

（三）选题能力偏弱，出版经营效能不足

选题对于出版而言，其重要性不言而喻，它是出版工作的起点和基础。选题能力偏弱直接影响出版物的质量、市场接受度以及出版社的品牌形象，从而导致出版经营效能降低。课题组列举的以下现象存在于我市出版业中，并非集中于某一家企业。

①选题论证不够严谨。选题论证是出版企业确定选题过程中至关重要的环节，它要求出版机构领导、编辑、营销等相关人员对选题的价值、内容、成本、市场前景进行严格论证。然而，在实际操作中，选题论证往往不够严谨。首先表现在缺乏深度市场调研，选题的价值和市场前景没有经过深入的市场调研，仅凭主观判断或笼统分析，如"具有较高理论水平和实践应用价值""市场销售前景良好"来决定选题是否上报，缺乏具体的数据支撑和决策依据。其次是论证机构把关不严。一般来讲，出版社设置有编辑委员会作为选题论证的决策机构。选题递交编辑委员会之前还要有选题责任人论证、部门论证，有的还需要和营销部门沟通。部分出版社由于论证过程不够严谨，使得平庸选题也得以通过论证，增加了出版质量风险和市场风险。

②选题策划计划性不强。选题策划的计划性对于确保选题质量和按时完成至关重要。出版社在选题策划方面存在计划性不强的问题，造成我市图书、电子音像选题实现率常常低于50%。一是缺乏前瞻性，有的编辑在年度选题通知下达后才开始考虑策划选题，缺乏前瞻性和长期规划。二是缺乏系统性，选题策划过程中缺乏系统性的思考和规划，零敲碎打的选题较多，导致选题之间缺乏关联性和互补性，难以形成规模效应和品牌效应。

③选题创新能力不足。选题创新能力是出版企业核心能力的重要体现。我市出版业也存在选题创新不足的问题。一是跟风出版，部分编辑缺乏自主创新能力，往往跟随市场热点和畅销书开展出版工作，缺乏原创精神，导致出版物同质化严重，缺乏特色和竞争力。二是缺乏创意和深度，选题在内容上缺乏深度、呈现形式上缺乏创意，难以吸引读者的注意力和兴趣，难以获得市场认同。从期刊稿件来源看，被动等稿仍然是稿件组织的主要形式。编辑主动策划组稿的能力有限，主要依靠作者投稿，从而造成期刊内容同质化、特色不鲜明，难以起到引领学术发展方向的作用。

出版经营效能不足主要表现在以下几点。

①图书单品种利润、新书平均利润均低于全国平均水平。我市2019—2023年的图书,单品种平均利润分别为1.79万元、1.67万元、2.01万元、2.22万元、2.17万元;新书平均利润分别为6.69万元、6.06万元、6.26万元、7.07万元、6.73万元。全国数据方面,以国家新闻出版署网站查询到的官方数据计算,2019—2023年,单品种利润分别为3.10万元、3.35万元、3.59万元、3.81万元、4.14万元;新书平均利润分别为6.99万元、7.65万元、8.44万元、9.33万元、10.30万元。①全国的两个指标都高于我市,特别是单品种利润,全国的数据超过我们50%。

②图书库存增幅远高于销售收入和销售利润的增幅,反映出图书销售落后于同期的生产,应引起各图书出版社的高度重视。2019至2023年,我市图书库存码洋大幅增长(34.70%),其增长幅度远高于销售收入(增长22.46%)、销售利润(增长27.23%)。以2023年的库存码洋为例,库存成本按码洋的30%计算,总值为37295.47万元,是同年我市图书行业利润的2.93倍。大约三年的利润都压在库存上,库存积压是我市图书出版企业普遍面临的问题之一。大量的库存不仅占用了企业的资金,无法及时转化为经济效益,还增加了仓储和管理成本。

(四)技术应用滞后,融合发展水平不高

我市出版业技术应用滞后,主要表现在数字信息技术应用滞后。

①出版工作流程的数字化再造滞后。为了提高管理效率,降低成本,增强竞争力,实现资源的合理配置和高效利用,出版社纷纷引入ERP系统来优化内部管理流程,全国范围内已经有相当数量的出版社完成了ERP系统的部署和应用。出版行业ERP的建设高峰在2010—2015年。据课题组调查,除重庆大学出版社在2010年完成外,我市出版企业多是在2015年之后完成ERP的部署。根据本文第二部分的问卷调查数据,迄今仍有近半数(46.2%)

---

①这里的单品种平均利润、新书平均利润分别是由当期利润总额除以出版品种数、当期利润总额除以新书出版品种数计算而得。这里的当期利润总额并非完全由当期对应的出版品种产生,所以这里只是一个衡量指标。

的受访企业未部署ERP。

②出版工具软件配置滞后。据问卷调查数据,虚拟仿真软件普及率为7.7%,动画制作软件普及率为30.8%。

③数字营销方面,新媒体营销矩阵建设短板明显。据问卷调查数据,使用了移动客户端的占46.2%、微博占38.5%、智能推广平台占30.8%,普及率不高。而移动客户端、微博、智能推广平台都是构建新媒体营销矩阵的重要支撑。

④人工智能工具使用方面滞后。据问卷调查数据,还有超过30%的企业未使用智能辅助出版系统。

融合发展水平不高主要表现在以下方面。

①融合出版体系尚未建成。包括融合出版管理体系、技术支撑体系、内容生产体系、产品体系、营销体系在内的融合出版体系还未完全建成。我市多数出版单位的融合出版工作还停留在部门推进、项目驱动的状态。

②数字信息技术与内容产品融合度低。云计算、大数据、物联网、人工智能、区块链等新技术在我市出版业的应用处于初级阶段,少数企业刚开始接触,全行业未能有效、广泛地推动出版内容呈现和产品形态的创新。我市通过虚拟现实(VR)、增强现实(AR)、扩展现实(XR)、混合现实(MR)等技术,让出版物从静态进化成包含音视频、动画的动态或具有交互性的混合出版产品形态还比较稀少。

③跨界融合发展尚处于探索阶段。我市出版业在体系跨行业融合、产业要素跨资源融合、市场营销跨渠道融合、产品供给跨形态融合等方面,尚处于初期探索阶段。政策上还未见明确的指导或实施意见;技术上还缺乏自身整合或与外界互通互联的资源整合平台;跨界融合发展示范项目稀缺。

④高水平的出版融合发展项目少。从入选国家新闻出版署出版融合发展工程遴选推荐计划的情况来看,当代党员杂志社的"'七一'客户端"、今日重庆杂志社的"红岩精神学习研究宣传数字服务项目"入选数字出版精品遴选推荐计划,当代党员杂志社入选出版融合特色单位,入选数量少,且尚无数字出版优质平台入选。

(五)智库建设偏慢,人才支撑体系薄弱

出版智库能够针对行业面临的痛点、难点开展深入调研和分析,提出具有前瞻性和针对性的解决方案,为行业发展提供有力支持,同时能够为行业管理者提供政策咨询和决策建议。自2015年《关于加强中国特色新型智库建设的意见》发布以来,国家新闻出版署就一直在推动出版智库的建设和发展,并在2022年明确提出了实施出版智库高质量建设计划的具体举措。我市出版智库建设还处于起步阶段,首先表现在出版智库机构数量不多,重点出版智库稀少。[1]其次表现在出版智库机构的高质量成果产出少、影响力不大。

从发展新质生产力的视角来看,人才要素依然是最为活跃的因素,发展新质生产力需要与之相匹配的新型出版人才。从前述新型出版人才问卷数据来看,80分以上占16.67%,70分以上占38.89%,60分以上占83.33%,60分以下为16.67%。就数字信息技术的应用水平来看,我市出版业人才队伍基础较好。然而我市出版事业要实现高质量发展,需要与之相匹配的高质量出版人才队伍。高质量出版人才队伍需要高质量的人才支撑体系。我市人才支撑体系还比较薄弱,表现在多个方面。

①教育培训体系不够成熟。高校作为出版人才培养的主要阵地,承担着提供出版基础理论知识和专业技能训练的重任。然而我市高校未开设编辑出版专业,未形成较为系统的本、硕、博出版教育培养体系,行业在本地区的高校专业支撑力度不强。我市出版行业培训每年都在开展,但缺乏成体系的出版专业技能提升培训。

②缺少成熟的人力资源规划和战略。部分出版企业无专人谋划人才规划,在人才引进、培养和使用上缺乏长远的规划和战略,导致人才储备不足、人才结构不合理,高端人才和关键岗位人才短缺,难以满足企业可持续发展的需求。

③未形成行业实践锻炼交流体系。员工需要在大型项目中得到锤炼成长,并且这是一条快速有效的人才培养路径。然而一个企业的大型项目毕

---

[1] 2024年重庆大学出版科学研究所入选国家新闻出版署重点培育智库。

竟有限,且项目类型也不丰富。因此需要形成行业实践锻炼交流体系,员工可以在企业间挂职交流,从而得到快速成长。目前我市还未形成这样的交流体系。这个交流体系不能仅仅局限于本地区,而是要扩展到国内其他地区,甚至国外企业。

④职工晋升发展体系不够完善。主要表现在薪酬体系相对固化,难以引进高端人才、特殊人才;激励机制单一,难以充分体现人才的贡献和价值,导致人才工作积极性不高。

四、新质生产力赋能重庆出版业发展建议

培育与发展我市出版新质生产力,大力提升出版人才队伍的数字素养和创新能力,深度配置数字化、智能化新型出版工具,充分利用出版数据要素,释放和提升出版生产要素活力,提高出版经营效能,实现提质增效。培育出版新质赋能集群,打造旗舰型企业,推动行业高质量发展。

(一)改革管理体制与机制,重构出版理念,推动出版新质生产力发展

随着数字化、网络化、智能化的快速发展,传统出版模式和管理体制已难以满足数智时代的需求。因此,改革管理体制机制,更新出版观念,推动出版新质生产力的发展,成为出版行业转型升级的必由之路。

1. 改革出版管理体制与机制

新质生产力的发展需要与之相适应的新型生产关系和体制机制保障,需要从管理和制度层面进行深化改革与创新。

(1)深化出版管理体制改革。首先要完善出版管理体系建设。对于行业的监督、管理、服务建设,管理部门既需要有统一的目标定位,也需要体现整体性、系统性、协调性,最终形成完善的出版管理体系。其次要创新出版管理模式。通过推进数智化应用,建设统一的出版管理平台,优化管理流程,实现智慧出版管理,提高管理效能。最后要建立科学的评价体系。建立

网络出版物评价标准、融合出版评价体系、两个效益相统一的评价体系、高质量发展评价体系等。通过评价体系对行业和出版机构进行评估,实现面上管理和个性化服务的结合。

(2)深化出版管理机制改革。第一,建立健全制度。随着数智时代的到来,AI赋能出版生产,使得出版机构在出版环节、出版流程、出版岗位等方面都将发生非常大的变化。随着数字出版、融合出版的涌现,新媒体营销的快速发展,原有的管理办法、制度已经不能适应新业务的拓展。这些变化的出现,要求岗位设置、岗位工作量、岗位绩效等都需进行修订、完善,甚至需要制度创新。比如利用AI技术,可以快速完成书稿初审和初校,效果甚至好于人工,这就引发审校流程及相关工作量的计算是否需要改变的问题。同时出版新质生产力的发展需要多领域、多技术的交叉融合,因此管理办法要能适应跨部门、跨领域的合作与交流,推动企业内部的协作和创新。第二,优化组织架构。新质生产力是以数字技术为代表的新一轮技术革命引致的生产力新跃迁,出版新质生产力亦然。对现有的组织架构进行全面分析,评估部门、岗位、工作流程上由于新技术的应用所发生的变化以及由此带来的结果。根据评估结果,重新设计岗位、合并或取消部门,调整工作流程,提高工作效率和资源利用率。适当采用矩阵式组织架构,加强各部门之间的协作,有利于融合出版大项目的完成,提高企业的适应性。

(3)建立鼓励创新的体制机制。新质生产力本质是先进生产力,特点是创新。出版新质生产力当然需要创新,涵盖管理部门、生产企业的所有环节,包括管理、生产、营销、内容、技术等都需要创新。行业也好,企业也好,需要有鼓励创新、鼓励融合、鼓励共建、鼓励共享的体制机制。要制定具有这种特性的体制机制,也需要创新。

2.重构出版理念

以数字信息技术为主导的新技术迅猛发展,出版业已发生了深刻的变化,涉及内容创作、内容呈现、产品制作、多渠道销售等多个方面。面对不断变化的市场环境,出版观念能否持续更新、与时俱进,决定着出版事业和出版产业的兴衰。出版人需要重构出版理念。

(1)传统出版向数字出版、融合出版转变。随着数字信息技术的快速发展,传统出版业正向数字出版和融合出版转型。出版机构需要积极拥抱包括云计算、大数据、区块链、人工智能、VR/AR等在内的数字技术。一是实现多元化内容生产。面对多元化的市场需求,出版企业应将技术与内容融合,丰富内容呈现形式,创新出版形态。除了传统的图书、期刊外,还要开发电子书、有声书、慕课、数字教材等多种形态的产品。二是用数字化技术重构管理生产流程,以适应融合出版的数字化、精细化管理,实现降本提质增效。

(2)出版产品向出版服务转变。传统出版生产的图书、期刊、光盘、磁带等,其出版物形态固化,承载的内容固化。而对数字出版来讲,数字出版物的内容是可即时更新的,承载物可以是多元化的。比如电子书、电子期刊,既可以在手机上看,也可以在PC电脑和平板电脑上阅读。数字出版物内容本身也是可定制的、非固化的。如专题知识库,读者只需购买服务,就可以获得想要的内容。这其实是一种以内容为支撑的出版服务。出版机构需要转变角色,即从出版产品提供商向出版服务提供商转变。

(3)线下销售向全媒体营销转变。传统出版物的销售一般是以实体书店、图书馆馆配、邮局分发等为主。当下的出版营销是线下线上的全媒体、全渠道营销,一般包括线下实体店、线上平台电商、垂直及其他电商、短视频电商等。从2024年的市场表现来看,短视频电商、垂直及其他电商已成为重要的营销渠道。如何从产品的类别、调性、读者对象等去调整、管理营销渠道组合,成为出版界的一个新的课题。

(4)单一出版向跨界融合转变。出版活动是文化活动的一个重要组成部分,是文化活动在信息传播领域的一种具体体现。从《关于促进文化和科技深度融合的指导意见》到《关于推进实施国家文化数字化战略的意见》的颁布,国家旨在全面提升文化科技创新能力,转变文化发展方式,推动文化产业数字化转型升级。因此,出版业需要探索文化科技创新、融合、转型之路。出版机构可以凭借自身的内容聚合优势,通过技术(应用)创新+IP运营,与教育、影视、旅游、文博等领域跨界融合,实现自身的发展壮大。

发展新质生产力的要求之一就是科技创新,而对应出版新质生产力这一要求的更多是技术应用创新。出版业需要在行业数字化、网络化、智能化的大背景下,思考如何应用新技术以适应其带来的变化,从而推动出版新质生产力的发展。

（二）构建数智化出版体系，优化出版全流程，推进生产经营方式转变

数智化出版体系是指通过数字化、智能化技术的应用，实现出版管理流程、生产流程的自动化、智能化，从而提高出版效能。数智化体系的构建，对于出版行业来说，不仅是技术上的革新，更是管理理念、组织结构和业务模式的全面跃升。对出版新质生产力来说，数智化出版体系的构建，本质上是升级了出版劳动生产工具。

1. 建设数智化出版管理平台

习近平总书记指出，"要全面贯彻网络强国战略，把数字技术广泛应用于政府管理服务，推动政府数字化、智能化运行，为推进国家治理体系和治理能力现代化提供有力支撑。"建设数智化出版管理平台，一方面与国家"以数字政府建设赋能国家治理现代化"的重要举措相呼应，另一方面也是出版新质生产力对提升出版劳动工具的要求。针对数智化出版管理平台的建设，建议做好以下工作：一是要统一规划，确保平台建设有清晰的目标和路径，避免资源浪费和重复建设；二是打好数字化基础，确保数据的一致性和准确性，所有资料、文件、出版物样本等需要数字化，并打好数字标签，如来源、密级、保密期等；三是平台须整合监督、管理、服务各个场景模块，实现单点登录、授权使用，提供一站式解决方案。四是平台须支持不同部门之间的协同办公，实现工作流程的无缝对接。五是注意数据安全，特别是平台若接入人工智能大模型，需要做到私有数据和敏感数据不出域。

2. 建设数智化出版体系

出版机构由于发展理念、发展阶段以及业务属性等不同，很难在全国乃至一个地区推行统一的数智化出版体系。数智化出版体系一般由出版管理平台、资源管理平台、客户关系管理平台、智能采编平台、智能审校平台、智能分发平台等构成。这些子平台一般由技术提供商来建设，少数出版社也在自建。不管谁来建设，出版机构都需要搭建数智化出版体系，提升出版劳动工具的先进性，进而培育与发展先进的出版生产力。建议出版机构做好以下工作。

(1)大力推进数字化技术应用。数字化技术是数智化体系的基础。通过数字化技术,出版机构可以实现内容的数字化创作、制作、存储、传输和分发,缩短出版周期,提高出版物在时间和空间上的可达性、可用性。同时,数字化技术还可以帮助出版机构实现内容的个性化定制和精准营销,满足读者多元化的需求,提高出版服务质量。

(2)充分利用AI技术。我国人工智能与各行各业加速融合,出版行业也应积极拥抱以生成式大模型为核心的AI技术,将智能化技术融入出版业务的各环节,实现智能采编、智能审校、智能排版,实现内容的智能分析、智能推荐,提高出版物的质量和传播效果。课题组测试用AI大模型审校书稿,测试书稿内容涉及导向性、知识性、语法性、句式杂糅、数值符号和技术性操作等问题。文心一言、Kimi综合得分都在70分以上(满分100分),表明AI大模型确实有助于提高出版质效。重庆大学期刊社采用AI论文导读技术,将论文《生物建造体系与展望》全文自动生成2000字左右的导读文字和数字人导读视频,于期刊网站网络首发,并在期刊微信公众号推广,一个月内共有1.4万余人阅读近1.8万次,微信完读率接近50%,视频完播率接近40%。与该微信公众号其他内容平均阅读量不足千次相比,AI技术对该条微信内容的传播效果的助力作用非常明显。智能化技术是数智化体系的核心,出版机构应尽快增强应用广度和推进应用深度。

(3)构建数据驱动的业务模式。出版机构在构建和使用了数智化出版体系之后,数据就贯通于出版全过程,包括从选题分析到内容的采集、加工、制作、封装、分发,再到读者反馈数据,从工作流形成数据流。数据驱动的业务模式,就是所有的业务决策都需要以数据分析作为判定依据,包括论证选题、确定印数等。构建数据驱动的业务模式,出版行业就可以更加深入地了解市场需求和读者行为,从而制定更加精准的出版策略和营销策略,提高整体运营效率。

3.持续优化数智化出版流程

构建数智化出版体系后,出版机构可以通过优化出版流程来提高出版质量和出版效率。

(1)推动流程自动化和智能化。通过数字化、智能化技术的应用,出版机构可以实现出版流程的自动化和智能化,精简传统出版流程。比如,传统出版流程中,书稿和论文的查重是工作量非常大的环节,而内容智能审核系统可以轻松解决书稿和论文的查重问题;利用智能编校系统,可以实现内容的智能审校,轻松发现内容"硬伤",还可以减少人工"对红"的工作环节,大大提高审校效率。同时,流程自动化和智能化可以实现工作流程的标准化,减少人为干预,使环节质量控制得到保障。

(2)推动跨部门协同和资源共享。数智化出版体系的构建,可以轻松实现跨部门协同和资源统一、共享。通过构建的统一数字化平台,出版机构可以实现不同部门之间的协同工作和数据信息共享,既可以解决跨部门推进大项目时的工作协同问题,又可以提高资源的利用效率和价值。

(3)推动流程优化和再造。以提高出版质量和出版效率为目标,持续优化出版流程。定期审查出版流程,识别瓶颈和不必要环节,通过流程再造简化步骤,提高整体效率。设定明确的绩效指标(如差错率、出版周期等),收集并分析员工反馈,定期评估并调整流程优化策略。通过持续的流程再造和优化,提升数智化出版体系整体先进性。

(三)创新出版形态,建设融合出版精品体系,推动出版深度融合发展

在数字技术快速发展的时代背景下,传统的出版形态已经难以满足市场需求,而新技术又让创新出版形态成为可能。创新出版形态、打造精品体系成为推动出版深度融合发展的必然路径。

1.创新出版形态

传统的出版形态主要以纸质图书、报刊、光盘、磁带为主,但随着数字信息技术的快速发展,读者对于阅读的需求和习惯也在发生深刻变化。因此,创新出版形态、适应市场需求、拓展出版边界,成为了出版行业发展的重要方向。

(1)数字出版。数字出版是最为重要的、外延宽泛的一种出版形态。通

过数字化技术,出版行业可以将传统纸质图书、纸质报刊转化为电子书、有声书、数字期刊等形式,满足读者多元化的阅读需求。随着数字技术的发展,数字出版形式越来越丰富,包括数据库、数字教材、数字动漫等。对于电子音像出版机构,由于电子音像源稿、产品本身已经数字化,其转型数字出版从技术上来说并非难事,难点在于如何策划市场所需的产品。这也需要出版机构从内容、技术、营销上创新,才能创造出更多适应市场的数字化产品。数字出版可实现内容在时间上的快速传播和空间上的广泛分享,提高出版物的可达性和可用性。相对于传统出版,数字出版是真正意义上的绿色低碳环保的出版活动。对于期刊社,打造数字化期刊集群平台,可提高资源使用效率和传播效率,降低成本、共享资源,实现通过集群品牌效应增强竞争力。通过数字化实现优势期刊集群化发展,是期刊做数字出版的主要路径,也是做大做强的一个重要策略。

(2)个性化定制出版。个性化定制出版是创新出版形态的未来趋势。利用大数据和人工智能技术,出版机构可以深入了解读者的阅读偏好和个性化需求,为其提供个性化的定制出版服务。按需印刷(POD)技术的成熟,也让个性化定制出版成为可能。未来个性化定制出版的更多场景是知识服务,如出版机构开发了专题知识数据库,用户可以按使用周期来购买服务,如按年、季、月购买,也可以按下载内容的数量,如文章的篇数来购买。每个用户购买的服务都可以是个性化的。

(3)融合出版。融合出版是一种将出版业务与新兴技术和管理创新融为一体的新型出版形态。它代表了出版业的一种深度融合发展,旨在实现传统出版与新兴出版的深度融合。融合出版主要有以下特征。一是富媒体呈现。融合出版物可以跨越传统印刷和数字媒体,提供多样化的内容呈现形式,如文字、音视频、图片等,进一步满足读者的观感需求。二是互动性与沉浸式体验。利用数字媒体技术,搭建AR、VR、MR等虚实互动场景,为读者提供互动式和沉浸式的阅读体验。三是内容、技术与管理的融合。融合出版不仅仅是内容与技术的融合,也包括管理模式的创新,旨在通过新兴技术和创新管理手段提升出版物的质量和传播效率。融合出版不仅改变了出版物的形式和内容,也改变了出版业的运营模式和读者互动方式,是出版业适应数字化时代发展的重要趋势。

同时,跨界融合出版也是创新出版形态的另一种重要方式。通过与其他行业的跨界合作,出版行业可以拓展出版边界,开发出更多具有市场竞争力的新产品和新服务。如,出版与文化旅游合作,可以开发出具有地域特色和文化内涵的出版物满足读者对于特色文化的需求;出版与教育培训领域合作,推出个性化教学的出版物和出版服务,可以满足定制化教学人群的需求。

2. 建设融合出版精品体系

出版精品体系是指精品出版物的产品体系,是出版行业的核心竞争力。建设融合出版精品体系,意指出版机构成体系地精心策划、开发、出版多种出版形态的出版物,形成电子书系列、有声书系列、数字期刊系列、数字教材系列、专题数据库系列,等等。通过出版精品系列的开发,形成出版机构的融合出版精品体系,进而提升市场竞争力和影响力。

精品力作是建设精品体系的关键。出版机构需要注重选题策划和内容创作,挖掘优秀作者,开发出思想有高度、内容有深度、制作有精度的精品出版物。

创新出版形态、建设融合出版精品体系是推动出版深度融合发展的落脚点。通过创新出版形态适应市场需求并拓展出版边界;通过打造精品体系提高出版物质量并满足读者需求。

(四)培育出版新质赋能集群,打造旗舰型企业,推动行业高水平发展

1. 构建研发学集群,培育新型出版人才,提升行业智力支持

(1)构建研发学集群。研发学集群是指将理论研究、学科建设、技术应用与项目开发实践相结合,形成的协同创新、共同发展的有机整体。在出版行业中,构建研发学集群意味着要将出版理论研究、出版内容研发、数字化技术开发、出版学科建设紧密结合,形成一个包含思想理论创新、专业技术创新、应用实践创新在内的以创新驱动为核心的出版生态系统。

第一,整合研发资源,建立协作机制,形成创新合力。我市出版行业应整合行业的研发资源,包括来自出版机构、独立研究机构、高校出版研究院、重点出版实验室、出版相关专业院系的资源。可通过我市出版行业协会组建研发学协调小组,建立行业研发学协作机制,促进相关机构的沟通与合作,共同解决出版过程中遇到的理论、技术和应用实践问题,推动出版行业的技术创新和模式创新。

第二,部校共建,推进我市出版学科建设。出版学科建设是构建出版研发学集群的重要支撑。我市出版学科建设水平落后于上海、四川等省市。我市可在市级层面成立部校共建的出版学科领导小组,集中人力、财力、物力,提供政策支持,大力推进部校共建的重庆大学出版研究院、西南大学出版研究院的建设。尽快形成系统的本、硕、博出版教育培养体系,并结合两校自身特点,以及重庆在西部地区和全国政治、经济、文化的定位,设定共建目标、建立共建机制,共同建成特色鲜明的出版学科。

第三,搭建研发平台,促进产学研结合。我市可以重庆大学出版科学研究所、陆海书院为重点支撑,以重庆大学新闻传播与社会发展研究院、重庆华略数字文化研究院、重庆市出版监测中心等为依托,聘请国内外同行专家加入,聚焦出版理论体系、新技术创新、出版流程重构等方向的研发以及重点出版项目的开发。我市行业管理部门可通过理论课题申报、示范项目申报,引导研发平台的研发工作,解决出版业发展中理论研究与行业实践的短板、痛点。同时可充分发挥我市出版行业协会的力量来培育和发展行业智库。主管部门和行业协会可定期组织智库力量,通过课题研究、专题研讨、学术沙龙等形式,针对我市出版业亟待破解的重难点问题进行研究,形成调研报告、咨政报告。

(2)培育新型出版人才。新型出版人才,是指具备数字化、网络化、智能化等新型知识和技能,能够适应出版行业变革和发展需求的人才。从发展新质生产力的视角来看,新型出版人才是新质生产力中最活跃的因素,发展出版新质生产力需要与之相匹配的新型出版人才队伍。随着生成式人工智能等AI技术融入出版业,出版组织架构和流程必将重塑、再造,出版产品形态、出版模式、服务模式将发生巨大变化。这些变化对出版工作者的专业知识和专业技能提出了新要求。新型出版人才队伍的质量将成为影响我市出版行业发展速度与质量的关键因素。

第一,制定人才培养计划,明确培养目标。行业管理部门联合行业协会,制定新型出版人才培养计划,明确培养目标、培养内容和培养方式。根据我市出版行业发展的需求和趋势,明确新型出版人才应该具备的技能和知识。同时,注重培养人才的综合素质和跨学科能力,使其能够适应不断变化的市场需求和行业发展。

第二,改革人才培养模式,注重实践与创新。传统的出版人才培养模式注重理论知识的传授,而不太重视实践和创新能力的培养。我市出版行业须改革人才培养模式,注重实践与创新相结合。通过行业研发平台、行业协会开展各类专项能力培训,通过企业人才挂职交流、举办创新大赛等方式,给员工提供更多的创新平台和实践机会,培养其创新思维,提升员工解决实际问题的能力。

第三,加强校企合作,共同培育新型出版人才。部校共建出版学科为行业人才培养打下了坚实的基础。出版机构可加强与高校的合作,共同制定人才培养方案,实施学界、业界"双导师"培养机制,通过开展科研项目、产业项目等方式,共同培育新型出版人才。

第四,健全人才引进、激励机制。首先是完善人才引进办法,需要有引进特殊人才、创新型人才、高端人才的绿色通道。其次是完善激励机制,除了按常规经营指标对职工进行激励外,还可以按多个单项指标进行奖励,充分体现人才的贡献和价值,吸引和留住一批高素质的出版、发行、数字技术等专业人才,为企业发展提供智力支持。

2. 构建产创投集群,促进产业链协同创新,提升行业竞争力

产创投集群作为一种新型的产业组织形式,通过整合产业资源、投资资本和创新创业要素,形成协同创新、共同发展的生态系统。构建出版产创投集群是推动我市出版产业链升级、增强行业整体实力的重要举措。根据产创投集群的内涵与特征,建议采取以下措施构建我市出版产创投集群,促进产业链协同创新。

(1)主张多元化主体参与。产创投集群以企业为市场主体,行业主管部门为引导主体,投资机构为投资主体,行业协会、出版基地为服务主体,行业智库类机构为智力支撑主体。多元化主体之间通过紧密的合作与互动,共同推动产业链的发展。新成立的重庆新华出版集团、重庆陆海书局,构成我市出版行业新的市场主体,也是我市出版业产创投集群的核心主体。

(2)坚持政策引导与市场导向。行业主管部门在产创投集群的发展中发挥着重要的引导作用。通过制定相关政策措施、提供公共服务、优化营商环境等方式,为集群内的企业提供有力支持,促进集群内企业的整合和转型升级。同时,产创投集群的构建与发展始终以市场为导向。集群内的主体要密切关注市场需求变化,及时调整产品结构和服务模式,以满足客户的多元化需求。

(3)优化资源要素配置。产创投集群通过优化资源要素配置,实现资本、人才、技术、数据等要素的有效对接、融合,提高基础资源和战略资源的利用效率。特别是重庆新华出版集团,原集团的资源要素要"分",新集团的资源要素要"合",如出版资源、图书、电子音像、期刊出版社需要重新配置,发行资源、人才资源也一样需要重新配置。更为重要的是数据要素,实施重新配置的难度非常大,简单的"+"难以发挥数据要素的乘数效应,需要管理创新和技术创新合力才能完成。

(4)构建协同创新机制。产创投集群强调创新是核心驱动力,通过构建协同创新机制,促进不同主体之间的知识共享、技术转移和成果转化,实现产业链协同创新,加速创新成果的产业化进程。产创投集群中,成立不久的重庆新华出版集团无疑是行业的旗舰型企业,会在政策、资源、市场方面产生虹吸效应。行业管理部门需发挥引导、协调作用,让其他机构也能找准定位,有自己的发展空间,最终形成"旗舰型+专精特新"的行业生态。

(5)秉持开放与包容。我市出版产创投集群要秉持开放与包容,吸引市内外、国内外的优质出版资源和创新要素加入,不断壮大集群规模,提升整体竞争力。

3.构建全民阅读集群,打造城市阅读生态,提升城市文明水平

构建全民阅读集群已经纳入重庆市出版主管部门最新的数字融跨出版体系中。构建我市全民阅读群,需要搭建服务平台、举办主题会展、开展全民行动、实施促进计划这四大板块协同、联动,实现数据互通、资源循环、品牌共生,真正提升全民阅读服务质量,推升我市阅读指数进入全国前列。

(1)搭建阅读服务平台——构建全域覆盖的阅读资源网络

①数字化阅读平台。打造"书香重庆"阅读APP,集成电子书、有声书、AR互动书等资源,支持基于AI算法分析用户阅读习惯的个性化智能推荐。

②新阅读服务场景。链接全市图书馆、书店、社区书屋,"一码"实现通借通还,打破线上线下的壁垒,融线上借书、书店借书、数字阅读、纸质阅读等多种服务场景于一体。

③全民阅读数据中心。建立"重庆阅读大数据平台",实时监测各区县阅读活动指数,如人均借阅量、阅读活动参与率等,动态优化阅读资源配置;推出"阅读地图"小程序,标注城市阅读空间、特色书店、流动书车位置,提供导航与预约服务等。

④特殊群体特色阅读服务。比如设立视障人士有声阅读专区、老年人"大字版图书配送"、宝妈"阅读成长包"等特色服务。

(2)举办主题会展和论坛——打造城市级文化IP与流量入口

①年度品牌展会。比如升级"巴渝书市"为"巴渝阅读博览会"或"长江经济带阅读博览会",开设"长江文明图书馆""巴渝文化""科幻文学"等特色展区,引入"元宇宙书展"分会场,通过VR技术实现虚拟逛展、沉浸式全景VR阅读、作者全息演讲互动等。

②特色主题嘉年华。比如策划"重庆红色阅读月",联合红岩联线推出沉浸式剧本游、革命家书诵读会;举办"山水之城·诗意重庆"户外诗歌节;在来福士、洪崖洞、磁器口等地标开展诗词快闪、名家签售等活动。

③行业高端论坛。宣传、扩大"陆海讲读堂"主题讲座影响,创办"成渝双城阅读峰会",发布《成渝全民阅读调查报告》;签约跨区域合作项目;设立

"出版跨界创新奖",表彰"图书+影视""图书+游戏"等融合案例。

(3)开展全民行动——激发社会共同参与

①"领读者"培育计划。招募教师、作家、文化名人担任"城市领读者",走进社区、学校、企业开展领读活动;培训"家庭阅读指导员",发放《亲子共读指南》等,推动"每天30分钟家庭阅读时间"活动开展。

②全民共创计划。比如发起"重庆人写重庆"征文活动,集结优秀作品出版并改编为有声剧、动漫、小游戏等。

③新媒体传播矩阵。比如联合抖音、快手等新媒体推出"我在重庆读书"等话题挑战赛,鼓励用户分享阅读场景,如轨道车厢读书照等;打造"重庆阅读直播间"等,邀请知名作家、本土作家、编辑直播荐书,联动名家打造"爆款书单"。

(4)保障促进计划——设计市民阅读ID与长效保障机制

①政策保障计划。出台《重庆市全民阅读促进条例》或《重庆市全民阅读促进办法》,明确财政投入比例,如确定每年文化事业经费按多少比例用于阅读推广;成立重庆全民阅读促进会,组织、宣传全民阅读活动等;对实体书店、民营图书馆给予租金补贴、税收减免,鼓励社会力量参与。

②品牌激励计划。丰富"书香重庆·阅读之星"有声阅读大赛内容,设立"重庆阅读之星"奖项,评选年度影响力机构如最美社区书屋、年度影响力个人如乡村阅读推广人等;推行"阅读积分制":每个市民有一个自己的阅读ID,市民参与各种阅读活动都可记录、可积分,积分可兑换图书券、文创产品或景区门票等,提升市民对阅读活动的参与感、满意度。

③城乡均衡计划。实施"书香乡村工程":向村镇配送"流动阅读箱"、电子书阅读书屋,培训基层文化专员,开展"农民夜校读书会";推动"高校—乡村"结对帮扶,组织大学生志愿者定期下乡开展阅读活动等。

4.培育新质赋能核心主体,打造旗舰型企业,提升行业发展水平

旗舰型企业是行业经济增长的"头雁"、行业竞争的"航母"、技术创新的"灯塔"。重庆新华出版集团是我市第一批实施战略性重组、专业化整合的市属重点文化企业。该集团包括重庆出版社有限责任公司、重庆新华书店有限公司、重庆科普传媒有限公司、重庆新莳尚商业管理有限责任公司等四家二级子公司,形成了出版全产业链,是我市出版新质赋能集群的核心主体。

将重庆新华出版集团打造成为旗舰型企业,需要明确战略定位、聚焦核心优势、实施战略路径,达成战略目标,实现从传统出版向现代文化企业的全面升级。

重庆新华出版集团可以通过以数字化重构出版价值链,以资本化加速规模扩张,以全球化突破地域边界的战略路径,逐步从区域型传统出版企业,转型为以内容为核心、技术为驱动、资本为纽带的综合性文化集团,最终跨入全国文化企业30强的行列。

(五)健全出版政策体系,深化产业服务支撑,全面提升政策保障效能

1. 健全出版政策体系

完善的出版政策体系是出版业高质量发展的重要保障。

一方面,政策应主要聚焦于社会效益、文化传承、教育引导等,包括意识形态安全政策、文化传承与保护政策、教育出版政策、全民阅读推广政策等。

另一方面,政策应主要聚焦于激发市场活力、技术创新、产业升级等方面。包括市场准入与退出政策、技术创新与产业升级政策、资金支持政策、版权保护政策等。特别是支持技术创新的政策,需要鼓励和支持出版企业加大研发投入,推动技术研发创新、技术应用创新和产业转型升级;制定数字化转型升级政策,推动出版产业向数字化、智能化方向发展。该项政策在发展新质生产力的当下及未来是至关重要的。

2. 深化产业服务支撑

《出版业"十四五"时期发展规划》中指出,深化出版领域"放管服"改革,创新工作理念思路,优化工作机制流程和政务服务环境,提高审批效率和服务水平。

(1)优化政务服务环境。一是简化审批流程。推进"放管服"改革与办

公智治流程,减少不必要的行政审批事项,优化审批流程,提高审批效率,降低企业运营成本。二是强化信息公开。建立健全出版产业信息公开制度,及时发布政策信息、行业动态、市场数据等,为企业决策提供有力支持。三是完善监管体系。建立健全事中事后监管机制,充分利用数智化政务平台,加强对出版物内容、质量、版权的监管,维护市场秩序和公平竞争。

(2)加强新型基础设施建设。首先要推进数字化转型。加大对出版企业数字化转型的支持力度,鼓励采用新技术、新设备,朝数字化、智能化方向升级出版工具,提升行业数字化生产能力和水平,培育和发展出版新质生产力。其次要构建智慧公共服务平台。建立出版产业智慧公共服务平台,提供版权登记、数字资源存储、在线交易等一站式服务,降低企业运营成本,提高运营效率。

3.全面提升政策保障效能

(1)强化政策研究与创新。加强政策研究,建立健全政策研究机制,深入研究出版产业发展趋势、存在问题及解决策略,为政策制定提供科学依据;鼓励政策创新,行业主管部门可与行业智库类机构合作,大胆探索、勇于创新,制定具有重庆特色和符合产业需求的政策措施。

(2)加强政策协同与配套。强化部门协同,加强出版管理部门与其他相关部门的沟通协调,形成政策合力,共同推动出版产业发展;完善配套政策,同时注重与财政、税收、金融、科技等政策的衔接配套,形成全方位的政策支持体系。

(3)注重政策评估与调整。建立健全政策评估机制,定期对政策执行情况进行评估,了解政策效果及存在的问题;根据评估结果和政策执行情况,及时调整优化政策措施,确保政策的有效性和针对性。

重庆期刊分类体系研究报告[①]

一、项目研究背景

2018年11月14日,中央全面深化改革委员会第五次会议审议通过了《关于深化改革培育世界一流科技期刊的意见》《关于加强和改进出版工作的意见》,提出要以建设世界一流科技期刊为目标,科学编制重点建设期刊目录,做精做强一批基础和传统优势领域期刊;加强和改进出版工作,深化改革创新,完善出版管理,着力构建把社会效益放在首位、社会效益和经济效益相统一的出版体制机制,努力为人民群众提供更加丰富、更加优质的出版产品和服务。

为加快建设世界一流科技期刊,夯实进军世界科技强国的科技与文化基础。2019年,中国科协、中宣部、教育部、科技部联合印发了《关于深化改革培育世界一流科技期刊的意见》,这是贯彻落实中央全面深化改革委员会第五次会议精神,推动我国科技期刊改革发展的纲领性文件。《关于深化改革培育世界一流科技期刊的意见》提出了"优化布局、分类施策"的基本原则,要求系统研判科技期刊发展现状,着眼基础前沿、工程技术、科学普及等不同类型期刊的功能定位,加强顶层设计,突出发展重点,有效整合资源,分类推进改革,完善发展体系,提高科技期刊围绕中心、服务大局能力。

为做好学术期刊出版工作,推动学术期刊繁荣发展。2021年5月,中共中央宣传部、教育部、科技部印发了《关于推动学术期刊繁荣发展的意见》,提出"坚持优化布局、分类施策",要求加强顶层设计和系统谋划,推动资源

[①] 课题承担单位:重庆市科学技术期刊编辑学会。课题组成员:彭熙、胡英奎、周江川、张弘扬、黄廷。

有效配置,健全学术期刊准入退出机制,明确各类学术期刊功能定位,统筹推进传统出版和新兴出版融合发展,形成总量适度、动态调整、重点突出、结构合理的学术期刊出版格局。

《重庆市出版业"十四五"时期发展规划》把打造渝版精品期刊矩阵作为重庆出版业"十四五"时期发展的主要任务之一,致力于推动渝版期刊高质量发展,实施期刊精品出版工程,提出了坚持扶优扶强、指导一批成长型学术期刊、着力提升出版质量和影响力等精准施策的举措,并将主题出版类、人文社科类、领军型学术类、成长型学术类共计4类34个期刊作为重庆市"十四五"时期的重点出版物出版项目。2023年6月,中共重庆市委宣传部等7部门印发的《重庆市推动渝版期刊高质量发展方案》也分类提出了重庆市各类期刊发展的主要任务。

重庆期刊高质量发展,对提升重庆城市影响力、科技竞争力和文化软实力具有重要作用。重庆2024年公开出版的期刊,包括140种取得国内统一连续出版物号(CN)的各类期刊,以及少量由重庆的出版单位与国外出版商合作出版的仅有国际标准连续出版物号(ISSN)但无国内统一连续出版物号(CN)的英文期刊。与我国发达地区省份相比,重庆期刊数量偏少、规模偏小、影响力偏弱,且各类期刊发展水平不均衡。重庆期刊在提高质量、增加数量、扩大规模的同时,还需要考虑各类期刊的同步发展,以全面实现重庆期刊量质齐升。全面推进重庆市期刊高质量发展,需要对重庆期刊进行科学分类,针对各类期刊的不同情况精准施策。

二、国内外期刊分类方法

(一)国内外主流期刊数据库和评价机构的期刊分类方法

考虑期刊内容存储、检索和评价等方面的需要,国内外主流期刊数据库和期刊评价机构(WOS、Scopus、MEDLINE、CSSCI、CSCD、CNKI、中信所、中国社科院等)在对期刊进行分类时,都是按学科分类,各数据库和评价机构之间对期刊分类的差异主要在于学科分类方法。

WOS(Web of Science)核心合集期刊数据库收录了18000多种世界权威的、高影响力的学术期刊,内容涵盖自然科学、工程技术、生物医学、社会科学、艺术与人文等领域,最早可回溯至1900年。Web of Science核心合集期刊数据库主要包括Science Citation Index Expanded(SCIE,科学引文索引)、Social Sciences Citation Index(SSCI,社会科学引文索引)和Arts & Humanities Citation Index(A&HCI,艺术与人文引文索引)。Web of Science核心合集将收录的18000多种高影响力学术期刊分为256个学科,其中SCIE是一个聚焦自然科学领域的多学科综合数据库,收录9100多种自然科学领域的世界权威期刊,覆盖了178个学科领域;SSCI是一个聚焦社会科学领域的多学科综合数据库,收录3400多种社会科学领域的世界权威期刊,覆盖了58个学科领域;A&HCI即艺术人文引文索引,收录1800多种艺术人文领域的世界权威期刊,覆盖了28个学科领域。

Scopus是目前收录期刊最多的文摘数据库之一,由Elsevier出版商提供,收录了来自全球7000多家出版商的28000多种同行评审期刊,学科体系涵盖了生命科学、社会科学、自然科学和医学四大类,共27个学科领域。

MEDLINE是美国国立医学图书馆(The National Library of Medicine,NLM)建设的国际性综合生物医学信息书目数据库,是当前国际上最权威的生物医学文献数据库之一。MEDLINE收录了1966年以来世界70多个国家和地区出版的3400余种生物医学期刊的文献,近960万条记录。目前每年递增约30万—35万条记录,以题录和文摘形式进行报道,其中约75%是英文文献,70%—80%的文献有英文文摘。MEDLINE主要提供有关生物医学和生命科学领域的文献,涉及基础医学、临床医学、环境医学、营养卫生、职业病学、卫生管理、医疗保健、微生物学、药学、社会医学等领域。

CSSCI(Chinese Social Sciences Citation Index,中文社会科学引文索引)是由南京大学中国社会科学研究评价中心开发研制的数据库,用于检索中文社会科学领域的论文收录和文献被引用情况,是我国人文社会科学评价领域的一项标志性工程。2021—2022年收录期刊目录涵盖马克思主义理论、哲学、宗教学等24个学科领域和高校学报、综合性社会科学期刊,共计26个大类。

CSCD（Chinese Science Citation Database，中国科学引文数据库）内容丰富、结构科学、数据准确，具有建库历史悠久、专业性强、数据准确规范、检索方式多样、完整方便等特点。自提供使用以来，深受用户好评，被誉为"中国的SCI"。2023—2024年度中国科学引文数据库收录来源期刊1340种，其中中国出版的英文期刊317种，中文期刊1023种；中国科学引文数据库来源期刊分为核心库和扩展库两部分，其中核心库996种，扩展库344种。CSCD学科覆盖数学、物理学、化学、地球科学、生物科学、农业科学、医学、工程技术、环境科学以及社会科学与自然科学交叉等学科领域，期刊学科类目界定以《中国图书馆分类法（第五版）》二级类目为基础，并通过参考文献计算学科之间的耦合强度和文本之间的语义相似度，将二级类目进一步聚类，最终确定学科类目数量。经过计算，2023—2024年度共有61个类目。

CNKI（中国知网）发布的《中国学术期刊影响因子年报》将收录的期刊分为"自然科学与工程技术"和"人文社会科学"两大类进行评价。在确定统计源期刊范围时，根据期刊的研究层次将自然科学与工程技术类期刊分为4个层次：基础研究型、技术研究型、技术开发型、研究层次综合型；将人文社会科学期刊分为3个层次：理论研究型、应用研究型、工作实践型。其中，自然科学与工程技术类期刊中的基础研究型是指发表基础与应用基础研究、同层次高级科普文献50%以上的期刊；技术研究型是指发表技术与工程学研究、技术商评及同层次高级科普文献50%以上的期刊；技术开发型是指发表技术开发、工程设计层次文献50%以上的期刊；研究层次综合型是指刊登上述各研究层次文献的比例差别不显著的期刊。人文社会科学期刊中的理论研究型是指刊登50%以上理论研究论文的期刊；应用研究型是指刊登50%以上应用研究论文的期刊；工作实践型是指刊登50%以上工作实践类论文的期刊。根据《中国图书馆分类法》，CNKI统计源期刊设立98个学科，并在此基础上增设"人文社会科学综合""自然科学与工程技术综合""工程技术综合""医药卫生综合""农业科学综合""经济科学综合"6个综合学科，共105个学科类目。2023年版《中国学术期刊影响因子年报》共评价学术期刊6240种，其中自然科学与工程技术类4054种（含基础研究型期刊1327种，技术研究型期刊2152种），人文社会科学类期刊共2314种。

中国科学技术信息研究所发布的《中国科技期刊引证报告》依据《学科分类与代码》(GB/T 13745—2009)和《中国图书资料分类法(第四版)》的学科分类原则,同时考虑到我国科技期刊的实际分布情况,将自然科学类期刊分为自然科学综合、理学、农学、医学、工程技术、管理共6个领域112个学科类别,将社会科学类期刊分为社会科学综合、人文社科、经济与政治、传播教育4个领域40个学科类别。

中国社科院将社科类期刊分为人文、社科、综合三个大类,其中人文类期刊分为考古文博、历史学、马克思主义理论、民族学与文化学、文学、艺术学、语言学、哲学、宗教学9个学科;社科类期刊分为法学,管理学,环境科学,教育学,经济学,人文地理,社会学和人口学,体育学,统计学,图书馆、情报与档案学,心理学,新闻学与传播学,政治学13个学科。

《中国期刊年鉴》(2021卷)将国内期刊分为五大类:哲学、社会科学类;自然科学、技术类;文化、教育类;文学、艺术类;综合类。

《中文核心期刊要目总览》(2020年版)按照期刊的学科属性进行分类,采用《中国图书馆分类法(第五版)》作为分类依据,将期刊分为7编74个学科,分类方法见表7-1。

表7-1 《中文核心期刊要目总览》(2020年版)学科类目

各编名称	学科名称
第一编 哲学、社会学、政治、法律	(1)综合性人文、社会科学;(2)哲学;(3)宗教;(4)社会科学总论(除民族学、文化人类学);(5)民族学、文化人类学;(6)政治学(含马列);(7)法律
第二编 经济	(1)综合性经济科学;(2)经济学/经济管理(除会计,企业经济);(3)会计;(4)农业经济;(5)工业经济/邮电通信经济(含企业经济);(6)贸易经济;(7)财政、国家财政;(8)货币、金融、银行、保险
第三编 文化、教育、历史	(1)文化理论/信息与知识传播(除图书馆事业、信息事业,档案事业);(2)图书馆事业、信息事业;(3)档案事业;(4)科学、科学研究;(5)教育;(6)体育;(7)语言、文字;(8)文学;(9)艺术;(10)历史

续表

各编名称	学科名称
第四编 自然科学	(1)综合性理工农医;(2)自然科学总论;(3)数学;(4)力学;(5)物理学;(6)化学、晶体学;(7)天文学;(8)测绘学;(9)地球物理学;(10)大气科学(气象学);(11)地质学;(12)海洋学;(13)地理学;(14)生物科学
第五编 医药、卫生	(1)综合性医药卫生;(2)预防医学、卫生学;(3)中国医学;(4)基础医学;(5)临床医学/特种医学;(6)药学
第六编 农业科学	(1)综合性农业科学;(2)农业基础科学;(3)农业工程;(4)农学(农艺学)、农作物;(5)植物保护;(6)园艺;(7)林业;(8)畜牧、动物医学、狩猎、蚕、蜂;(9)水产、渔业
第七编 工业技术	(1)一般工业技术;(2)矿业工程;(3)石油、天然气工业;(4)冶金工业;(5)金属学与金属工艺;(6)机械、仪表工业;(7)武器工业;(8)能源与动力工程;(9)原子能技术;(10)电工技术;(11)电子技术、通信技术;(12)自动化技术、计算机技术;(13)化学工业;(14)轻工业、手工业、生活服务业;(15)建筑科学;(16)水利工程;(17)交通运输;(18)航空、航天;(19)环境科学;(20)安全科学

(二)国内其他省区市的期刊分类方法

为了掌握我国其他省区市基于对期刊分类管理需要而进行分类的情况,课题组调研了北京市、上海市、天津市、河北省等省市的期刊分类情况。

北京市:将期刊分为经营和学术两大类,学术类又分为自然科学领域和社会科学领域;对自然科学领域和社会科学领域期刊大致按照学科进行细分。

上海市:《上海期刊发展报告》将自然科学期刊分为STM(学术+技术+医学)+科普;将社会科学期刊分为社科学术综合性期刊、社科学术专业性期刊、文艺期刊、少儿类期刊。

天津市:按照《中文核心期刊要目总览》的分类方式进行分类。

河北省:将期刊大类分为自然科学类和社会科学类,其中自然科学类分为学术、技术和管理3类;社会科学类分为学术、时政、党刊、学报、艺术、少儿和教辅7类。

（三）小结

从现有的期刊管理部门、数据库和评价机构对期刊的分类情况来看，期刊分类体系主要依据学科属性，较少考虑期刊发展阶段和影响力等因素，难以满足期刊分类施策所需求的精细化管理需要。

三、重庆市期刊分类方法

为了实现对重庆市期刊"分类施策"的精细化管理要求，课题组根据重庆期刊的实际情况进行分类，为"分类施策"创造条件。

按照内容属性分类：学术期刊和非学术期刊。不同内容属性期刊的读者对象不同，追求的目标也有较大差别。学术期刊的读者对象为相关领域的专业人员，受众群体一般比较小，主要追求学术影响力；非学术期刊的读者对象为非特定人群，受众群体一般比较大，在追求社会效益的同时也追求经济效益。对学术期刊按照其学科属性进一步细分，可以分为人文社科期刊和自然科学期刊，其中人文社科期刊包括综合性学报、人文类期刊和社科类期刊三类；自然科学期刊包括综合性学报、专业性期刊。对非学术期刊按照其内容属性进一步细分，可以分为时事政治类期刊、文化教育类期刊、科学技术类期刊、科学普及类期刊、商业财经类期刊、公报年鉴类期刊。具体分类方式见表7-2。

表7-2 按照内容分类

内容分类		
学术期刊	人文社科期刊	综合性学报
		人文类期刊
		社科类期刊
	自然科学期刊	综合性学报
		专业性期刊
非学术期刊	时事政治类期刊	

续表

内容分类	
非学术期刊	文化教育类期刊
	科学技术类期刊
	科学普及类期刊
	商业财经类期刊
	公报年鉴类期刊

按照语种分类：中文期刊和英文期刊。不同语种期刊面对的读者对象、设定的建设目标、遵循的发展路径、采用的传播模式均有较大差别，需要针对不同语种期刊之间的差别有针对性地制定发展策略。根据目前重庆市期刊语种分布的实际情况，可将重庆市期刊按照语种分为中文期刊和英文期刊两类。中文期刊的读者对象以国内读者为主，主要通过国内的传播渠道（邮发和国内数据库平台）传播，追求社会效益和经济效益；英文期刊的读者对象以国外读者为主，也有部分国内读者，主要通过国际出版平台传播，追求学术影响力目标。除中文、英文的单一语种期刊之外，重庆还有一种多语种期刊，语种为中英文。中英文期刊的读者对象兼顾国内和国外用户，从该类型期刊目前的发展模式和现状来看，内容以中文论文为主，包括少量英文论文；从期刊的发展策略、传播范围和传播方式来看，与中文期刊基本相同，按照语种分类时可以将其分到中文期刊类中。重庆目前的英文期刊数量不多，但近年来创办英文期刊的积极性较高，目前已经出版的英文期刊有17种（含仅有ISSN但没有CN的期刊），已经宣布创刊但还没有出版的期刊有4种，目前所有英文期刊均为自然科学类专业性学术期刊。

根据"分类施策"的需要，综合考虑期刊的内容、语种，可以按照表7-3所示方式对重庆市期刊进行分类。

表7-3 重庆市期刊分类方式

内容分类			语种分类
学术期刊	人文社科期刊	综合性学报	中文
^	^	人文类期刊	中文
^	^	社科类期刊	中文
^	自然科学期刊	综合性学报	中文
^	^	专业性期刊	英文
^	^	^	中文
非学术期刊		时事政治类期刊	中文
^		文化教育类期刊	中文
^		科学技术类期刊	中文
^		科学普及类期刊	中文
^		商业财经类期刊	中文
^		公报年鉴类期刊	中文

四、重庆市期刊分类体系

针对重庆市期刊的发展现状，参照表7-3所示的期刊分类方式，建立重庆市期刊分类体系，如表7-4所示。

表7-4 重庆市期刊分类体系

内容分类			语种分类	期刊名称
学术期刊	人文社科期刊	综合性学报	中文	长江师范学院学报、重庆大学学报(社会科学版)、重庆第二师范学院学报、重庆电力高等专科学校学报、重庆电子工程职业学院学报、重庆工商大学学报(社会科学版)、重庆交通大学学报(社会科学版)、重庆开放大学学报、重庆科技学院学报(社会科学版)、重庆三峡学院学报、重庆师范大学学报(社会科学版)、重庆文理学院学报(社会科学版)、重庆邮电大学学报(社会科学版)、西部论坛、西南大学学报(社会科学版)

续表

内容分类			语种分类	期刊名称
学术期刊	人文社科期刊	人文类期刊	中文	当代美术家、工业工程设计、外国语文
		社科类期刊	中文	重庆高教研究、重庆社会科学、当代金融研究、地理教育、改革、高等建筑教育、教师教育学报、人权法学、数学教学通讯、探索、统一战线学研究、物理教学探讨、西南政法大学学报、现代法学、新闻研究导刊
	自然科学期刊	综合性学报	中文	重庆大学学报、重庆工商大学学报(自然科学版)、重庆交通大学学报(自然科学版)、重庆科技学院学报(自然科学版)、重庆理工大学学报、重庆师范大学学报(自然科学版)、重庆医科大学学报、重庆邮电大学学报(自然科学版)、西南大学学报(自然科学版)
		专业性期刊	英文	表面科学技术(英文)、低碳科学(英文)、动力学、监测与诊断学报(英文)、儿科发现(英文)、机电液工程学报(英文)、基因与疾病(英文)、临床与转化肝脏病杂志(英文)、镁合金学报(英文)、纳米材料科学(英文)、能源(英文)、烧伤与创伤(英文)、生物岩土技术(英文)、数字通信与网络(英文)、智能技术学报(英文)、智能肿瘤学(英文)、中华创伤杂志(英文版)、自动化与人工智能(英文)
			中文	半导体光电、包装工程、保健医学研究与实践、表面技术、兵器装备工程学报、材料导报、蚕学通讯、重庆建筑、重庆医学、地下空间与工程学报、灯与照明、电工技术、儿科药学杂志、公路交通技术、功能材料、国际检验医学杂志、环境影响评价、激光杂志、计算机科学、检验医学与临床、精密成形工程、局解手术学杂志、客车技术与研究、矿业安全与环保、临床超声医学杂志、陆军军医大学学报、内燃机、汽车工程学报、人工智能科学与工程、三峡生态环境监测、土木与环境工程学报(中英文)、微电子学、西部人居环境学刊、现代医药卫生、压电与声光、应用数学和力学、植物医学、中国果业信息、中国南方果树、中国药房、中国药业、中国中医急症、中华创伤杂志、中华肝脏病杂志、中华烧伤与创面修复杂志、装备环境工程、自动化应用

续表

内容分类		语种分类	期刊名称
非学术期刊	时事政治类期刊	中文	重庆行政、重庆与世界、当代党员、党课参考、党员文摘、公民导刊、红岩春秋、今日重庆、企业文明、中外交流
	文化教育类期刊	中文	城市地理、传奇天下、大学、红岩、环球人文地理、家人、今日教育、课堂内外(初中版)、课堂内外(高中版)、全视界、世界儿童、影视艺苑、中华手工
	科学技术类期刊	中文	计算机应用文摘、进展、铝加工、南方农业、农家科技、实用中医药杂志、微型计算机、新潮电子、移动信息、中国厨卫、中国眼镜科技杂志、自动化与仪器仪表
	科学普及类期刊	中文	肝博士、科学咨询、漫科学
	商业财经类期刊	中文	经营者、商界、商业故事、知识经济
	公报年鉴类期刊	中文	重庆年鉴、重庆市人民政府公报

注:表中包括10种仅有ISSN但没有CN的英文期刊:临床与转化肝脏病杂志(英文)、烧伤与创伤(英文)、智能技术学报(英文)、低碳科学(英文)、动力学、监测与诊断学报(英文)、儿科发现(英文)、机电液工程学报(英文)、能源(英文)、生物岩土技术(英文)、智能肿瘤学(英文)。

重庆市各类期刊的数量统计如表7-5所示。

表7-5 重庆市各类期刊的数量统计

内容分类			语种分类	数量
学术期刊（106）	人文社科期刊(33)	综合性学报(15)	中文	15
		人文类期刊(3)	中文	3
		社科类期刊(15)	中文	15
	自然科学期刊(73)	综合性学报(9)	中文	9
		专业性期刊(64)	英文	17
			中文	47

续表

内容分类		语种分类	数量
非学术期刊（44）	时事政治类期刊(10)	中文	10
	文化教育类期刊(13)	中文	13
	科学技术类期刊(12)	中文	12
	科学普及类期刊(3)	中文	3
	商业财经类期刊(4)	中文	4
	公报年鉴类期刊(2)	中文	2

注：1.表中括号内的数字为该类期刊数量。2.重庆2024年共出版期刊150种，含140种有CN的期刊和10种仅有ISSN的英文期刊；其中，人文社科类学术期刊33种，自然科学类学术期刊73种，非学术期刊44种。

五、重庆市期刊分类发展建议

(一)学术期刊发展建议

1.综合性学报

综合性学报需着力解决内容同质化问题，加快专题化、专栏化建设，发挥好综合性学报多学科优势，与专业类期刊形成良性竞争；要努力提升包括服务作者、服务读者、引领学术等在内的出版服务能力。鼓励有条件的多学科综合性学报向专业化期刊转型，突出优势领域，做精专业内容，办好特色专栏，向"专、精、特、新"方向发展。

重庆市综合性学报主要是高校学报。高校学报的发展需重新审视发展的实际情况、拥有的特色资源和学术优势，以特色发展为目标及时调整发展定位。立足高校学报自身优势，夯实基础，着力打造科研新手培训基地；围绕学校学科发展需求，着力培育新兴和交叉学科，打造创新孵化新基地；服务国家重大战略计划，提升综合性学报的社会服务能力，打造行业信息服务基地。

针对大量优质稿源，尤其是高校大量高质量论文流向国外英文期刊和市外期刊的现状，由高校主办的学报应充分发掘学术资源的先天优势，抢夺成果首发权，吸引科学家（尤其是高校作者）把论文写在祖国大地上，为中国建设和社会发展服务。高校学报可以依托学校的学科优势，采取不同的发展策略，提高期刊发文量，提高期刊的学术影响力和社会服务能力；增加优势学科的发文比例，培育成长型学科，提升学报对学校学科建设的贡献度；培育特色栏目，吸引优质稿源，为向专业期刊转型奠定基础。

2.中文专业性学术期刊

与综合性学报和非学术期刊相比，专业性学术期刊因其专业性、学术性的特征而导致其具有读者和作者群都比较小、学科覆盖面较窄、服务于特定人群的特征。中文专业性学术期刊受优质稿源流失、刊发周期长、数字化程度低、学术影响力下滑等问题的困扰，在作者吸引力、服务方式、传播渠道等方面都到了瓶颈期，制约着期刊的可持续发展。为突破发展瓶颈，打造可持续发展的品牌效益，以实现更好的社会效益、经济效益，进而在学术交流中发挥积极作用，中文专业性学术期刊需立足专业资源和行业优势，拓展多元发展。

中文专业性学术期刊在发展过程中应加强期刊品牌建设，提升期刊的综合影响力，增强期刊在提升国家科技竞争力和文化软实力、提升国际学术影响力中的作用；关注国家政策及战略需求，策划重大选题；关注学科发展和科研需求，开设特色栏目；坚持高质量内容建设，组织高学术水平、高学科热度的专题报道；创新出版机制，加强服务意识，坚持依靠专家办刊的思路，精准服务优质作者和读者；推行增强出版、全媒体出版，丰富出版形态，建立全媒体发行传播网络；举办丰富的高质量品牌活动，提升期刊的行业影响力。

3.英文专业性学术期刊

为了推动我国期刊高质量发展，2019年中国科协等七部委实施"中国科技期刊卓越行动计划"，创办英文期刊已经成为实现"建设世界一流科技期刊"目标的重要方式，英文期刊也是我国提升国际学术影响力和国际学术话语权的重要渠道。重庆目前已出版17种英文期刊，全为自然科学类专业性学术期刊。

英文专业性学术期刊在办刊过程中需明确目标、找准定位,坚持国际化办刊方向;坚持依靠专家办刊、服务专家学者的办刊理念;加大宣传推广力度,主动地走近作者、读者和科学家群体,宣传推广期刊,特别是加大在海外科学家群体中的宣传推广;打造期刊品牌,通过期刊的品牌活动扩大期刊影响力;创新期刊的运行机制和办刊模式;推进出版模式稳步从"借船出海"向"造船出海"转变;向集群化、集团化运行模式转变,借助规模效应提升期刊影响力;打造立体化全媒体知识服务体系。

(二)非学术期刊发展建议

1.时事政治类期刊

时事政治类期刊承担着"举旗帜、聚民心、育新人、兴文化、展形象"的使命任务,应围绕中心、服务大局,牢牢把握正确的政治方向和出版导向,唱响主旋律,传递正能量。

第一,明确方向、突出重点,聚焦主题主线,落实中宣部关于主题出版工作的重点要求。第二,内容为王、价值取胜,做强内容的同时拓展主题宣传广度,不断丰富主题宣传的内容和题材。增加主题宣传的厚度,加强专文、专题、专栏的策划,形成系列品牌。第三,增强主题宣传创新的力度,要把握时代脉搏,坚持与时代同步伐,反映时代新气象,提供新内容,开发新题材,培育新作者,推出新作品,做到"文章合为时而著,歌诗合为事而作"。第四,提升主题宣传的温度,更加贴近读者,更加贴近实际,更加接地气、有生气,文章要往心里走,往实里走,使读者想看、爱看,做到"党性鲜明,可读性强";深化融合发展,增强主流舆论的传播力、引导力、影响力、公信力。

在新的媒介环境下,传播途径和传播方式发生深刻改变。主题宣传类期刊要探究全媒体时代主题宣传报道的创新策略,加强内容创新、利用全媒体平台进行多元化传播、加强与受众的互动,以提高主题宣传报道传播效果和影响力。在内容创新方面,需要注重深入挖掘主题背后的故事,重视情感连接;在多元化传播方面,可以利用短视频、直播等形式进行快速传播;要更加注重与受众的互动,满足受众个性化需求。

2. 文化教育类期刊

随着大众文化的流行和新媒体的发展,文化教育类期刊的发展遇到了较大的挑战,大众媒体的发展挤压了文化教育类期刊的生存空间。

面对新形势下人民群众对文化教育类产品需求的提升和新媒体带来的冲击,文化教育类期刊需从理念革新、内容创新、形式创新、渠道拓展等几个方面寻求新的发展空间。在期刊发展理念方面,要突破传统的经营模式,在内容、形式上与时代发展相呼应;在期刊内容方面,要加大对内容开发的创新力度,主动结合互联网时代读者的阅读兴趣,根据读者的个性化兴趣,不断开发新内容、新结构,优化灵活的期刊内容,激发受众的阅读兴趣,以质量占领市场,拓展自身发展;在期刊形式方面,要不断加强版式创新,主动对接国际优质期刊,提高编辑人员的读者意识,不断革新刊物的版式,积极引进版式设计专业化人才,加强版式的创新性设计;在渠道拓展方面,要打破常规思想,引入互联网思维,加大对新媒体平台的利用,通过开设公众号、微博或者短视频等账号,将期刊内容活化。面对新媒体的冲击,文化教育类期刊要强化期刊品牌定位,实现差异化发展;发挥期刊社会职能,强化品牌社会效益;紧跟市场需求,细化产品系列,实现产品立体开发。

3. 科普类期刊

目前,科普类期刊在人才、技术、管理和机制四方面集中且突出的问题没有得到有效的克服与解决,而传统期刊又在新媒体的冲击下面临新的危机和挑战。除少数科普类期刊较为成功外,大量科普类期刊仍普遍存在规模小、影响弱、利润低、受众量下滑等问题。在新形势下,积极开拓新媒体传播渠道,是科普类期刊优质内容广泛传播的有效途径,在科普类期刊传统发行渠道和收入日渐式微的趋势下,应探索更多的生存模式。运用新技术和新手段的前提是优质内容,在受众心中树立品牌形象是做好各种宣发渠道的基础。

科普类期刊在发展过程中需汇聚原创资源,重塑内容供应格局;创新新媒体运营理念,发挥科普类期刊品牌优势;加快传统媒体战略转型,发挥融媒体平台作用;加强政策扶持力度,支持科普类期刊全媒体出版;大力提升办刊能力,提升科普类期刊的知识价值;根植期刊优质选题,打造科普类期刊立体传播模式;差异化定位发展,探索有效发展途径。

网络文化产业生态指数报告(2024)[①]

一、网络文化产业与网络文化产业生态

网络文化产业是指以软件技术、多媒体制作以及信息共享技术为基础服务,基于互联网、无线网络等平台构建的,以文化产品的创意、加工、发行和市场经营为主的新兴产业类型。具体来说,它是通过网络平台,对文化内容进行生产、创造和传播,为人们提供数字化精神消费产品和服务的一种新型产业形态。

网络文化产业生态是由网络文化产业参与者(包括内容创作者、技术提供商、平台运营商、用户等)及其所处的外部环境(包括政策环境、经济环境、技术环境、社会环境等)共同构成的一个相互依存、相互影响、动态平衡的统一整体。这个生态系统不仅包含文化内容的创作、生产、传播和消费等环节,还涉及技术支撑、市场运营、政策支持等多个方面。

二、网络文化产业生态指数框架

(一)网络文化产业生态指数构成维度

网络文化产业生态指数是基于网络文化产业生态的概念,观照生态学相关理论,对保障网络文化产业高效、健康运行各要素进行类型化处理后,形成的评价网络文化产业生产系统、网络文化产业消费系统和网络文化产

---

① 课题承担单位:《网行者》编辑部、重庆华略数字文化研究院。课题组成员:吴子鑫、游登贵、刘永桂、傅军。

业支持系统三个大系统的指标体系(图8-1)。网络文化产业生产系统主要职责是提供网络文化产品和服务,主要由生产主体和相关机构组成;网络文化产业消费系统由用户(消费者),以及为生产主体提供展示、为用户提供消费渠道的相关机构组成;网络文化产业支持系统由政府部门、标准化部门、社会组织等组成。在指标的设计上,政府部门则取其为支持和促进网络文化产业发展的政策文件数量、确保网络文化市场健康发展的执法案件数量;其他相关领域,则采用机构数量,以此构成网络文化产业生态二级指标。

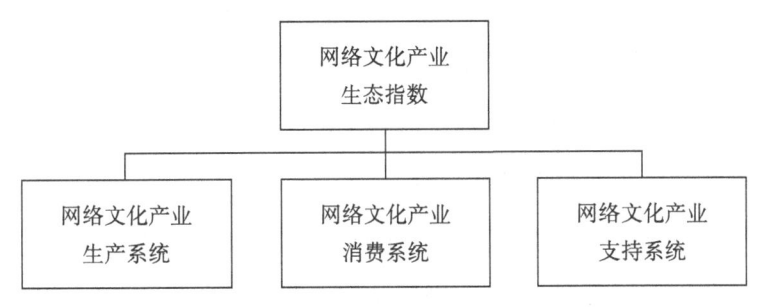

图8-1 网络文化产业生态指数结构图

(二)网络文化产业生态指标权重测算

将各系统相关指数测量指标进行线性归一化处理,对于部分缺失值数据,应用统计方法通过回归进行补充,采用层次分析法、熵值法和离散法,得到最终权重。总体来看,该指标体系设计既观照了网络文化产业生产系统的创新和发展,也观照了网络文化产业消费系统的拉动与支撑,还观照了网络文化产业支持系统的牵引和驱动,力求全面客观地反映网络文化产业生态发展全貌。

(三)网络文化产业生态指标检验

1.网络文化产业生态指标检验

网络文化产业生态指标描述性检验是网络文化产业生态指数分析的第一步,为后续分析提供基础支撑。列出了18个与网络文化产业生态指数相关的指标变量,每个变量都有31个观测值(N=31),并给出了平均值(Mean)、标准差(SD)、最小值(Min)、最大值(Max),其中网络文化产品发行机构

(Mean=7.80)、网络文化技术研发机构(Mean=7.71)表现比较理想,说明其在网络文化产业生态布局发展中占据比较重要位置。而网络文化标准、网络文化社会组织、网络普及率和网络文化公共服务平台的离散系数较大,分别为0.17、0.16、0.15和0.15,说明这些领域内部存在较大差异和不平衡。

开展网络文化生态指标相关性分析的前提是判断各个指标是否存在多重共线性。本报告采用Stata 17软件对网络文化产业生态二级指标的多重共线性进行检验。网络文化产业生态二级指标的vif值均在10以内,且vif均值为7.59,说明构成网络文化产业生态指数的二级指标不存在多重共线性情况,该指标体系能够较好体现网络文化产业生态指数分布。

2. 网络文化产业生态指标分析

我国31个省、自治区、直辖市(未含港澳台地区)网络文化产业生态呈现多维联动的发展态势,表现为网络文化产业生产系统、网络文化产业消费系统和网络文化产业支持系统彼此相关、互为支撑。网络文化产业生态指数与网络文化产业三大系统指标均呈现强相关关系(相关系数r值大于0.75)。网络文化产业生态各二级指标之间的相关系数分布,除了极少数指标间的相关系数绝对值接近或略超0.80外,大部分指标的相关系数绝对值均保持在0.80以下。这一数据特征为评估网络文化生态指标体系的科学性与合理性提供了重要依据。

三、网络文化产业生态格局

(一)网络文化产业生态多维联动

1.网络文化产业生态四梯联动

我国31个省、自治区、直辖市(未含港澳台地区)网络文化产业生态总体较好,呈现出自西向东、渐次强化的特征,基本形成了四级梯队联动格局。

第一梯队包括北京、上海、江苏、浙江和广东5个地区。该梯队网络文化产业生产系统、网络文化产业消费系统和网络文化产业支持系统均衡发展,全面领先。各省市资源禀赋优势突出,网络文化产业生态具有较强示范效应,且在细分业态上各有特色。

第二梯队包括天津、安徽、福建、山东、湖北、海南、重庆、四川8个地区。该梯队地域跨度较大,包括西部地区、东部沿海地区。从网络文化产业各系统运行情况来看,网络文化产业生产系统水平相当,网络文化消费系统水平相当,网络文化支持系统除湖北和安徽外,其他各地区水平相当。

第三梯队包括河北、山西、辽宁、江西、河南、湖南、广西、陕西8个地区。该梯队网络文化产业生态水平基本一致。相较而言,河北、江西、山西的网络文化产业支持系统能力较好。

第四梯队包括内蒙古、吉林、黑龙江、贵州、云南、西藏、甘肃、青海、宁夏、新疆10个地区。这10个地区网络文化生态发展状态总体一致,对政策和市场的响应相对积极。贵州在网络文化产业生产系统上状态较好,吉林、黑龙江在网络文化产业支持系统上彼此参照。

2.网络文化产业生态梯队分布

我国31个省、自治区、直辖市(未含港澳台地区)网络文化产业生态梯队指标包括网络文化产业生产系统、网络文化产业消费系统和网络文化产业支持系统的梯队均值,以及其与各子系统总均值之间的差距,如表8-1、图8-2所示。

在网络文化产业生产系统方面,从第四梯队到第一梯队,梯队均值逐渐上升,从62增加到80,其中第一梯队、第二梯队均值分别高于、等于该系统总均值(70)。这表明随着梯队级别的提高,网络文化产业生产效率或产出体量也随之提高,第一梯队、第二梯队总体生产水平优于第三梯队、第四梯队。在网络文化产业消费系统方面,与网络文化产业生产系统类似的是,从第四梯队到第一梯队,梯队均值也呈上升趋势,从63增加到80,其中只有第一梯队均值高于该系统总均值(69)。这说明随着梯队升级,网络文化产业的消费需求、消费水平和消费空间得到一定程度的扩大。需要注意的是,网络文化产业消费系统第二梯队、第三梯队和第四梯队差距不大,说明其消费环境有待进一步优化。在网络文化产业支持系统方面,与前面两大子系统情况类似的是,从第四梯队到第一梯队,梯队均值不断提高,从67增加到81,且第一梯队、第二梯队总体支持水平较理想。这说明随着梯队级别的提高,网络文化产业支持服务或资源的可用性也在增强。此外,网络文化产业支持系统的均值(73)最高,反映出其对网络文化产业生态的贡献相对理想且比较稳定,我国31个省、自治区、直辖市(未含港澳台地区)在这个方面的差异不大,政策支持红利也加速释放。

表8-1 分梯队网络文化产业生态一级指标均值

梯队	生产系统	消费系统	支持系统
第一梯队	80	80	81
第二梯队	70	68	73
第三梯队	66	65	69
第四梯队	62	63	67
总均值	70	69	73

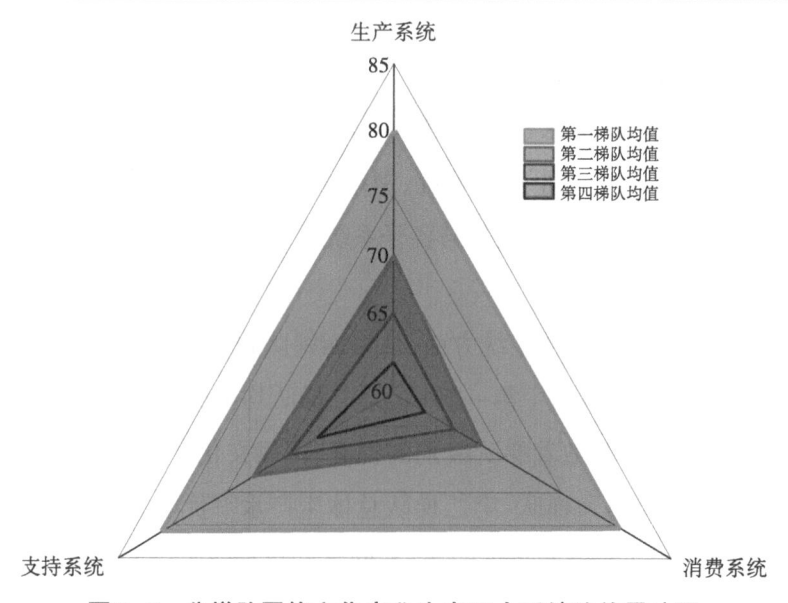

图8-2 分梯队网络文化产业生态三大系统均值雷达图

由表8-2可知,网络文化产业生态二级指标总均值介于66到84之间,说明网络文化产业生态二级指标的整体发展水平相对均衡。但也可以看到,网络文化产业生态部分二级指标存在明显差距,其中网络普及率总均值为81，是所有二级指标中相对较高的，反映了互联网络的社会普及程度较理想。而网络文化技术研发机构总均值为66，相对较低，意味着各地区技术研发差异较大，且亟待进一步加强。从梯队均值来看，网络文化生产人才、网络文化产品生产机构、网络文化IP开发机构、数据服务机构、网络普及率等二级指标第一梯队、第二梯队均值高于或等于该指标总均值，但仍有网络文化社区、人均网络文化消费、网络文化活动数、网络文化产品发行机构等二级指标第二梯队、第三梯队和第四梯队均值低于该指标总均值，表明以上二级指标存在明显差距。

表8-2 分梯队网络文化产业生态二级指标均值

名称	第一梯队	第二梯队	第三梯队	第四梯队	总均值
网络文化生产人才	83	79	77	68	77
网络文化产品生产机构	85	74	68	64	73
网络文化IP开发机构	74	70	69	65	70
数据服务机构	77	73	63	61	69
网络文化产业产出	84	70	67	60	70
网络文化技术研发机构	78	64	62	61	66
网络文化社区	82	66	63	62	68
人均网络文化消费	76	81	86	88	83
网络文化活动数	92	70	66	64	73
网络文化活动组织机构	74	65	65	62	66
网络文化产品发行机构	77	66	63	61	67
网络普及率	96	86	78	66	81
网络文化政策	88	79	76	69	78
网络文化标准	77	67	62	65	68
网络行为监督	92	89	82	72	84
网络文化社会组织	78	82	80	71	77
网络文化公共服务平台	90	74	67	64	74
网络文化金融服务	75	72	79	71	74

3.网络文化产业生态梯队特征

第一梯队的主要特征如下。一是从地域上看,5省市资源禀赋优势突出。这5个省市拥有丰富的优势产业资源、人才资源和创新环境,吸引了大量网络文化企业和资本集聚,形成了完整的网络文化产业生态链和强大的市场耦合力。北京的中国(北京)星光视听产业基地、国家网络游戏动漫产业(北京)发展基地、上海的国家级网络视听产业园区、浙江杭州的之江文化产业带等,都为省域内网络文化产业生态领航发展奠定坚实的基础。在创新环境方面,5个省市积极推动政策创新和产业升级。广东通过设立专项基金和优惠政策,成功吸引了上千家网络文化企业落户,其中不乏腾讯、网易等行业巨头,呈现出省域网络文化产业发展的创新基础。二是5个省市的网络文化产业生态具有较强示范效应。网络文化产业生产系统、消费系统和支持系统总体优势显著,三大系统发展基本均衡。在生产系统方面,北京作为全国文化中心,汇聚了众多网络文化内容生产商和创作者,2022年北京文化产业增加值为4700.3亿元,占北京地区生产总值的比重为11.3%,保持全国首位,其中网络文化产业贡献日益扩大。上海依托强大的金融支持和对外开放平台优势,吸引了大量海外优秀制作团队入驻,推动了网络文化产品和服务国际化发展。在消费系统方面,江苏、浙江两省的消费者对于网络文化产品的需求旺盛,尤其是在线教育、数字娱乐等领域。广东具有庞大的年轻群体基础,形成了独特的网络文化消费市场。在支持系统方面,广东、江苏的支持系统发展优于其他省市。广东文化产业政策侧重于培育龙头企业和打造产业集群,而江苏更侧重于引导社会资本投入,鼓励文化与科技深度融合。此外,江苏推出的"文创贷"、广东的深圳证券交易所设立文化产业板,都为网络文化企业提供了便捷的文化金融服务。三是五省市在网络文化产业细分业态上各具特色。北京在网络文化产业的内容创作、版权交易上表现突出,众多知名网络文化企业和互联网公司汇聚于此,促进了网络文化产业生态建设。上海在网络游戏、数字娱乐等细分业态具有显著优势,吸引了大量海外投资和优秀人才。江苏、浙江两省依托高新技术产业园区,大力发展网络文化装备制造和相关服务产业,形成了一批具有影响力的网络文化企业和产业集群。广东在电子商务、动漫游戏、数字音乐等多个领域均走在全国前列。尤其在深圳，众多创新型网络文化企业集聚，为广东乃至全国网络文化产业发展注入了强劲动力。

第二梯队的主要特征如下。从细分省市来看，天津网络视频用户规模持续增长，网络视听产业发展位居全国前列，还积极推动电竞产业的发展，通过举办大型电竞赛事，吸引了众多电竞爱好者和相关企业的关注。津云新媒体等平台的崛起，为天津网络文化消费市场注入了活力。安徽已成为多家知名网络文化企业的聚集地，致力于在网络文化产业内容创作和技术研发上进行持续攻关。福建网络游戏产业已具有一定规模，通过优化营商环境，吸引了大量游戏企业和人才落户。山东通过政策扶持和资金投入，鼓励企业创作精品力作，多部网络文化作品在全国范围内产生了广泛影响。湖北注重科技创新，推动网络文化产业与大数据、云计算等技术深度融合。海南大力发展数字创意产业，吸引了众多互联网企业和创意人才入驻。重庆网络文化产业在西部地区处于领先地位，积极推动网络文化与智能制造、智慧城市等领域的融合发展，提升了产业的整体竞争力。四川网络文化产业以成都为中心，在网络游戏、数字音乐等领域重点布局，多家本土企业在国内外市场上取得了不菲成绩。

第三梯队的主要特征如下。河北网络文化产业支持系统得益于其地理位置和京津冀协同发展战略的双重优势，得益于政府出台的设立文化产业发展专项资金、支持文化企业上市融资等系列支持政策，也得益于网络文化园区对大量网络文化企业和创意人才的吸引集聚。江西通过搭建政、产、学、研、用协同发展平台，建立了多个文化产业创新研究中心，注重挖掘和发挥红色文化资源优势，推动文化与科技深度融合。山西则依托其丰富的历史文化资源，重点将优秀传统文化与现代科技深度融入，打造具有标识性的网络游戏产品和具有温度的网络文化服务，提升了网络文化的知名度和影响力。

第四梯队的主要特征如下。贵州注重大数据产业的快速发展，积极推进数字化转型升级，吸引了众多网络文化企业和创新团队落户。贵阳大数据交易所等平台的建立，为网络文化产业生产系统提供了强大的数据支持。吉林、黑龙江两省在支持系统上相互参照，吉林依托丰富的教育资源和文化底蕴，积极推动产学研一体化发展，为网络文化产业提供了坚实的人才保障,而黑龙江则注重发挥冰雪文化等资源优势,打造具有特色的网络文化品牌。

(二)网络文化产业生态多型格局

根据我国31个省、自治区、直辖市(未含港澳台地区)网络文化产业生态各指标聚类分析结果,遵循类型划分唯一性和最优化原则,即每个类型划分后,各省区市不出现重复归类,且在归入某一类型时都呈现出最优表现,而归入其他类型时表现相当,由此把网络文化产业生态类型划分为五个基础类型。同时,在五个基础类型中,各省区市表现均比较理想,且排名前三的,纳入协同发展型。综上,我国网络文化产业生态形成"5+1"型联动格局(图8-3)。

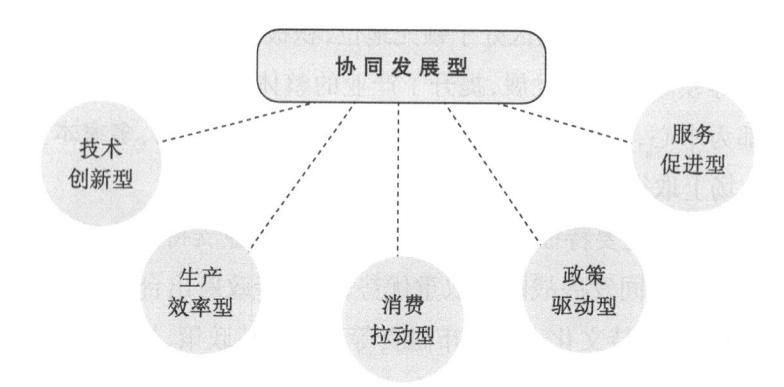

图8-3 我国网络文化产业生态"5+1"型联动格局图

我国网络文化产业生态类型划分总体比较均衡(表8-3),数量介于4至6之间,其中协同发展型5个省市、技术创新型4个省、生产效率型4个省、消费拉动型6个省区、政策驱动型6个省区市、服务促进型6个省区。不同省区市根据资源禀赋、历史背景、产业基础等条件,网络文化产业生态形成了各具特征的类型,共同构筑了我国网络文化产业生态"5+1"型联动格局。协同发展型地区经济实力较强,产业基础厚实,吸引了众多网络文化企业和机构集聚,在网络游戏、网络文学、网络视频等纵深业态上发展迅猛。技术创新型地区在科技创新方面展现出强劲实力。地区内拥有众多科研机构、高校和科技企业,致力于推动网络文化产业技术创新和产业升级。生产效率型地区更加注重提高生产效率和降低成本,主要通过优化生产流程、提升技术水平和管理能力,实现了网络文化产业快速发展。消费拉动型地区通过刺激消费、扩大内需来拉动网络文化产业消费增长。这些地区具有较大的消费市场和潜力,通过提升消费品质和服务水平,吸引了大量消费者。政策驱动型地区依赖政策支持和引导来推动网络文化产业持续发展。政府在这些地区实施了一系列优惠政策和扶持措施,促进了产业升级和经济发展,如2024网行者大会集聚了网络文化产业发展力量。服务促进型地区注重服务业的发展,通过提升服务质量、扩大服务范围,推动了网络文化产业快速增长。

表8-3 我国网络文化产业生态"5+1"型地区归属

类型	地区数	地区
协同发展型	5	北京、上海、江苏、浙江、广东
技术创新型	4	安徽、福建、湖北、四川
生产效率型	4	河南、海南、贵州、陕西
消费拉动型	6	内蒙古、辽宁、山东、湖南、西藏、甘肃
政策驱动型	6	天津、河北、黑龙江、广西、重庆、宁夏
服务促进型	6	山西、吉林、江西、云南、青海、新疆

四、网络文化产业生态与社会发展相关关系

(一)网络文化产业生态与经济发展关系

我国31个省、自治区、直辖市(未含港澳台地区)网络文化产业生态展现支撑经济发展的新动能,具体表现为网络文化产业生态总指数和网络文化产业三大系统指标与区域经济发展水平紧密相关。

由图8-4可知,网络文化产业生态指数与人均GDP相关系数超过0.72,说明网络文化产业生态发展与经济质量提高具有正相关关系。当网络文化产业生态总指数上升时,通常意味着该省域文化产业生态发展较理想,即生产能力和效率高,消费市场活跃度强,支持政策更好指导产业实际,这些因素共同作用于经济增长,促使人均GDP的进一步提高。在三大系统中,网络文化产业消费系统与网络文化产业生态指数的相关系数最高,超过了0.82。这表明消费系统的活跃度和健康度对网络文化产业生态的发展尤为重要,从消费端营造网络文化产业消费场景,促进消费转型升级,应是网络文化产业生态持续发展的重要方向。网络文化产业消费系统的强劲表现意味着消费者对网络文化产品和服务的需求旺盛,市场潜力巨大。这种需求不仅直接拉动了网络文化产品的生产和营销,还促进了相关产业链、价值链发展。相较于网络文化产业消费系统,网络文化产业生产系统和网络文化产业支持系统与网络文化产业生态总指数的相关系数略低,但仍然保持着较高的正相关性。网络文化产业生产系统的稳定运行确保了网络文化产品的供给

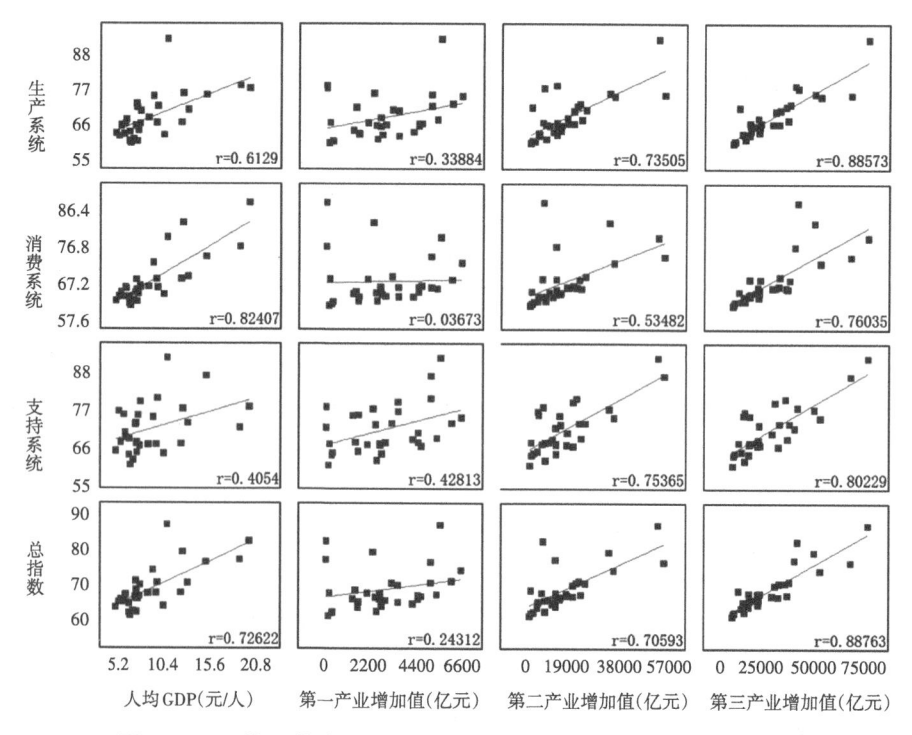

图8-4 网络文化产业生态总指数与省域GDP指标散点图矩阵

质量和效率,网络文化产业支持系统的不断完善为网络文化产业提供了政策保障和基础设施。这两大系统协同发展,为网络文化产业生态格局拓展提供了必要支撑。

此外,从产业结构上看,相较于第一产业增加值,网络文化产业生态指数、网络文化产业生产系统、网络文化产业消费系统和网络文化产业支持系统与第三产业增加值相关程度更为显著,相关系数r值均超过0.76,其次是与第二产业增加值,相关系数均大于0.53。这充分说明网络文化产业作为第三产业的重要组成部分,其发展不仅贡献于第三产业增加值,而且在深层次上推动了第三产业的整体升级和优化。网络文化产业的高附加值特性,促使第三产业把知识密集、技术密集作为重点发展方向,不断适配消费者网络文化需求、创新和丰富网络文化产品与服务,成为发展的当务之急。此外,网络文化产业生态发展为经济增长注入了新活力,丰富的业态布局创造了大量的社会就业机会,吸引众多优秀人才聚集,还通过创新驱动效应,带动了其他相关产业的创新发展。这种跨产业的联动效应,使得网络文化产业成为推动经济增长的重要引擎之一。

图8-5进一步证实了网络文化产业生态发展与经济水平的正相关关系。通过对比不同梯队的网络文化产业生态总指数,发现相比第三梯队、第四梯队,第一梯队、第二梯队网络文化产业生态总指数的综合表现更优。原

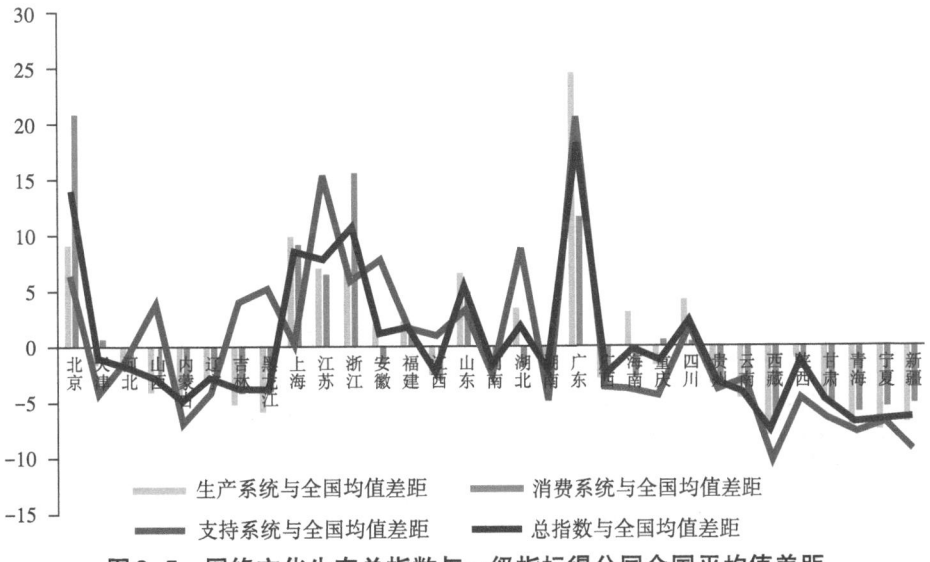

图8-5 网络文化生态总指数与一级指标得分同全国平均值差距

因在于,第一梯队、第二梯队的省市普遍拥有强大经济实力和优越发展环境,支撑网络文化产业生态发展的基础设施、人才资源和科技水平较理想,为网络文化产业生态发展提供了物质保障和创新土壤。正是如此,经济实力绝对领先的第一梯队,能更好更快促进网络文化产业生态全面深入发展,包括产业规模扩张、增加值增长、产业结构优化和创新能力提升等方面,这些因素共同影响了省域经济发展质量。

(二)网络文化产业生态与人口发展关系

在数字化时代背景下,网络文化产业作为文化产业的重要组成部分,其生态发展状况不仅与经济、社会等多个方面相关,还与地区人口发展水平之间存在关系。由图8-6可知,网络文化产业生态总指数与人口发展水平之间呈现弱相关关系。这表明随着人口发展水平的提升,网络文化产业生态指数呈现出减缓趋势。这种弱相关关系在一定程度上验证了人口红利对于

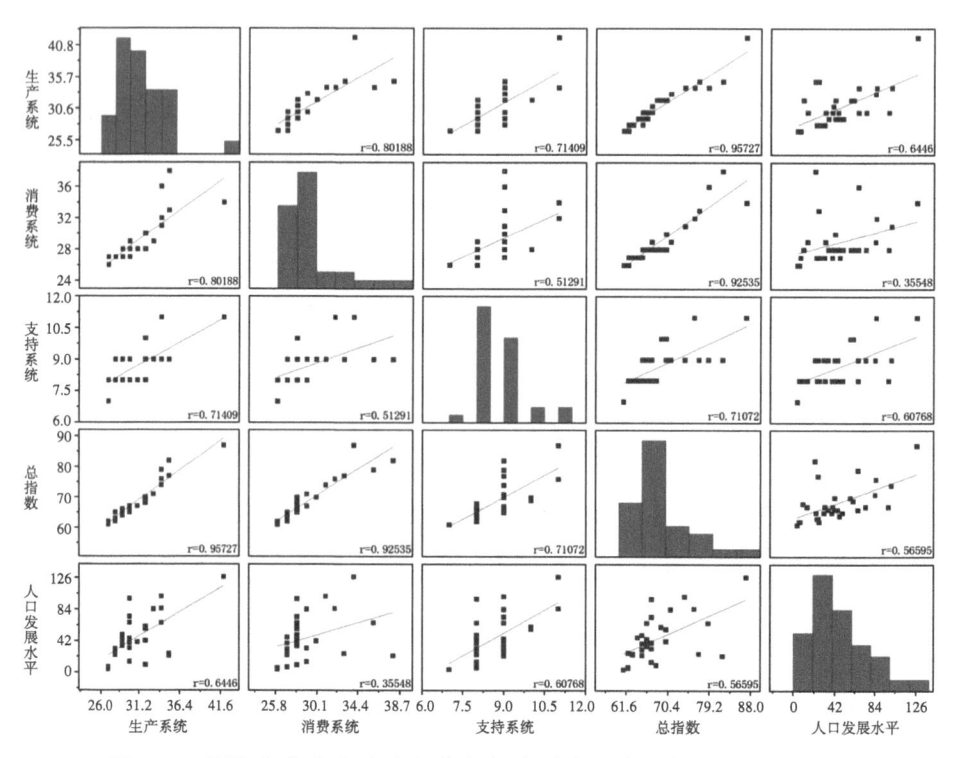

图8-6 网络文化产业生态总指数与省域人口发展指标散点图矩阵

网络文化产业发展的放缓作用。具体而言,地区人口发展水平提升,包括人口规模扩张、人口素质提高、人口结构优化、人才与产业匹配等方面,都为网络文化产业提供了更为广阔的人才空间和消费群体。结合图 8-6 相关数据,可以发现,相较于其他梯队,第二梯队在网络文化产业与人口发展关系上表现更为良性。原因包括两方面:一方面,第二梯队地区在政策支持、资金投入、技术创新等方面具有较强的竞争力;另一方面,能够更好地利用网络文化产业优势资源,推动文化创新和技术融合,从而实现网络文化产业生态的持续优化和发展。

但也要看到,网络文化产业消费系统与人口发展水平之间的相关系数较低(r=0.36)。很大一部分原因是部分省区市网络文化产业人才存在缺口,网络文化产业产品布局和创新与地区网络文化消费需求难以有效衔接,网络文化产业消费还停留在单一的物质产品消费,新的消费业态、消费模式和商业模式尚未成熟。另一方面也表明网络文化产业消费增长不能再单纯依赖于人口数量增加,网络文化产业高质量发展,需要构建一个开放型的文化消费生态。

值得注意的是,生产技术进步(r=0.80)和消费偏好变化成为了影响网络文化产业消费系统发展的重要因素。随着科技发展和消费升级,消费者对网络文化产品品质和多样性提出了更高要求。传统文化消费模式已经难以满足消费者的多样化需求和深层次需求,网络文化产业必须不断创新,推出更加适合消费者需求的产品和服务。同时,消费升级也是不可忽视的趋势。随着收入水平的提升,消费者愿意为更高品质的文化产品支付更多费用。因此,网络文化产业需要注重提升产品品质和服务水平,以适配消费需求持续升级。

(三)网络文化产业生态与企业集聚关系

图 8-7 表明了网络文化产业生态发展与地区企业集聚能力的正相关关系。通过对比不同梯队网络文化产业生态指数,展示了企业集聚能力在不同梯队之间的差异,也揭示了网络文化产业生态构建与地区企业集群效应

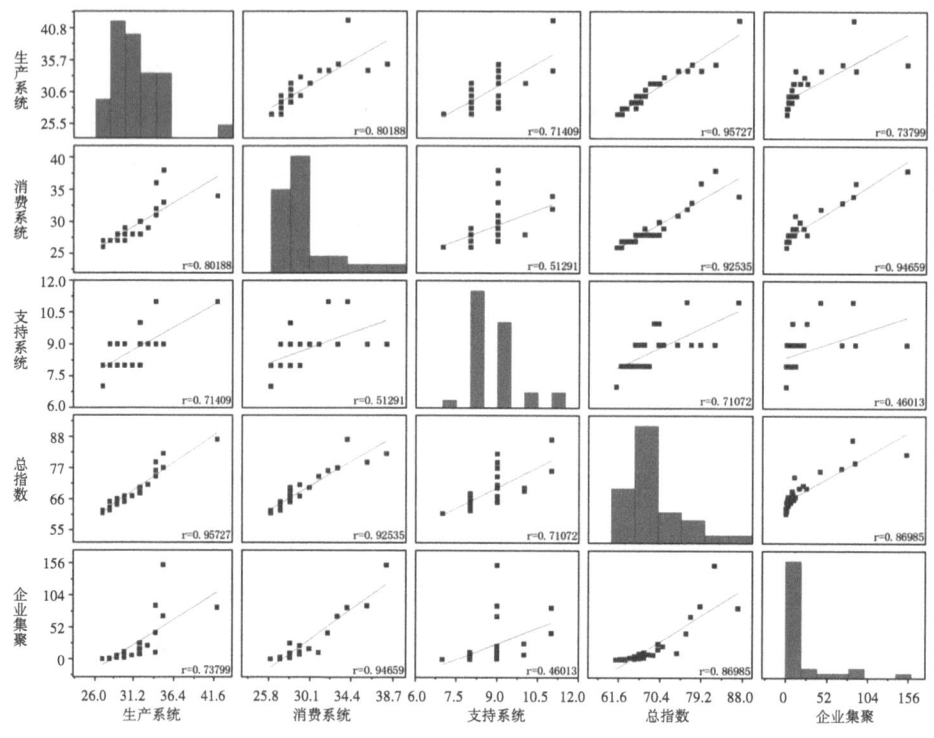

图8-7 网络文化产业生态总指数与省域企业集聚指标散点图矩阵

之间的紧密联系。第一梯队、第二梯队的企业在网络文化产业生态指数上拥有明显优势,一方面其整体生态指数较高,另一方面,其企业集聚能力明显强于第三梯队和第四梯队。表明随着网络文化产业生态不断成熟和完善,地区企业集聚效应也日益显著,网络文化产业生态链、价值链、供应链得到进一步拓展。而在第一梯队和第二梯队中,企业的集聚不仅体现在数量增加上,更在于质量提升。这些企业往往拥有先进技术、丰富资源和广阔市场,其合作与交流更为频繁和深入,推动了网络文化产业生态升级和发展。与之相比,第三梯队和第四梯队企业在集聚能力和生态构建上还有待提升,需要完善自身条件快速吸引优质企业入驻,加强企业间协作与配合,以提升市场竞争力。

网络文化产业生产系统、网络文化产业消费系统和网络文化产业支持系统与地区企业集聚能力的关系具有明显差异。图8-7数据显示,网络文化产业消费系统与地区企业集聚能力的相关程度最高,r值为0.95,说明了网络文化产业消费系统在推动网络文化产业生态发展中具有重要作用。网络文化产业消费系统的完善与强化直接关系到网络文化企业发展壮大,以及其集聚效应的生成。

网络文化产业生产系统在网络文化产业生态中也具有重要地位,其与地区企业集聚的相关度较高(r=0.74)。作为网络文化产业的核心环节,网络文化产业生产系统的投入产出效率直接关系到企业产品品质和服务质量。网络文化产业生产系统不仅包括了传统制作环节,更涵盖了内容创作、技术研发等多个方面。加强网络文化产业生产系统的建设与管理,提升企业生产能力和创新能力,是推动企业集聚和产业升级的前提条件。

网络文化产业支持系统与地区企业集聚能力的相关程度相对较低(r=0.46),并不是说前者对后者的作用不大,在网络文化产业生态发展中就可以轻视该系统。相反,网络文化产业支持系统的政策支持、资金支持、财税金融支持等更应贴近网络文化产业生态发展需求进行保障,为网络文化企业发展创造更加有利的条件。同时,网络文化产业支持系统要更加注意与网络文化产业生产系统、网络文化产业消费系统的运行情况进行结合,考虑综合性支持维度与定向性支持维度的统一,为企业高质量发展提供坚实的基础。

五、网络文化产业生态发展趋势

人工智能技术深度渗透到网络文化产业生产系统和支持系统,网络文化产业生产方式、支持系统着力点将随之变化,消费系统对生产系统和支持系统的影响或更加明显。

(一)生产系统将呈现多跨协同格局

一是跨区域协同格局将进一步优化。一方面,数字化的生产场景下,产业集聚模式对物理空间的依托弱化,产业链之间的连接和协同更加顺畅,地域间产业柔性协同成为现实。另一方面,网络文化产品更加注重个性化,其个性化内容生产依托于文化资源禀赋,而文化、技术、人才等资源在区域间的聚集与分布差异,将通过物理硬性连接和数字化柔性链接实现跨区域协同,最终形成产业资源优势的集聚。

二是跨生产主体间的协同更加紧密。网络文化产品轻量化的特征决定了网络文化生产主体多元化和专业化,呈现出个体、小微企业、中小企业铺天盖地和专业化程度相对较高,市场领导能力相对较弱的格局,生产主体间以市场为关键的利益连接机制更加成熟,协同质效更高。头部企业以其市场领导能力,逐步形成生态企业,凝聚更多不同类型企业为其提供服务,形成生态性协同机制,进而形成核吸附式和圈层扩散式产业组织生态。

三是跨行业协同向融合式深化。网络文化产业市场个性化需求引致链网供给模式生成,知识、信息生产和传播呈现出扩展式特征。网络文化产品生产和产品供给需要链接更多资源,网络文化内容生产和供给通过破除行业壁垒编织有效链网,由此加快包括垂直领域内容在内的网络内容提供商横向和纵向融合,达成链网重构的目的。

(二)消费系统引致生产系统优化

一是产品供给更加优化。一方面消费作为网络文化产业线性终端反馈机制在不断强化,用户对高品质网络文化产品定义不断迭代,网络文化产品需求逐步由浅向深、由量向质转变,低品质高流量的网络文化产品及其市场空间被压缩,高品质网络文化产品市场不断扩大,网络文化产品的结构随之发生变化,满足了不同层级用户的需求。另一方面,基于数据支撑能力不断增强,终端数据分析对生产端用户行为、偏好和市场需求的分析更加精准,促进生产端不断优化产品,调整产品结构,获得市场红利。

二是产业组织社群化。消费引导生产结构变化的同时,产业组织形成了以消费需求为核心的社群。这种社群呈链式,贯穿产品策创、研发、营销和技术支持全环节、全链条。这种产业组织社群有松散式和紧密式,松散式是以产品为内核凝聚而成,紧密式是以用户为核心凝聚而成。

三是用户员工化趋势明显。网络文化产品用户与生产组织连接紧密。通过网络反馈用户需求,生产组织打开通道接纳用户,通过一定的利益链接机制吸纳用户参与网络文化产品策划、研发、生产、运营等各环节,用户成为网络文化生产组织的松散型或紧密型员工,促进网络文化产品生产和供给。

(三)支持系统更加注重规范化

一是政策供给更加关注全局与一域关系。网络文化产业从生产到消费贯穿全局市场,各地区在制定网络文化产业政策时,更加充分考虑本地资源优势与全局竞争态势,全局目标和本地能力关系。在制定网络文化产业政策时,更加注重合适的产业生态,参与和融合到网络文化产业全局,既保证全局市场公平竞争,又有效释放一域的资源优势。

二是公共服务平台需求更大。网络文化产业环节多、热点多、技术更迭快,单一市场主体适应和承受能力有限,公共服务的外延不断扩大,政策服务、技术服务、算力服务、概念验证、技术中介、运营服务等渐次进入公共服务领域,支撑网络文化产业生产运行。快速发展的网络文化产业生产系统,对网络文化公共服务需求不断强化,进而形成依赖关系。公共服务也渐次由政府或物业运营向社会机构运行转变,逐步形成综合能力较强的公共服务平台。

三是标准建设步伐加快。一方面是网络文化产品标准建设步伐加快。重点在网络文化产品质量标准建设,明确定义网络文化产品,网络文化产品鉴别、鉴定和网络文化产品价值评价标准体系建设。另一方面,网络文化资源共享标准建设力度加大。网络文化资源重点是数据,构建数据认证、交互关系环节的标准体系成为业界共识。

六、持续优化网络文化产业生态建议

产业生态已成为产业发展的关键因素。网络文化产业的生产系统、消费系统和支持系统有效协同,是产业要素形成合力,确保网络文化产业生态健康发展的重要保障。

(一)加快生产系统结构优化

一是持续优化生产组织结构。一方面,要强化生态型网络文化生产组织对个体、小微、中小型产业组织的孵化、培育和凝聚作用,更好发挥市场需求对优化产业组织结构的决定性作用。另一方面,要持续推动新创生产组织的繁荣发展,打造高韧性产业链,确保产业结构持续优化演进。进一步优化数字文化产业改革开放,激发多维力量,创办新型网络文化生产组织,创新产业链收益分配方式,打造有效的产业社群,促进网络文化生产组织结构优化。

二是处理好全局与一域关系。一方面,各省区市在网络文化产业布局过程中,立足地域资源禀赋优势,充分挖掘文化内核,培育产业比较优势,以优势资源集聚相关产业组织,探索柔性产业融合模式,达到地区间、产业间、产业组织间有效协同,全面提升产业生产效率。另一方面,做好传统文化形态与网络文化技术的深度融合,面向文化传承、文化交流、文化消费等市场,拓展网络文化形态,丰富网络文化产品。

三是提升产品供给能力。一方面,强化网络文化主力军建设,充分释放文化主力军在网络文化产品生产方面的专业性,持续策创高品质的网络文化产品,重点打造有文化内涵、思想深度、视野广度的网络文化产品,满足多元用户的网络文化需求。另一方面,培育网络文化产业生力军,孵化面向新平台、新空间、新模态的文化产业,打造敏捷适宜多维的网络用户消费偏好,和符合现代语境网络文化产品,用特色文化元素讲好中国故事。

(二)激发消费系统动力

一是营造良好网络文化消费环境。一方面,不断强化网络文化惠民工作,提升网络文化消费的便捷性、可触达性,使用户在任何环境均可无障碍获取网络文化产品和服务,适时地建立网络文化生产、消费信用体系。另一方面,打造繁荣活跃的网络文化活动体系,建立一批标志性品牌网络文化活动、文化消费活动,激活网络文化消费动力,分时段面向全民开放不同类型的网络文化服务项目。

二是打造网络文化消费新场景。一方面,立足于网络文化产品和消费服务,打造在线和线下网络文化消费场景,发展线下沉浸式网络文化体验场景,构建线上、线下网络文化体验中心,打造网络文化产品消费与实体文化场馆融合的网络运营模式。另一方面,拓展网络文化消费新模态,夯实区块链、虚拟现实技术底座,探索构建以元宇宙为代表的虚拟网络文化消费生态,延伸网络文化消费链。

三是增强网络文化消费信心。一方面,研究制定促进和规范网络文化消费的专项政策,将网络文化消费纳入服务消费项目,引导金融服务机构研发网络文化消费金融产品,提升网络文化用户消费金融支持水平。另一方面,完善网络文化消费权益保护机制,强化网络文化消费领域执法力度,完善网络文化消费维权机制、保险机制,消除用户消费时的顾虑,优化网络文化消费环境。

(三)增强支持系统牵引力

一是提升产业创新能力。一方面,支持网络文化生产组织主导或参与新技术、新产品研发,制定专项鼓励措施,鼓励以技术或产品为关键驱动的网络文化产业创新联盟、创新团队,孵化、培育网络文化领域研发机构、研发团队,为网络文化产业不断输入创新力量。另一方面,建立网络文化工程技术研发专项项目,支持企业开展专项网络文化技术研发,培育打造新技术研发集群,并纳入网络文化公共服务项目。

二是提升技术预见能力。一方面,持续开展网络文化技术路线跟踪研究，设立网络文化领域技术预见专项，将网络文化领域新技术研发与推广应用纳入专项支持范围。另一方面，鼓励网络文化产业组织自主设立技术预见专项，其投入可纳入年度科研研发投入扣除项目，促进网络文化产业组织在新技术领域持续开展技术研发。

三是营造适度宽松产业环境。一方面，大力培育网络文化产业生力军，赋予具有相应生产能力、运营能力的网络文化企业准入资质，引导生力军进入网络文化产业生产主战场、文化消费主阵地。另一方面，进一步完善网络文化产业容错机制，建立网络文化生产、消费信用体系，在既定目标下，鼓励、支持创新话语形式。

网络出版绿色健康发展机制研究[①]

一、研究背景

党的二十届三中全会审议通过《中共中央关于进一步全面深化改革 推进中国式现代化的决定》，明确提出要优化文化服务和文化产品供给机制，健全网络综合治理体系。[②]党的二十大报告提出加快建设网络强国、数字中国，加快发展方式绿色转型，发展绿色低碳产业，倡导绿色消费，推动形成绿色低碳的生产方式和生活方式。[③]推动绿色发展是实现经济社会高质量发展的重要抓手和关键环节。随着新一轮科技革命和产业变革加速演进，信息技术、数字技术和智能技术不仅加快推进各领域一系列的变革，也带给人们新的消费认识、新的生产生活方式，理论研究、技术迭代和产业升级都受到数字科技进步的影响。出版产业是受其影响最深刻的领域之一。互联网技术、信息技术高速发展的20年来，新技术赋能出版理论深化与实践创新，网络出版成为出版产业发展布局中的重要业态，与传统出版相比，其内涵外延、载体终端、商业模式和消费方式发生彻底转变。绿色发展理念在党的十八届五中全会上被首次提出，此后其在出版领域的不断深化，促使网络出版绿色发展成为人们高度关注的热点话题和重要方向。

[①] 课题承担单位：重庆华略数字文化研究院。课题组成员：游登贵、袁毅、王皓、姚惠、杨金明。
[②] 中国政府网.中共中央关于进一步全面深化改革 推进中国式现代化的决定[EB/OL].（2024-07-21）[2024-12-30].https://www.gov.cn/zhengce/202407/content_6963770.htm.
[③] 中国政府网.习近平：高举中国特色社会主义伟大旗帜 为全面建设社会主义现代化国家而团结奋斗——在中国共产党第二十次全国代表大会上的报告.[EB/OL].（2022-10-25）[2024-11-30].https://www.gov.cn/xinwen/2022-10/25/content_5721685.htm.

近年来,出版业整体实力与质量效益稳步提升。国家新闻出版署发布的《2021年新闻出版产业分析报告》的统计数据显示,2021年全国出版、印刷和发行服务实现营业收入约1.86万亿元,较2020年增长10.7%;利润总额约0.1万亿元,增长5.9%;资产总额约2.38万亿元,增长5.6%;净资产约1.19万亿元,增长4.1%。[1]此外,数字出版产业规模不断壮大,出版业在文化产业中的地位和作用更加凸显。根据有关统计数据,我国网络出版产业市场热度持续升温、市场规模逐年递增,2023年营业收入超过1.6万亿元,相较于2018年增长了71.62%,网络出版产业市场前景十分广阔。这也为网络出版绿色发展奠定了坚实基础。

国家新闻出版署发布的《出版业"十四五"时期发展规划》从法规体系建设方面提出要加快修订《网络出版服务管理规定》,从人才队伍建设方面强调要提高网络出版内容质量,也明确了对网络出版绿色发展、绿色出版等方面加快指导和规划的迫切性和必要性。

二、研究对象与研究方法

(一)研究对象

本课题主要研究网络出版绿色发展机制的问题。基于网络出版发展现状,探讨了网络出版绿色发展面临的主要问题,厘清了网络出版绿色发展的内涵机制,重点研究了网络出版绿色发展的运行机制。

(二)研究方法

1.文献研究法

文献研究法即搜集、鉴别、整理文献,并通过对文献的研究形成对事实的科学认识的方法。课题组将中国知网、万方数据库以及图书馆馆藏中大

---

[1] 国家新闻出版署.2021年新闻出版产业分析报告[R].(2023-02-23)[2024-10-17].https://www.nppa.gov.cn/xxgk/fdzdgknr/tjxx/202305/P020230530667517704140.pdf.

量优秀、高质量成果作为文献参考资料,总结、归纳这些文献,作为推进研究的前提和基础。

具体来看,文献梳理的首要任务是界定相关概念,包括界定网络出版概念、区分网络出版与数字出版的关系,旨在明确网络出版绿色健康发展的内涵。基于以上概念的明确界定,把网络出版研究现状作为文献梳理的重要任务,从学理层面厘清网络出版研究的维度、层次和主要内容。通过文献研究进一步总结当前网络出版绿色健康发展的机制与困境。

2. 政策研究法

政策文件是明确指导网络出版绿色发展最关键的依据之一,梳理相关政策有助于洞察网络出版绿色发展现状。本课题对网络出版相关领域的现行政策进行归纳总结与综合分析,通过对政策中的指导意见进行分析,反映网络出版绿色发展过程中所面临的现实问题。具体来看,分析工作主要包括全面梳理国内出版主管部门颁发的促进网络出版发展的相关政策内容,密切关注各省(自治区、直辖市)针对网络出版拟定的专门政策,进一步加速推进政策红利释放,探讨未来政策完善落实的重要方向和具体领域。

3. 指标分析法

鉴于网络出版与传统出版之间存在必然差异,其绿色发展机制与出版产业发展机制具有相似性,从理论层面较难跳出既有思路解读网络出版绿色发展机制,从运行层面也较难促进网络出版绿色发展。基于此,本课题采用的指标分析法能有效应对上述问题。通过借鉴相关产业的绿色发展运行机制,设计网络出版绿色发展运行机制的有关指标体系,有助于加快推进网络出版绿色发展进程。

4. 专家访谈法

专家访谈是本课题研究的重要支撑。研究明确了网络出版与数字出版、绿色出版的区别与联系,并进行了较好区分,但网络出版绿色发展机制问题却难以应对,尤其从指标建构角度思考网络出版绿色发展机制更为困难,因此要通过走访领域内的专家学者,廓清网络出版绿色发展的关键问题,从而建构网络出版绿色发展运行机制的指标体系。

三、网络出版绿色健康发展的概念界定

(一)网络出版的概念

早在2002年6月,原国家新闻出版总署、原信息产业部联合颁布的《互联网出版管理暂行规定》,将互联网出版定义为:"互联网信息服务提供者将自己创作或他人创作的作品经过选择和编辑加工,登载在互联网上或者通过互联网发送到用户端,供公众浏览、阅读、使用或者下载的在线传播行为。"[1]此定义明确了互联网出版的主体、客体和渠道,并具体列举了若干种网络出版物的形态。2016年,原国家新闻出版广电总局与工业和信息化部发布的《网络出版服务管理规定》(以下简称《规定》),同步修订了网络出版服务的定义,明确了网络出版服务和网络出版物的概念,即网络出版服务为:"通过信息网络向公众提供网络出版物"[2],网络出版物是指"通过信息网络向公众提供的,具有编辑、制作、加工等出版特征的数字化作品"。该《规定》同样列举了原创网络出版物、与已出版物一致的数字化作品、数据库和其他形态的网络出版物。需要指出的是,两个定义虽然在界定的内容方面基本一致,但2016年的《网络出版服务管理规定》对产品形态的分类更加具体、细致,尤其是明确了网络出版物的呈现形态是数字化作品。这既符合网络出版服务的实际情况,也体现了业界的实践成果。但《网络出版服务管理规定》并没有对网络出版服务进行分类,只是在第二条末尾另款载明:"网络出版服务的具体业务分类另行制定。"时至今日,管理部门和业界也没有明确提出网络出版服务的具体内容。其原因可能是业界和管理部门对网络出版服务认识的不一致。

---

[1] 中国政府网.互联网出版管理暂行规定[EB/OL].(2002-06-27)[2024-12-13].https://www.gov.cn/gongbao/content/2003/content_62636.htm.
[2] 工业和信息化部.网络出版服务管理规定[EB/OL].(2016-02-04)[2024-11-19].https://www.miit.gov.cn/zwgk/zcwj/flfg/art/2020/art_3dbe9773ae5e4618b3072d24c9e8337b.html.

(二)数字出版的概念

数字出版是我国业界针对数字技术在出版领域应用后所引发的生产方式、传播渠道和承载载体变化,在业态创新过程中提出的名词,较早出现在原中国出版科学研究所数字出版研究室(现为中国新闻出版研究院数字出版研究所)于2007年正式发布的《2005~2006中国数字出版产业年度报告》中。该报告称,"数字出版"是"用数字化(二进制)的技术手段从事的出版活动"[1]。这个概念主要强调技术和出版活动两个要素,出版介质并不是区分传统出版与数字出版的依据。从广义上来说,只要是用二进制这种技术手段对出版活动任何环节进行的操作,都属于数字出版的范畴。

2010年8月,原国家新闻出版总署发布的《关于加快我国数字出版产业发展的若干意见》(以下简称《意见》),对数字出版的概念、特征、传播渠道进行了界定。《意见》指出:"数字出版是指利用数字技术进行内容编辑加工,并通过网络传播数字内容产品的一种新型出版方式,其主要特征为内容生产数字化、管理过程数字化、产品形态数字化和传播渠道网络化。目前数字出版产品形态主要包括电子图书、数字报纸、数字期刊、网络原创文学、网络教育出版物、网络地图、数字音乐、网络动漫、网络游戏、数据库出版物、手机出版物(彩信、彩铃、手机报纸、手机期刊、手机小说、手机游戏)等。数字出版产品的传播途径主要包括有线互联网、无线通讯网和卫星网络等。"[2]《意见》对数字出版的界定明确了数字技术对出版活动的主导性,即生产过程数字化、呈现形式数字化、管理过程数字化、传播渠道网络化。观照其11个产品门类,数字出版的定义更加聚焦,这也是管理部门和业界较为认可的数字出版定义了。

---

[1] 郝振省主编.2005~2006中国数字出版产业年度报告[M].北京:中国书籍出版社,2007:5.
[2] 中国政府网.新闻出版总署关于加快我国数字出版产业发展的若干意见(新出政发[2010]7号)[EB/OL].(2010-08-16)[2024-12-19].https://www.gov.cn/gongbao/content/2011/content_1778072.htm.

(三)国外相关概念比较

国外对数字出版(Digital Publishing)概念的提法较少,更多是以"数字内容产业"(Digital Content Industry)出现的。欧盟在《信息社会2000计划》中明确了数字内容产业的内涵,涉及移动内容、互联网服务、游戏、动画、影音、数字出版、数字化教育培训等多个领域。[①]日本的数字内容产品主要有影像、音乐、游戏和图书等类别,每类都有光碟、网络传送、手机传送和数字播放等流通形态。《韩国2003年信息化白皮书》中将数字内容产业定义为:"利用电影、游戏、动漫、唱片、卡通、广播电视等视像媒体或数字媒体等新媒体,进行储存、流通、享有的文化艺术内容的总称。"[②]虽然名称不同,但主要涵盖领域基本与欧盟界定的范围一致。

显然,由于各国监管模式不同、行业划分方式不同,以及语言表述不同,目前尚无与"数字出版"相对应的概念,但从概念内涵和行业划分来看,数字出版内容产业更接近我国数字出版概念,可作为研究和比较产业发展时的主要参照。

(四)网络出版与数字出版的概念

1.从定义上看,网络出版与数字出版基本等同

二者都是通过网络渠道向用户提供知识、信息的出版活动。网络出版强调通过信息通信网络传播,数字出版强调通过网络传播,并明确了有线互联网、无线通信网和卫星网络等传播渠道。如果单纯强调网络传播,即知识和信息传播的通道,那么,网络出版与数字出版的概念等同,也可认为网络出版就是数字出版。

2.从应用技术层面而言,网络出版和数字出版异同之处并存

网络出版和数字出版都是依托信息技术,即基于一个技术集合,包括通

[①]杨海平.数字内容产业运作机理与商业模式研究[J].图书情报工作,2010,54(23):5.
[②]王学琴,陈雅.国内外数字文化产业内涵比较及现状研究[J].数字图书馆论坛,2014,(05):39-44.

信、网络、数字等。基于这个视角,网络出版和数字出版是一种并列关系,都是对信息技术的应用,只是应用过程中的具体技术不同而已。从生产过程来看,二者基本是一致的,即对信息和知识进行数字化加工(即二进制编码),形成可以通过网络传播的信息。从传播渠道上看,二者有明显的区别,网络出版更强调利用网络技术实现互联互通,常用协议为TCP/IP、IPX/SPX和NETBEUI。而数字出版的传播渠道包括但不限于网络,可以运用网络以外的其他数字载体进行传播。因此,二者在传播渠道这一维度上有明显的差异。

3.从产业活动来看,网络出版应该是数字出版的子集

数字出版活动包括信息知识的数字化与数据化处理,其业务包括在传播信息和知识的同时,对累积数据进行深化加工,利用人工智能等技术进行内容再造和还原,以便于用户可以随着自身对信息的需求变化对内容进行重新组合;服务提供方(出版商)可以通过对用户长期的行为数据进行分析,生成个性化内容和服务,进而将其产业链条延伸至更多领域。而网络出版仅包括信息知识的数字化处理,尚未涉及对信息和知识本身进行数据化,其呈现的内容仅是出版商数字出版活动成果中的一部分,无法承载数字出版商的所有成果,业内更多是将网络出版聚焦于网络文学和网络游戏两大领域。由此可见,数字出版的外延明显大于网络出版(如图9-1所示)。

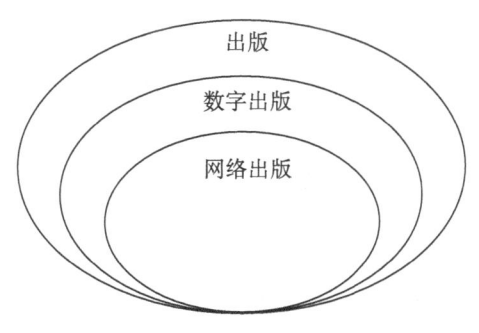

图9-1 出版关系图

4.从行政法规和行政部门的职责划分来看,存在含混与分离的情况

我国出版行政许可采用分业许可模式,目前已经形成了以《中华人民共和国宪法》为母法、《出版管理条例》为关键,不同载体、业态和活动的分业许可情况为现实依据的"1+7+N"法规体系。已颁布的图书出版、期刊出版、电子音像出版、报纸出版、网络出版服务、内部资料等7项载体管理与其对应的行政许可的行政法规体系及其他产业活动如网络游戏、印刷发行等专门法规,可称之为"7+N"。

尽管网络出版概念从属于数字出版,但值得注意的是:当前除《网络出版管理规定》外,国家尚未颁布数字出版管理办法。与之形成对比的是,数字出版产业已经多次被纳入国家国民经济五年发展规划纲要,有关部门也曾出台相关专项规划和专项发展意见,国家统计局已经将"数字出版"纳入国民经济行业分类。基于上述现实,可以将网络出版与数字出版概念统一整合,以持续推进数字出版业发展,进而实现新闻出版业数字化转型升级、融合发展,推动大数据、人工智能、5G物联网新技术在新闻出版领域的应用,最终肩负起传播知识、传承文明,弘扬中华优秀传统文化,推动中华优秀文化走出去的重要使命。

(五)网络出版绿色健康发展概念

网络出版绿色发展是以效率、和谐、持续为目标的经济增长方式,而网络出版健康发展则是以提高社会效益为目标的社会发展方式,其概念应从经济效益和社会效益两个维度进行界定。网络出版绿色健康发展是集网络化、数字化、低碳化、经济性与健康性等于一体的出版发展新思路和方向。在政府及出版管理部门的统一指导和支持下,该发展思路取得了显著成效。第一,政策红利加速释放,有助于深挖出版资源禀赋,也有助于以现代科技手段赋能产业发展。第二,在相关部门的引导支持下,低质化及同质化出版问题得到有效缓解,出版资源投入产出效应得到加强,出版资源优化、配置效率稳步提升。第三,网络出版促进出版业绿色发展。一方面,网络出版能有效提升出版行业对传统出版的依存度,同时结合消费者数字阅读需求和习惯,供给更多优秀网络出版产品,引导传统出版朝着精品出版、按需出版和典藏出版的方向发展;另一方面,基于网络出版的资源和传播特性,即资源的集聚性和互动的及时性,能有效避免出版资源的冗余投入。第四,网络出版应在遵循社会文化繁荣发展目标和任务的基础上,实现持续、稳定、积极的增长。在指导思想和发展目标方面,要坚持为人民服务、为社会主义服务的方向,传播正能量,以优秀作品丰富人民群众的精神文化生活。在评价方面,坚持导向问题产品一票否决;在深化发展阶段,要进一步加强政府、重点企业、技术公司、协会深度协同,提高产品销量比重,打造产品品牌和重点项目,加强版权贸易和合作交流。因此,在快速推进网络出版绿色发展的进程中,政府及出版管理部门对出版企业数量、社会需求、评价体系、行业质量等方面均有新的要求和更高期待,扩大新技术、新工艺在出版业中的应用广度,加大对新兴业态、新消费场景的持续打造力度,是促进网络出版绿色健康发展的有力保障。

四、网络出版绿色健康发展的研究现状

(一)网络出版与数字出版的关系研究

大出版概念下,数字出版成为推动出版业繁荣发展的重要引擎,在产业界的实践探索得到深化,在理论界的研究也不断出新。

张新新、刘骐荣(2024)提出应当注重分类分级建设出版数据,强化出版数据产品服务供给,推动出版数据供给、交易和使用,从而激发出版业数据要素的潜力。[1]张立科(2024)认为在出版业融合发展持续深入背景下,要加强传统纸媒与数媒、传统出版与线上知识服务、教育培训跨界融合,并探讨了以内容建设为根本、先进技术为支撑、创新管理为保障的新型出版传播体系。[2]网络出版作为数字出版的重要组成部分,在信息技术、数字技术、智能技术的不断加持下,有学者提出网络出版要在数字融合发展方向加快布局

---

[1]张新新,刘骐荣.新质生产力赋能数据出版:动因、机理与进路[J].出版与印刷,2024,(02):34-44.
[2]张立科.构筑新质生产力 推动科技出版高质量发展的思考与实践[J].出版发行研究,2024,(11):46-50+13.

和发力,助推出版数字化转型升级。也有学者认为网络出版要加快数字技术应用,关注Chat GPT等新技术影响,推动产品和服务模式创新,尤其是聚焦网络出版新业态、新场景打造。还有学者以出版传媒集团为案例,如王娟(2023)探讨了集团数字化、网络化、绿色化发展路径。[①]此外,智慧出版也进入了学者的研究视野(杨海平、解敏,2023)。[②]

(二)网络出版核心业态发展研究

在厘清网络出版与数字出版关系的基础上,有学者从网络出版核心业态发展角度开展深入研究,为网络出版绿色健康发展提供了更直接的探讨。周凯、张燕(2017)提出网络文学出版应当加强原创内容开发,围绕网络文学出版打造全产业链,以及拓展网络端、移动端的运营渠道。[③]敖然、李弘等(2023)对2022年我国网络文学出版进行调研后发现,网络文学在内容建设、市场规模、经济营收、海外规模等方面蓬勃发展,网络文学市场规模持续扩大,IP产业链扩展形成融合新生态,产业发展模式出海已成共识。[④]尹章池、石余竞楠(2024)以晋江文学城女性网络文学出版平台为例,在观念树立、媒体布局和版权拓展方面作了有益探索。[⑤]孙寿山(2013)提出网络游戏出版要加强技术赋能,注重内容创新,打造民族原创精品,以及要大力推动网络游戏出版体制改革与出版管理方式改革。[⑥]田飞(2020)认为漫画网络出版丰富了网络出版内容体系,提出要打造知名漫画IP发展衍生产业,拓展

[①]王娟.我国出版业数字化转型路径分析——以凤凰出版传媒集团为例[J].出版广角,2023,(16):60-63.

[②]杨海平,解敏.智慧出版生态系统构建研究[J].中国编辑,2023,(11):30-35.

[③]周凯,张燕.数字出版背景下的网络文学产业化发展路径[J].出版发行研究,2017,(11):42-44.

[④]敖然,李弘,冯思然.我国网络文学出海现状、困境、对策[J].科技与出版,2023,(04):26-30.

[⑤]尹章池,石余竞楠."她阅读"视域下女性网络文学出版平台的深度融合发展——以晋江文学城为例[J].新阅读,2024,(03):62-64.

[⑥]孙寿山.以创新开拓中国网络游戏出版产业健康繁荣发展新局面[J].中国出版,2013,(15):21-23.

新兴传播方式,加强原创版权保护力度。[1]戎鸿杰(2020)对图书数字化出版的发展路径进行了剖析,提出创新图书数字化运营,搭建阅读展示平台,与读者进行良好的互动。[2]李莘、李蕾(2022)认为要充分利用网络期刊平台,加强与大型出版平台深度合作,推进全产业链布局。[3]

(三)网络出版绿色健康发展问题研究

理论界对绿色出版的关注起于20世纪90年代,沈雪峰、曹峻等(1998)提出"绿色出版系统"[4],即电子出版技术雏形,省略印刷环节,从而实现纸张和油墨的节约使用,避免了资源的浪费和环境的污染,从而达到"绿色"出版的效果。随着人们绿色、低碳消费观念的不断加强,李非(2015)提出了绿色出版的"绿色内容""绿色载体""绿色营销"基本内涵。[5]安旭(2016)认为读者需要的、优秀的、健康文明的出版物是绿色出版的高阶目标。[6]姚正荣(2019)认为绿色出版主要包括内容资源绿色化、载体资源绿色化、渠道资源绿色化和发展观念绿色化。[7]方卿、丁靖佳(2024)从资源绿色配置、印刷复制绿色配置、阅读消费绿色配置、绿色发展机制、绿色发展理念五个维度建构了出版业绿色发展模型。[8]这些研究为网络出版绿色发展问题研究提供了有益参考。此外,在网络出版运行机制(许驰,2008)[9]、网络出版法律规制(朱雪,2022)[10]等方面,也有学者涉猎并进行了探索。

---

[1] 田飞.互联网趋势下我国漫画出版产业发展的新方向[J].出版广角,2020,(09):62-64.
[2] 戎鸿杰.互联网时代下图书出版的数字化发展道路[J].传媒论坛,2020,3(15):79-80.
[3] 李莘,李蕾.网络首发期刊的出版现状及发展建议[J].新闻研究导刊,2022,13(12):187-189.
[4] 沈雪峰,曹峻,陈永健,等.绿色出版系统[J].电子出版,1998,(10):58-59.
[5] 李非.我国绿色出版初探[J].出版科学,2015,23(02):89-90.
[6] 安旭.绿色出版探究[J].新闻窗,2016,(03):48.
[7] 姚正荣.我国绿色出版发展探析[D].苏州大学硕士学位论文,2019.
[8] 方卿,丁靖佳.出版业高质量发展目标之绿色发展——出版业绿色发展指标体系构建[J].编辑之友,2024,(04):19-27.
[9] 许驰.网络出版的运行机理研究及其运行流程设计[D].哈尔滨工程大学博士学位论文,2008.
[10] 朱雪.网络出版及其法律规制[D].东南大学硕士学位论文,2022.

(四)网络出版绿色健康发展指标体系研究

相近学科领域研究构建的绿色发展指标体系,为网络出版绿色发展指标体系研究作出了有益探索。马涛(2010)从2010年开始就根据经济、生态环境、社会评价等主要指标,构建了绿色产业发展实施效果评价模型。[①]任平、刘经伟(2019)从经济发展、生态文明、社会和谐三个维度建立了高质量绿色发展的评价体系。[②]卞勇、匡耀求等(2019)从经济社会、资源利用、环境保护三个维度构建指标体系,考察省域绿色发展总体特征、协调度和区域差异。[③]高巍、张建杰等(2020)从社会发展、经济效益、产品生产、资源投入和生态环境五个方面构建中国奶业全产业链绿色发展的指标体系。[④]毛蕴诗、Korabayev Rustem等(2020)从绿色设计与研发、绿色采购、绿色生产、绿色物流、绿色营销与回收再利用等六个维度构建了绿色全产业链评价指标体系。[⑤]刘磊、丁昱皓等(2022)以产业发展、资源能源利用、环境绩效、环境管理等为主要指标,构建了产业园区绿色发展规划指标体系。[⑥]王曰芬、徐天傲等(2023)以生态环境、生态经济、生态社会三个维度为框架构建了生态文明建设综合评价指标体系。[⑦]以上研究为网络出版绿色发展指标体系构建提供了有益参考。

综上,出版转型、数字出版、网络出版、绿色出版的研究文献较为丰富,

[①] 马涛.我国区域绿色产业发展实施效果评价模型构建研究[J].宁夏社会科学,2010,(06):42-47.

[②] 任平,刘经伟.高质量绿色发展的理论内涵、评价标准与实现路径[J].内蒙古社会科学(汉文版),2019,40(06):123-131+213.

[③] 卞勇,匡耀求,曾雪兰,等.新常态下广东绿色发展特征和区域差异研究[J].科技管理研究,2019,39(21):208-218.

[④] 高巍,张建杰,张艳舫,等.中国奶业全产业链绿色发展指标的时空变化特征[J].中国生态农业学报(中英文),2020,28(08):1181-1199.

[⑤] 毛蕴诗,Korabayev Rustem,韦振锋.绿色全产业链评价指标体系构建与经验证据[J].中山大学学报(社会科学版),2020,60(02):185-195.

[⑥] 刘磊,丁昱皓,沈祥信,等.产业园区绿色发展规划指标体系的构建与评估[J].化工环保,2022,42(03):350-356.

[⑦] 王曰芬,徐天傲,岑咏华.绿色发展理念支撑的生态文明建设综合评价指标体系构建及应用[J].智库理论与实践,2023,8(04):52-63.

但网络出版的主要业态发展研究、产业实践问题研究还比较少,尤其是网络出版绿色健康发展的内涵、特征、机制和评价方面的研究亟须加强,如此才能加快推动网络出版绿色健康发展进入新的探索和实践阶段。

五、网络出版绿色健康发展的四项机制

(一)网络出版绿色健康发展的组织机制

网络出版绿色健康发展离不开政府政策、行业标准、监督机制、人才培养、社会组织协同等多种要素的统一调度。在这个过程中,组织机制不可或缺。如何结合网络出版绿色健康发展实际推出一系列指导性政策,需要政府和企业内部的各职能部门充分调整优化组织管理系统,才能使政策落地、企业壮大。统一的行业标准是有效衔接网络出版各主体协同发力的关键,有利于更好发挥技术服务商、网络运营商、网络金融系统、资本运营商、广告商等主体的功能和作用,为网络出版企业提供技术支撑、融资支撑、网络支撑和宣传支撑。监督机制是组织机制中的重要部分,关乎网络出版风险规避,网络出版行业亟须建构一套组织风险治理机制。人才培养强调网络出版的组织能力,要求积聚各个领域、各个维度、各个梯队的人才为网络出版绿色健康发展服务。而社会组织则需围绕网络出版健康发展这一目标,强化网络出版协会、学会和商会的协同效能。因此,课题组从网络出版绿色健康发展的组织机制出发,构建了与之对应的保障力指标(见表9-1)。

表9-1 网络出版绿色健康发展的保障力指标

一级指标	二级指标	三级指标
网络出版绿色健康发展保障力(A)	政策引导(A1)	技术政策(A11)
		投资政策(A12)
		财税政策(A13)
	标准支持(A2)	认定标准(A21)

续表

一级指标	二级指标	三级指标
网络出版绿色健康发展保障力(A)	标准支持(A2)	评估工具(A22)
		共识机制(A23)
	监督机制(A3)	主管主办单位监督(A31)
		社会公众监督(A32)
		企业自我监督(A33)
	人才培养(A4)	高等教育(A41)
		中等教育(A42)
		继续教育(A43)
	社会组织(A5)	协会(A51)
		学会(A52)
		商会(A53)

由表9-1可知,在政策引导(A1)方面,采用技术政策(A11)、投资政策(A12)和财税政策(A13)衡量当地对网络出版绿色健康发展的政策支持力度,倘若相关政策出台得越密集,表明政策引导力度越大;在标准支持(A2)方面,采用认定标准(A21)、评估工具(A22)和共识机制(A23)衡量政府在制定网络出版绿色健康发展标准、建立绿色发展行为评价机制方面所作出的努力;在监督机制(A3)方面,采用主管主办单位监督(A31)、社会公众监督(A32)和企业自我监督(A33)综合评价一个地区网络出版绿色健康发展监督机制的完善程度,监督机制越完善,则越有利于促进网络出版绿色健康发展;在人才培养(A4)方面,采用高等教育(A41)、中等教育(A42)、继续教育(A43)等维度衡量教育水平,教育水平的提升有利于提高人才培养质量,为网络出版绿色健康发展提供强大的人才支撑;在社会组织(A5)方面,本文从协会(A51)、学会(A52)和商会(A53)的数量来评价网络出版行业的组织保障力度。协会、学会和商会的种类和数量越多,表明网络出版行业发展得越繁荣,同时也能为网络出版绿色健康发展提供组织保障。

(二)网络出版绿色健康发展的动力机制

动力机制是促进网络出版绿色健康发展的力量源泉。随着网络技术、数字技术的飞速发展,以及绿色环保理念日益深入人心,网络出版行业实现了蓬勃发展,行业格局、发展理念、消费环境均发生了根本性变化。要促进网络出版行业绿色健康发展,必须统筹兼顾,从行业内外部着手,建立良好健康的动力机制。与网络出版动力机制密切相关的主要有资金支持、人才供给、资源配置、市场主体及市场运营等重要因素。丰富的资金支持和人才供给是进一步挖掘网络出版市场需求、优化网络出版产品质量和提升网络出版用户规模的直接动力。第二十次全国国民阅读调查结果显示,2022年我国成年国民包括书报刊和数字出版物在内的各种媒介的综合阅读率为81.8%,较2021年的81.6%提升了0.2%。其中,数字化阅读方式(网络在线阅读、手机阅读、电子阅读器阅读、Pad阅读等)的接触率为80.1%,较2021年的79.6%增长了0.5%,这说明网络出版市场依然庞大。资源配置是强化网络出版供给端创新、增强阅读体验的有力支撑;而市场主体及市场运营则有助于为网络出版绿色健康发展,建立有效的市场运营模式。因此,从网络出版绿色健康发展的动力机制出发,课题组构建了与之对应的支撑力指标(见表9-2),为促进网络出版绿色健康发展提供强大动力。

表9-2 网络出版绿色健康发展的支撑力指标

一级指标	二级指标	三级指标
网络出版绿色健康发展支撑力(B)	资金支持(B1)	行业总营收(B11)
		地方财政投入(B12)
	人才供给(B2)	管理人才(B21)
		策创人才(B22)
		运营人才(B23)
		技术技能人才(B24)
	资源配置(B3)	网络出版产品数(B31)
		数字资源供给力(B32)
		数字集约化程度(B33)

续表

一级指标	二级指标	三级指标
网络出版绿色健康发展支撑力(B)	市场主体(B4)	网络出版企业(B41)
		网络出版活动组织机构(B42)
		产品制作机构(B43)
	市场运营(B5)	网络出版运营团队(B51)
		产品IP开发机构(B52)
		产品发行机构(B53)

由表9-2可知,在资金支持(B1)方面,选取行业总营收(B11)和地方财政投入(B12)评价一个地区的资金支持力度。行业总营收体现了网络出版行业自身的资金规模和内在造血能力,而地方财政投入则表明了地方政府对网络出版行业的重视程度;在人才供给(B2)方面,采用管理人才(B21)、策创人才(B22)、运营人才(B23)和技术技能人才(B24)指标评价一个地区在支持网络出版绿色健康发展方面所拥有的人才储备实力,相关方面的人才储备越多,越有利于促进网络出版绿色健康发展;在资源配置(B3)方面,选用网络出版产品数(B31)、数字资源供给力(B32)和数字集约化程度(B33)评价网络出版资源配置水平,网络出版产品数决定了网络出版行业供给规模的大小,而数字资源供给力和数字集约化程度决定了网络出版行业数字资源的多少;在市场主体(B4)方面,采用网络出版企业(B41)、网络出版活动组织机构(B42)和产品制作机构(B43)评价网络出版行业市场主体的数量,网络出版市场主体数量越多,说明网络出版行业发展得越繁荣,同时也越有利于促进网络出版行业绿色健康发展;在市场运营(B5)方面,选取网络出版运营团队(B51)、产品IP开发机构(B52)和产品发行机构(B53)衡量市场运营水平,相关机构的数量越多,在一定程度上表明市场运营水平越高。

(三)网络出版绿色健康发展的协调机制

消费空间、消费基础和消费环境是决定网络出版行业消费力强弱的重要因素,要强化这些因素的影响力,应从产业链协调和利益分配协调两方面着手。一方面,相较于传统出版行业,网络出版要实现绿色健康发展,必须要整合全产业链资源,要求全产业链相互配合、协调分工;另一方面,网络出版绿色健康发展的各主体实际是由社会效益和经济效益双升目标驱动的契约合作关系,除社会效益提升之外,经济效益更为有力直接地促使市场主体调整。在传统出版行业中,编辑、出版和发行之间存在隔离,造成信息与实物的迂回流动,交易成本很高,资源在不增加价值的过程中被消耗掉。而在网络出版产业链合作伙伴关系中,由于网络出版市场主体之间紧密合作、共享市场需求信息,大幅减少了资源迂回现象,进而显著降低了交易成本,最终转化为巨大的经济效益。结合以上两方面,说明市场消费力的强弱会直接影响到网络出版绿色健康发展。因此,从网络出版绿色健康发展的协调机制出发,课题组构建了与之对应的消费力指标(见表9-3)。

表9-3 网络出版绿色健康发展的消费力指标

一级指标	二级指标	三级指标
网络出版绿色健康发展消费力(C)	消费空间(C1)	人均可支配收入(C11)
		人均网络文化消费(C12)
	消费基础(C2)	人均触网时间(C21)
		网络普及率(C22)
		移动终端普及率(C23)
		电脑普及率(C24)
	消费环境(C3)	数字阅读接受率(C31)
		数字阅读量(C32)

由表9-3可知,在消费空间(C1)方面,采用人均可支配收入(C11)和人均网络文化消费(C12)衡量消费空间的大小,只有提升居民人均可支配收入和人均网络文化消费支出,才能提升居民对网络产品和服务进行付费的意愿,进而促进网络出版行业可持续发展;在消费基础(C2)方面,采用人均触网时间(C21)、网络普及率(C22)、移动终端普及率(C23)和电脑普及率

(C24)评价消费基础水平。相关指标数值越大,表明居民的网络出版产品消费基础越雄厚,有利于提升网络出版产品的消费数量,促进网络出版绿色健康发展;在消费环境(C3)方面,采用数字阅读接受率(C31)和数字阅读量(C32)评估一个地区网络出版行业的消费环境,数字阅读接受率和数字阅读量越高的地区,其网络出版行业的消费环境越好,因为随着数字阅读接受率和数字阅读量的提升,将减少纸质出版物的发行数量,推动节能减排,最终促进网络出版行业绿色健康发展。

(四)网络出版绿色健康发展的反馈机制

从正确导向、内涵支撑、社会形象和企业建设四个维度出发,探讨网络出版绿色健康发展的反馈机制日益重要。整个反馈机制包括事前调控、同步控制和事后评估三方面。在事前调控方面,坚持正确价值导向是网络出版事前调控的核心,也是网络出版产品质量提升的第一要务。同时,做好选题把关也是网络出版绿色健康发展的关键所在,为了保证网络出版产品拥有较高质量,应加强事前调控,严格进行选题把关,把一些质量较差的选题剔除出去,保证网络出版"物美质优"。在同步控制方面,鉴于网络出版内容具有即时性,网络出版企业在产品审读过程中,应对出版流程进行同步控制,对一些内容质量不高的作品,加强出版传播控制。此外,同步控制环节要注重网络出版绿色健康发展的内涵支撑,包括产品销量比重、产品品牌建设、重点项目打造、产品获奖数量、专利申请等具体条目的实际情况。在事后评估方面,当网络产品出版之后,为了更好地评价网络出版是否符合绿色健康发展要求,政府或者行业应加强对网络出版经营理念、知识产权保护、产品编校质量、版权贸易、合作交流平台、企业建设等多维度的综合评价,对网络出版绿色健康发展影响力较弱的行为和举措进行精准识别,进而提出改进建议,最终实现网络出版绿色健康发展。因此,从网络出版绿色健康发展的反馈机制出发,课题组构建了与之对应的影响力指标(见表9-4)。

表9-4 网络出版绿色健康发展的影响力指标

一级指标	二级指标	三级指标
网络出版绿色健康发展影响力(D)	正确导向(D1)	导向问题一票否决(D11)
	内涵支撑(D2)	产品销量比重(D21)
		产品品牌(D22)
		重点项目(D23)
		畅销品种(D24)
		获奖数量(D25)
		行业专利申请数量(D26)
	社会形象(D3)	网络出版经营理念(D31)
		知识产权保护(D32)
		产品编校质量(D33)
		版权贸易(D34)
		合作交流平台(D35)
	企业建设(D4)	制度建设(D41)
		队伍建设(D42)

由表9-4可知,在正确导向(D1)方面,采用导向问题一票否决(D11)进行评价;在内涵支撑(D2)方面,采用产品销量比重(D21)、产品品牌(D22)、重点项目(D23)、畅销品种(D24)、获奖数量(D25)和行业专利申请数量(D26)等指标进行综合评价,相关指标数值越大,表明网络出版行业内在影响力越大;在社会形象(D3)方面,采用网络出版经营理念(D31)、知识产权保护(D32)、产品编校质量(D33)、版权贸易(D34)和合作交流平台(D35)等指标衡量网络出版行业服务社会的水平,相关指标数值越大,说明网络出版行业与社会各行业的交流越密切,服务社会的水平越高;在企业建设(D4)方面,采用制度建设(D41)和队伍建设(D42)综合评价企业建设水平,制度建设和队伍建设的得分越高,说明网络出版的企业建设越好,越能发挥企业主观能动性和创造能力,也就越能促进网络出版绿色健康发展。

六、网络出版绿色健康发展的现状

(一)网络出版经济规模持续向好

当前,网络出版产业进入高质量发展阶段,网络出版用户规模持续跃升,突破5亿人大关,作品总量超0.3亿部,产业税收贡献超过千亿元,网络出版产业链、供应链和增长链韧性持续增强,网络出版经济规模扩张态势显著。尤其是党的十九大以来,网络出版市场运行稳健,增长率呈现稳步上升态势。具体来看,网络出版经济规模从2018年的0.95万亿元增长至2023年的1.64万亿元,增长了72.63%,六年间平均增长了11.55%,超过了国民经济的平均增长率,网络出版成为推进出版产业高质量发展的强劲支撑,表明网络出版发展前景广阔。[①]从网络出版经营数据上看,网络新闻、网络文学、互联网广告、在线教育、网络游戏等业态的经营状况良好,呈现出互相追逐、良性竞争的局面。2021至2023年,互联网广告、网络游戏和在线教育占据业态经营的领先位置,领跑网络出版绿色发展。此外网络文学与版权交易、在线教育呈现蓬勃发展态势,网络出版增值服务也备受关注,成为了网络出版绿色发展的新增长点。

(二)网络出版政策红利加速激发

网络出版由高速发展转向高质量发展,离不开网络出版政策红利的加速释放。这些政策涵盖了网络出版内容质量、渠道管理、版权运营、市场监管等方面,对规范网络出版、引导网络出版绿色健康发展发挥了重要作用。从行政管理政策上看,2002年6月发布的《互联网出版管理暂行规定》明确提出网络出版作品类型、网络出版主体责任制度、网络出版监管等内容。在此基础上,2016年2月发布的《网络出版服务管理规定》立足产业发展实践

[①] 智研瞻产业研究院.中国网络出版产业报告:有望在未来成为国民经济的重要支柱产业之一[EB/OL].(2023-09-25)[2024-12-11].https://www.sohu.com/a/723317608_120815556.

需要,在网络出版的市场准入、监管、运营和服务等方面作了明确要求。2019年12月发布的《网络信息内容生态治理规定》强调网络信息内容生产者的激励和规制内容。2021年12月发布的《出版业"十四五"时期发展规划》重点提出引导网络游戏健康有序发展,支持创作更多优秀现实题材和历史题材网络文学精品,加强网络数据库建设。从业态政策上看,网络文学方面的政策日臻完备,2014年12月发布的《关于推动网络文学健康发展的指导意见》旨在将网络出版培育成出版产业新的增长点。2017年6月发布的《网络文学出版服务单位社会效益评估试行办法》及2020年6月发布的《关于进一步加强网络文学出版管理的通知》,在网络出版内容审核、评价考核等方面提出针对性意见。网络游戏致力于促进消费升级和新消费场景打造,2021年3月,《中华人民共和国国民经济和社会发展第十四个五年规划和2035年远景目标纲要》提出鼓励影视剧、游戏等数字文化产品海外出版。网络出版与在线教育不断耦合,2017年,在线教育被首次写入政府工作报告,网络出版与在线教育依托中文在线、凤凰传媒等出版龙头企业进行资源运作路径探索。

(三)网络出版企业发展势头强劲

网络出版企业绿色发展是推动网络出版绿色发展的核心力量。围绕网络出版绿色发展定位和产业业态布局,一批网络出版头部企业涌现,对网络出版绿色发展发挥着不可或缺的作用。网络文学和网络游戏等作为网络出版的主要业态,其头部企业的绿色发展基础和进程推进显得尤为重要。2018—2023年,以阅文集团、中文在线、掌阅科技等为代表的网络文学头部企业发展态势良好,营收规模总体处于增长趋势,净利润和股东权益逐步回暖,其中阅文集团和掌阅科技股东在企业资产中享有的经济效益不断扩大。据巨潮资讯网可知,统计期内,以三七互娱、世纪华通、完美世界和神州泰岳为代表的网络游戏头部企业发展势头强劲,其中三七互娱的领跑作用凸显。

(四)网络出版运行保障有待加强

网络出版绿色健康发展的运行保障面临着诸多严峻的挑战和棘手的问题。产业链在运行过程中,各环节之间的协同合作常常会出现一些不太顺畅的情况。就如内容创作者与平台运营方之间的沟通和互动,可能会由于种种原因而不够顺畅,进而导致资源配置出现不合理的状况,极大地降低了整体效能。此外,网络出版领域频发的知识产权问题一直是网络出版面临的巨大挑战。一方面,盗版、侵权行为频繁。许多网络出版产品在发布后很快就被他人非法复制、转载,不法分子甚至利用技术手段破解版权保护,将作品无授权地传播,加剧了网络出版作品的知识产权风险。另一方面,知识产权监管力度不足问题较突出。近年来网络出版行业快速发展,但相关法律法规的制定和执行存在滞后性,监管力度不足的后果显而易见,如难以有效打击盗版、侵权行为频发,进而使原创作者更加寒心;此外,网络空间具有虚拟性和跨国运营特点,会增加知识产权保护难度,很多盗版网站和侵权行为难以被有效阻止。

(五)网络出版人才支撑有待夯实

网络出版人才供给是网络出版绿色健康发展的智力支撑和动力源泉,建设规模合理、结构优化、素质优良的网络出版人才队伍,是完善网络出版人才布局的关键。现阶段,网络出版人才供给总体较好,但市场高质量、精细化内容需求不断扩大,网络出版必须结合业态布局优化人才培养体系。《2022中国网络文学蓝皮书》提出网络文学的"三俗"和同质化现象仍旧存在,因此,引导网络文学在创作、编辑、出版、传播等环节自觉践行社会主义核心价值观,培养造就一批思想、业务、道德水平高的名作家、名编辑成为紧迫任务。网络游戏行业的管理人才、营销人才、策划人才缺口较大,高层次、专业化、复合型人才短缺问题解决周期较长。2020年《教育培训行业人才供需及发展报告》显示,教育培训行业人才招聘需求与申请人数比例超过3.5∶1,人才供给存在较大缺口。此外,在线教育人才结构失衡,在线教育行业所需要的不仅是教师人才,同样也需要具备新媒体运营能力的复合型人才。

(六)网络出版消费潜力有待激发

信息爆炸时代,网络出版平台大量涌现,以出版产品创造经济效益的模式并未改变,部分网络出版商对如何通过数字出版实现盈利仍较为模糊,甚至有些网络出版平台陷入亏损。究其原因,一是互联网广告盈利占据主导地位,对网络出版业态的布局和实践较为薄弱,一旦互联网广告投放力度减弱,必然导致网络出版效益下滑,绿色健康发展空间难以拓展;二是付费内容扩容力度不够,尤其是对既有用户的维护和对潜在用户的挖掘方面存在不足,导致部分优质付费内容无法获得应有的收入;三是网络出版产品质量不高,网络出版容易出现同质化、低质化问题,导致网络出版产品良莠不齐,侵害了作品原创者的权益,降低了出版商的收益。网络出版盈利模式单一还表现在企业管理者缺乏创新意识和市场洞察力。不少网络出版平台依赖传统盈利模式,缺乏创新,难以吸引用户和优化经营手段,经营者难以紧扣用户需求的变化和市场机会,错失了盈利的良机,制约了网络出版绿色健康发展。

七、网络出版绿色健康发展机制运行的建议

(一)优化网络出版绿色健康发展的管理体系

1.创新网络出版管理机制

一是推动网络出版市场准入机制的完善创新,坚持宽严相济原则,既要放宽市场准入条件,鼓励创新主体进入,激发市场活力,又要设置合理的门槛,确保进入市场的主体具备必要的资质和能力,牢牢把握网络出版市场主体质量,强化质量监管;积极完善网络出版行政许可机制,坚持依法、安全、稳妥、创新的工作思路,确保所有行政许可活动都在法律法规框架内进行,

鼓励技术创新和模式创新,优化审批流程,提升网络出版行政审批效率。二是创新网络出版税收优惠机制和网络出版资金投入机制,针对网络出版行业的特点,制定具有针对性的税收优惠政策,如减免企业所得税、增值税等;同时,设立专项基金或吸引社会资本投入,支持网络出版行业的重点项目、关键技术研发、人才培养等,多措并举支持网络出版行业绿色健康发展。三是完善网络出版单位考核评估机制,建立科学合理的评估指标体系,全面反映网络出版单位的经营状况、创新能力和社会效益等,鼓励不定期考核,发现问题及时督促整改,将考核结果作为政策扶持的依据,对不合格的网络出版企业及时采取限期整改或退出等措施,进一步完善考核结果的运用方式,促进整个行业的持续优化升级。

2.完善行业相关标准体系

目前网络出版行业相关标准体系不完善,对网络出版绿色健康发展行为的认定不统一,导致在促进网络出版绿色健康发展的过程中,存在没有统一的操作规范等问题。因此,政府应该制定和完善网络出版绿色健康发展的相关标准和规范,推动网络出版行业向绿色、环保的方向发展。同时,政府应加强对网络出版活动的监管,完善网络出版监管体系,积极利用大数据手段提升监管效率。实施严格的审查制度,确保网络出版整体内容整体符合社会主义核心价值观和法律法规的要求,通过政策引导、资金扶持、表彰奖励等方式,鼓励网络出版企业和个人积极践行绿色出版的理念,加强行业自律,确保行业发展符合绿色发展的要求。

3.完善行业法律法规体系

在大数据和移动互联网技术的双重驱动下,网络出版行业迎来了前所未有的发展机遇,文化产品的传播形式和渠道得到了极大丰富,知识的快速普及和文化的深度交流也得以促进。然而,这种繁荣景象的背后也潜藏着一些问题,比如网络出版内容和质量参差不齐、低质重复内容泛滥、用户信息泄露、用户隐私被侵犯等,这些问题都成为了制约网络出版绿色健康发展的绊脚石。

为了应对上述问题,首要任务就是建立健全网络出版行业的法律法规体系,明确网络出版内容的质量标准、审核机制,以及违法行为的法律责任,为整个行业的发展设立明确的法律边界。同时要加大执法力度,对生产、传播低质重复内容的网络出版企业实施严厉处罚,在全行业形成有效威慑。此外,在整顿低质内容的同时,应积极引导网络出版企业提升内容质量和营销能力,鼓励网络出版企业加大对原创内容的投入,支持优秀文化作品的数字化转换和网络化传播,推动形成一批具有鲜明时代特征,体现民族精神的高质量网络出版物,进一步提升网络产品和服务的质量。针对泄露用户私人信息、侵犯他人隐私的问题,必须构建严密的信息安全保护体系。一方面,网络出版企业应建立健全用户信息管理制度,加强技术保护;另一方面,政府应加强对企业数据保护措施的监督检查,严厉打击非法获取用户信息的各种行为,依法追究相关责任人的法律责任,保障用户的合法权益。最后,除了加强外部监管,也要重视发挥行业自律的作用。鼓励成立网络出版行业协会,制定行业标准,引导企业自觉遵守法律法规和市场规则;加强行业间的交流,促进资源共享和优势互补,做到守正创新,驱动网络出版行业绿色健康发展。

(二)构建网络出版绿色健康发展的"1+2"运行机制

1. 加快建设网络出版绿色健康发展促进中心

建设网络出版绿色健康发展促进中心是一项系统而复杂的工程,旨在促进网络出版绿色、健康、可持续发展。就建设方案而言,一是明确网络出版绿色健康发展促进中心的定位和目标,应聚焦推广绿色出版、健康出版理念,提供高质量的绿色健康出版产品,促进健康有益内容的网络传播,同时推动出版业的数字化转型和绿色化进程。二是建构网络出版绿色健康发展促进中心的基础架构和匹配功能,重点建设内容管理系统、数字版权保护系统、绿色出版资源库、数据分析与个性化推荐系统、在线交流与社区功能等核心模块。三是统筹整合网络出版人才资源、数字资源和内容资源。加强数字资源集约化管理,围绕区域数字文化产业布局和目标,打造一批具有标志性、代表性的网络出版产品,提供网络出版绿色健康发展综合性服务。

2.积极筹办省级网络出版绿色发展大会

鼓励筹办省级网络出版绿色健康发展大会,由政府主管部门牵头、行业协会和企业代表共同参与筹办,组建服务行业的智囊团,制定行业自律规范,倡导网络文明,打造行业品牌产品,传播健康有益内容。行业发展大会应不断强化网络出版内容审核机制,对网络出版产品进行严格筛查,过滤不良信息和违法内容,从而维护网络环境的清朗。同时,应积极倡导网络文明,推动网络出版服务提供者积极传播健康有趣的内容,丰富用户的精神文化生活,并通过举办各类网络文化活动、推广优秀网络出版产品等方式,引导用户树立正确的网络价值观,共同营造文明、健康、和谐的网络出版生态。

此外,行业发展大会还可在网络出版服务的技术创新、版权保护、市场拓展等方面发挥重要作用。每年主办具有区域特色、行业主题和旨在推进区域网络出版繁荣发展的大会,组织联盟会员单位共同研发新技术、新应用,发布新产品;推动网络出版服务的数字化、智能化升级,提高出版物的质量和传播效率。同时,发布行业发展报告,研判国际网络出版技术的发展趋势,引进和消化吸收国际先进技术,提升我国网络出版服务的国际竞争力。

3.扎实办好网络出版健康发展相关学术刊物

网络出版应从企业实践和理论创新两个方面加快凝聚行业发展共识,具体分为企业发展共识与学术创新共识,而凝聚这两方面共识都需要扎实办好网络出版健康发展相关学术刊物。

在企业发展共识方面,一是引导企业加强市场拓展机制,鼓励网络出版单位开拓国内外市场,推广新产品、新服务,提高市场占有率。同时,还应发挥政府、发展联盟、社会团体等各方面主体的优势和作用,争取更多的政策支持和市场机会,为网络出版服务的发展创造更加有利的外部环境。同时,在区域龙头企业引领、骨干企业建设、中小企业支撑等方面要落实支持政策。二是推进政府部门加快完善版权保护机制,加强对网络出版产品的版权监管,打击侵权行为,维护作者的合法权益。加快建立网络出版物的版权交易平台,促进版权的合法交易和流转,为网络出版服务的发展提供有力的版权保障。三是引导企业制定科学的推广与运营策略,通过线上线下相结合的方式扩大平台影响力,利用社交媒体、网络广告、搜索引擎优化等手段提高网络出版企业及产品知名度和美誉度。

在学术创新共识方面,要加快孵化一批具有行业影响力的主题论坛、研讨会、产学研协同课题,发挥学术刊物的前沿引导力,赋能企业的创新实践,具体可以与区域内图书馆、学校、科研机构等单位合作推广绿色健康网络出版产品,加强科普教育和教育培训力度,让学术创新成为推动网络出版绿色健康发展的重要引擎。

(三)强化网络出版绿色健康发展的人才支撑

1.加快培养适应深度融合发展要求的网络出版专业人才

首先,加强跨学科教育与融合能力培养。网络出版人才的培养应超越传统出版学的范畴,引入计算机科学、传媒学、法律等多学科知识体系,构建跨学科教育体系,有机整合不同领域的知识和技能,培养全面系统的网络出版专业人才,提高其在新兴技术环境下的适应性和创新能力。其次,强化实践与创新教育。建立与网络出版企业紧密合作的人才培养实训基地,鼓励网络出版相关人才学以致用,为网络出版行业持续贡献力量。最后,建立终身学习机制。鉴于网络出版行业技术更新迅速,要求从业人员必须保持持续学习能力。因此,建立终身学习机制对于网络出版专业人才的培养至关重要。对于网络出版企业来说,可以通过建设网络出版人才培训中心等方式,定期开展内部培训、外部合作,邀请各个行业专家进行集中培训和专业能力提升,为员工提供定期的有关技术更新、行业动态等方面的培训,助力其紧跟时代步伐,保持竞争力。

2.完善人才引、培、育体系

一方面,企业要深化产学研合作,与高校、科研单位共同建立研发中心,引入最新的学术研究和教育资源,聚焦网络出版领域的关键技术和前沿问题展开联合攻关,这不仅有利于加快科研成果的转化应用,还能为企业培养一批具备深厚理论基础和实战经验的专业人才。与高校进行深入合作,有利于保障人才的持续供给。另一方面,拓宽人才引进渠道,针对网络出版行业的重点领域和紧缺人才,制定并实施高端人才引进计划,提供具有竞争力的薪酬待遇、良好的工作环境和广阔的发展空间，吸引国内外顶尖人才加入，促进核心人才汇聚，以适应和引领网络出版行业的迅速变革。同时建立健全人才激励机制，激发人才的创新创造活力；还可以积极参与高校的校园招聘活动，提前锁定优秀毕业生资源。

此外，积极与行业内的其他企业、高校和科研单位进行沟通交流，建立人才共享机制，实现人才资源的优化配置和高效利用。搭建集培训、交流、展示为一体的综合人才发展平台，定期举办行业论坛等活动，推动不同领域、不同背景的人才相互学习、交流与合作，形成开放、多元的网络出版人才生态链。

3. 鼓励设立人才培养基金

网络出版企业要加快设立人才培养基金，通过企业自筹、政府资助、社会捐款等多种渠道筹措资金，也可以选择与金融机构合作，通过设立专项贷款或投资基金等方式，为人才培养提供更大资金支持。相关人才培养基金的使用遵循"按需分配、精准投放"的原则，根据编辑、营销等岗位人才的实际需求制定具体的经费使用方案，为编辑、营销等人才的学历提升、对外交流提供经费支持，增强编辑、营销人才发展的持续动力。企业应密切关注并积极响应出版专业技术职称制度改革文件，优化内部任职条件设置，确保与国家政策相衔接。构建精品项目参与评奖评优机制，鼓励网络出版行业的员工积极参与创新项目的策划和实施。同时将项目成果作为职称晋升、评优评先的重要依据，着力破解人才职称晋升过程中的现实难题。

4. 增设竞争性绩效

在稳固基础绩效考核框架的基础上，网络出版企业应积极构建并持续优化竞争性绩效考核体系。为网络出版企业不同岗位、不同层级的员工设定具体、可量化、可实现的绩效目标，确保每一位人才都有自己明确的工作重点和努力方向。设计差异化、竞争性相结合的绩效考核方案，统一绩效标准和评选比例，设置一等、二等和三等，以三年为考核周期，对连续三年获得竞争性绩效的编辑、营销人才，在职位配比、职称晋升、外出培训等方面给予优先和倾斜。同时，竞争性绩效考核方案要围绕提升网络出版效益这一目标进行设计。此外,也需要建立绩效反馈机制,通过双向沟通,听取员工意见,共同分析绩效表现,明确竞争性绩效后续的改进方向,以此来增强团队凝聚力,促进跨部门合作,激发编辑部及全公司范围内各类人才的活力和创造力,促进网络出版效益的显著提升。

(四)增强网络出版绿色健康发展的技术服务

1.提高数字阅读供给服务效率

随着网络出版行业的快速发展,用户的消费习惯和消费需求发生了较大变化,越来越多的用户使用电子阅读设备来进行数字阅读。这对电子阅读设备提出了更高要求,市场需求的变化倒逼电子阅读设备生产商加快技术创新,迎合用户的消费需求,进而提升电子阅读设备的消费体验。

2.促进环保材料和生产工艺的革新

数字阅读群体规模的扩大也加大了对电子阅读设备的需求。传统电子阅读设备的生产在消耗大量金属的同时,还产生了大量二氧化碳和有毒气体,违背了网络出版绿色健康发展的原则。因此,电子阅读设备生产厂商应在生产研发环节加强技术创新,注重采用更加环保的材料和工艺生产电子阅读设备,优化生产工艺流程,减少生产过程中的能耗和排放,加强废弃物管理和资源循环利用,实现生产环节的绿色闭环,从而推动网络出版行业实现绿色健康发展。

3.推动数字化和智能化技术使用

要围绕网络出版绿色发展目标,立足网络出版企业实践发展需求,充分利用数字化和智能化技术发展网络出版产业,包括借助网络技术、数字技术、大数据等新兴技术为网络出版绿色发展寻找新的突破口,加强VR、AR等新兴技术在网络出版领域的应用,利用虚拟现实、元宇宙等技术打造网络出版新的消费场景,形成新的消费业态,丰富阅读场景和形式,打造沉浸式的阅读体验,以此给用户带来全新的阅读感受,拓宽网络出版的业务范围和市场空间,发展独具特色、健康绿色的网络出版,进而拓展网络出版核心业态的布局。

释放数字出版创新活力　助力新时代文化强市建设[①]

党的二十届三中全会审议通过的《中共中央关于进一步全面深化改革推进中国式现代化的决定》提出要深化文化体制机制改革,强调"加快适应信息技术迅猛发展新形势","激发全民族文化创新创造活力","探索文化和科技融合的有效机制,加快发展新型文化业态"。这些新部署、新要求对推动出版业高质量发展具有重要指导意义和现实意义。出版业贯彻落实党的二十届三中全会精神,首要任务就是深化改革、强化创新,大力发展出版新质生产力。数字出版是新质生产力赋能出版业的产物,大力发展数字出版,是出版业释放新质生产力效能、实现高质量发展的必由之路,是推进文化强市建设的迫切需要。

重庆历来高度重视数字出版业的发展,具有起步早、发展态势良好等特点。早在2009年,重庆便获首批全国第二家、西部首个国家级数字出版基地。2011年,重庆市政府率先出台《关于加快重庆数字出版产业发展的指导意见》。经过十余年的发展,重庆数字出版在西部乃至全国的影响力与日俱增:建立了全国首个也是目前国内唯一的数字出版产业统计报表制度;举办了全国第一个区域性的西部数字出版年会;《重庆数字出版业发展报告》连续8年入选《中国数字出版产业年度报告》;产业值实现连续增长,2023年已达到301亿元,对地区国民经济的贡献率为0.51%,占全市数字经济核心产业增加值的1.13%。重庆数字出版对重庆数字经济的贡献逐步增大。

虽然,重庆数字出版业经过十余年的发展,取得了较好的成绩,但随着数字信息技术、人工智能的迅速发展,我市数字出版业发展的不足与困境也

[①] 作者张瑜,原载于2024年12月23日《重庆日报》第10版(思想周刊·新论),略有修改。

逐渐显现。一是产业发展增幅放缓。自2017年启动全市数字出版产业统计以来,我市数字出版产业总收入逐年增长,从2017年的179亿元增长至2023年的301亿元,发展态势总体向上,但从2021年起,增速由10%下降至6%左右。从全国来看,数字出版产业主要集中在北京、上海、广东、浙江、江苏等省市。2023年全国数字出版产业整体规模达到16180亿元,而我市仅为301亿元,仅占1.86%。二是重点项目推进与示范单位建设乏力。2013至2018年,我市有7家国家级转型示范单位,有11个项目获中央文化产业专项资金支持,34个数字出版项目入选国家新闻出版改革发展项目库,这一阶段无论是单位数字化转型推动还是重点项目的策划建设,都为重庆数字出版业的发展奠定了坚实基础。而近年来,我市出版单位在数字化转型升级、精品项目建设方面动力不足,成效不佳。自2019年国家实施融合示范工程以来,我市仅有2个项目入选国家新闻出版署数字出版精品遴选推荐计划。三是数字出版能力相对较弱。经过多年的发展,全市大多数传统出版单位已完成了出版生产流程的数字化,出版全媒体布局也逐步完成,但大部分单位仍限于将已有核心资源数字化的阶段,数字产品出版、运营能力不足,数字出版收入不高。

数字出版本就是伴随信息技术产生、发展的新兴业态,新一轮科技革命的到来,为数字出版的发展带来了机遇,也带来了挑战。我们要深化数字出版领域改革,推动数字出版适应信息技术高速发展,充分用好大数据、5G、人工智能等新技术,创新产品、服务、模式、渠道、业态等,进一步释放内在活力,推动自身在新时代"破茧成蝶",塑造发展新动能新优势。

一、以新发展理念引领改革,为数字经济发展注入强劲动力

随着数字中国、数字重庆、数字文化等相关文件的陆续出台,数字出版在数字重庆建设、数字文化建设的定位更加明确,重庆数字出版业要抓住技术演进和市场重构的机遇,以新发展理念引领数字出版,转换发展动能,为重庆出版业高质量发展、重庆数字经济发展注入强劲动力。一是提升创新

能力,积极探索和构建数字出版业新业态,创造更多、更符合用户需求的数字出版产品和服务;加快技术预见研究和新技术应用研究,及早应对技术演进对出版业的影响,抓住机遇,创造更多原生技术和特色产品和服务。二是切实注重协调发展,注重数字出版业与本地区政治、经济、文化发展需求的对接,主动适应本地区数字出版产品和服务的需求;主动与中西部地区协同,发挥本地区优势,在技术协同、资源协同、市场协同方面找准切入点。三是加大开放力度,建立以要素资源为核心的融合发展模式,与内容生产商、技术提供商、资源供给方和市场开拓方建立多元一体的融合发展模式,用主力军把生力军带上主战场。四是构建共享机制,一方面,积极探索"出版+运营"发展模式,延伸数字出版产业链,激发全民创新创造力,强化合作共赢,逐步形成数字出版产业长效收益机制,让更多群众和同行享受到数字出版发展红利;另一方面,做实西部数字内容产业联盟,办好区域性数字出版展会,及时交流数字出版发展的成效,构建互促机制,打造具有重庆辨识度的数字出版发展新模式。

二、与时代同向而行,推动数字出版发展机制创新优化

　　机制创新是推进行业发展的重要保障。要推动重庆数字出版业繁荣发展,必须与时代同向而行,持续推动数字出版发展机制的创新、优化和完善。一是要优化数字出版发展领导机制。行政部门要把数字出版能力纳入年检、遴选和推荐的重点考核指标。图书、期刊、电子音像出版单位要切实以增强自我发展能力、提升综合竞争力为目标,积极构建适应数字出版发展的微生态,把数字出版作为"一把手"工程,构建决策层、执行层有效协同机制,形成上下同频的领导和推进机制。新兴的数字出版单位,要发挥机制优势,在业态创新、模式创新方面先行先试。二是优化数字出版产业发展的动力机制。要建立适宜数字出版产业发展的资源配置模式、考核评价机制和容错机制,确保数字出版产品和服务的研发、运营等方面能投入、敢投入,有兜

底的制度保障。三是健全扶持引导机制。切实发挥产业资金的引导作用，遴选双效突出的数字出版项目、产品和服务给予激励；设立数字出版重大攻关项目，集中优势力量集体攻关，打造一批投入产出效率高，引领能力强的数字出版项目。四是创新人才育、引、用机制。推动出版学科建设，加强高校、出版企业和研究机构的合作，构建产学研深度融合人才培养体系；在高级职称评定、出版奖项、行业表彰等领域，主动将数字出版纳入上述范畴，持续实施重庆数字出版"百人计划"，加强领军型数字出版人才培养；积极引进市外数字出版及相关领域高层次人才，通过引进人才渐次补齐重庆数字出版人才短板和缺口。要营造良好的职业环境，重点是打造有利于数字出版人才发展的职业微生态，把不同专长的数字出版人才放在合适的位置，发挥其创新能动性。

三、聚焦内容、技术、数据，构建多元融合发展新模式

一是坚持以内容资源要素为核心，推进数字出版原创工程，实施精品数字内容创作生产工程，强化精品数字内容资源创作生产，深度挖掘长江文化、红岩精神、巴渝文化、民俗文化等重庆文化资源，扩大优质数字内容产品供给，针对不同群体，形成各具特色的数字文化产品，满足不同群体的数字文化需求；二是注重技术赋能，强化前沿技术应用，持续推进生成式人工智能、大数据等参与数字出版产品生产和运营，将前沿技术深度融入出版生产传播各环节，在选题优化、内容供给、出版物形态、出版物质量、传播方式等方面实现创新，为行业发展带来新的增长点；三是激活数据要素潜能，发挥出版数据要素乘数效应。充分挖掘出版数据价值，培育基于出版数据要素的新产品和新服务，实现知识扩散、价值倍增，开辟出版业增长新空间。通过技术融合、内容融合、渠道融合和服务融合，构建多元融合发展新模式。

四、聚焦重点领域,打造数字出版新增长点

打造重点区域、重点版块,大力发展新兴出版,激发产业集聚效应,形成数字出版新的增长点,进而带动全市数字出版业繁荣发展。一是创新网络文献数据库出版服务模式,探索"文献数据库+知识服务"的数字教育出版服务模式,延长文献数据的价值链。二是加快发展网络音视频读物出版服务,把握数字出版物消费的新特征、新趋势,加大网络音视频出版物供给力度,打造具有巴渝文化特色、用户触达率高的网络音视频出版物,拓展数字出版业盈利渠道。三是大力发展以网络游戏、网络文学为重点的新兴出版。在网络游戏方面,以本地"独立"游戏及小游戏为重点,以网络游戏出版服务为抓手,提升行业管理和服务品质,带动网络游戏研发、运营等全产业链的发展。在网络文学出版方面,以现实题材文学创作、网文IP全版权开发、版权输出为重点,强化精品意识,注重规范、引导、扶持相结合,打造具有重庆辨识度的网文品牌,推动其成为我市数字出版发展的新兴力量。四是抓好两级数字出版基地建设,增强产业集聚效应。结合两江新区国家数字出版基地、重庆市数字出版产业发展基地已有的资源优势、产业特色和功能需求,明确各自发展重点,实施差异化布局发展,提升发展综合效率,形成独特竞争优势。提升两级数字出版基地的产业扶持及服务能力,打造良好的营商环境,吸引更多高新技术企业、数字内容生产企业等涵盖数字出版全产业链的企业入驻,形成产业链企业协同发展模式,不断壮大基地产业规模。

2024年度重庆市全民阅读指数评估调查报告[①]

在党中央"深入推进全民阅读"战略部署下，重庆市将全民阅读作为文化强市建设的重要抓手。近年来，通过"陆海讲读堂""百本好书送你读"等品牌活动，构建起多元化的阅读服务体系。调查覆盖全市38个区县，旨在全面评估全民阅读工作成效，为后续政策制定提供数据支撑。

一、基本情况

调查由西南大学公共文化研究中心负责执行，涉及重庆市38个区县的城乡居民。调查对象主要分为两类群体：成年居民和中小学生。成年居民调查按照各区县常住人口千分之一比例分层抽样，收集问卷139709份，剔除无效问卷38569份，最终得到有效问卷101140份。中小学生调查利用整群抽样和多段抽样方法，收集问卷51999份，剔除无效问卷3467份，最终得到有效问卷48532份。

从调查内容上看，成年居民调查主要聚焦居民阅读行为、态度和环境，具体包括综合阅读率、阅读时长、阅读活动、阅读设施等基本情况。

中小学生调查主要围绕"爱读书、读好书、善读书"三个维度展开，包括阅读时长、兴趣、媒介、AI阅读等基本情况。

[①] 课题承担单位：西南大学公共文化研究中心。本文摘自同名课题的结论部分。

二、成年居民阅读调查主要发现

(一)综合阅读率持续攀升

2024年成年居民综合阅读率92.09%,较2023年增长0.06%。

数字阅读率94.14%,纸质阅读率85.70%,双轨并行彰显文化底蕴。

从各片区综合阅读率来看,主城都市区综合阅读率为93.14%(较2023年增长0.26%),渝东北三峡库区综合阅读率为89.41%(较2023年增长1.74%),渝东南武陵山区综合阅读率为89.01%(较2023年增长0.06%)。主城都市区内部,中心城区综合阅读率为94.32%(较2023年增长0.18%)、渝西地区综合阅读率为90.22%(较2023年增长0.14%)、渝东新城综合阅读率为88.98%(较2023年增长0.2%)。

(二)日均阅读时长显著提升

成年居民日均阅读54.82分钟,较2023年增长15.02分钟。

(三)阅读量与藏书量双增长

2024年,成年居民年均阅读6.22本书籍,较2023年增长1.46本。

人均家庭藏书35.29本,较2023年增长3.29本。"书香家庭"建设见成效。

(四)城乡阅读呈均衡发展

城乡综合阅读率差距缩小至8.30%(较2023年减少0.9%)。

城市成年居民综合阅读率为94.62%(较2023年增长0.04%)、乡村成年居民综合阅读率为86.31%(较2023年增长0.07%)。

三、中小学生阅读调查主要发现

(一)"爱读书"氛围更加浓厚

中小学生综合课外阅读率94.06%。中小学生日均课外阅读时间35.33分钟,较2023年增长1.62分钟。

高中(中职)学生日均课外阅读时长42.78分钟,居各学段之首。

未来一年,超七成中小学生计划增加课外阅读。中小学生上学期人均购买纸质课外书6.94本(较2023年增长0.06本),城镇中小学生人均购买纸质课外书7.24本(较2023年增长0.10本),农村中小学生人均购买纸质课外书6.02本(较2023年增长0.04本)。

(二)"读好书"导向日益鲜明

中小学生最喜爱阅读纸质图书,书名或书籍内容是购书首要考虑因素,学校与家庭推荐的购买导向作用也比较显著。

《稻草人》《哪吒闹海》《中国古代文化常识》登顶中小学生最爱书单TOP3。

女生最喜爱书籍排名前三的是《哪吒闹海》《稻草人》《爱丽丝梦游仙境》;男生最喜爱书籍排名前三的是《封神演义》《哪吒闹海》《稻草人》。

(三)"善读书"能力逐步提升

93.58%的中小学生能够坚持"读完一本书",知识转化率达92.31%,展现深度阅读能力。

(四)AI赋能未来阅读作用凸显

AI辅助阅读接受度达71.42%(较2023年增长1.48%),中小学生对AI辅助阅读持积极态度。

四、全民阅读服务体系显成效

(一)服务设施深度融入生活

成年居民对各类阅读服务设施的平均知晓率为89.56%。其中对实体书店(91.32%)、公共图书馆(90.13%)和网上书店(89.92%)三项知晓率最高。

成年居民对各类阅读服务设施的平均使用率为67.42%,其中对网上书店(73.56%)、实体书店(73.14%)和公共图书馆(71.26%)三项使用率最高。全民阅读基础设施效能不断释放。

(二)品牌活动参与热情高涨

成年居民对各项全民阅读品牌活动平均知晓率为74.34%,其中全民阅读月(79.12%)、全民阅读盛典(76.25%)和"书香重庆 阅读之星"(74.26%)三项知晓率最高。

成年居民对各项全民阅读品牌活动平均参与率为52.16%,其中全民阅读月(57.64%)、全民阅读盛典(54.57%)和"百本好书送你读"(53.71%)三项参与率最高。

成年居民对各项全民阅读品牌活动平均满意度为59.43%,其中全民阅读盛典(62.68%)、"近悦远来·书香重庆"系列活动(61.93%)和全民阅读月(58.54%)三项满意率最高。

中小学生最喜爱的(知晓率、参与率、满意度)阅读活动是:"少年向上"主题教育读书活动。

(三)阅读生态数字化升级

成年居民数字化阅读方式接触率最高的是手机阅读(87.29%),其次是电脑阅读(47.35%),再次是听有声书(42.70%)。

调查显示,2024年重庆市全民阅读工作成效显著:成年居民综合阅读率达92.09%,城乡差距持续缩小;中小学生阅读兴趣浓厚,AI辅助阅读接受度提升。未来需进一步优化资源配置,深化数字阅读引导,推动"书香重庆"建设迈向更高水平。

2023年重庆市全民阅读指数评估调查典型案例

典型案例一　传承红岩精神,塑造城市精神内核
——重庆市传承红岩精神全民阅读典型案例①

近年来,重庆市不断健全全民阅读服务体系,形成全民阅读宣传合力,打响"书香重庆"的阅读品牌,而红岩精神则成为这一品牌亮眼的精神底色。红岩精神与全民阅读活动具有高度契合性,二者共同服务于"书香重庆"建设,统合于文化强市的部署。在全民阅读工作中突出传承红岩精神,既有利于打造"书香重庆"的独特品牌,又契合全民阅读"深化"推进的总体要求。传承弘扬红岩精神的行动已经渗透到全民阅读的方方面面,在校园、机关、社会三个主要阅读阵地均取得较好成效。"深化全民阅读活动"既要"深入"时代蓝图,发掘中国式现代化中的阅读力量,又要"嵌入"精神文脉,融入现代化新重庆建设的精神底色。

一、背景

从2014年开始,"全民阅读"已经连续11次写入国务院政府工作报告,从"倡导全民阅读"到"深入推进全民阅读"再到"深化全民阅读活动",报告中表述的变化既反映全民阅读工作推进的动态过程,又体现国家对全民阅读重要地位的进一步确认,最新的表述也表明全民阅读活动在经历10年的倡导和推进后,下一步将朝着纵深方向继续发展。党的二十大报告指出,要

---

① 执笔人:王斌、何官峰、李一琢。

"弘扬以伟大建党精神为源头的中国共产党人精神谱系",作为中国共产党长期在国民党统治区革命斗争中形成的革命精神,红岩精神不仅享誉全党全国,也是重庆这座城市最具辨识度的红色标识,教育和影响了一代又一代人。红岩精神与全民阅读活动具有高度契合性,二者共同服务于"书香重庆"建设,融合于文化强市的部署。在全民阅读工作中突出传承红岩精神,既有利于打造"书香重庆"的独特品牌,又契合全民阅读"深化"推进的总体要求。

二、主要做法

红岩精神是重庆人文建设的富矿、城市精神的核心。长期以来,红岩精神凭借其生动的内容和强大的感染力持续发挥着党史学习教育与精神号召的作用。在中共重庆市委、市政府的高位推动下,传承弘扬红岩精神的行动已经渗透到全民阅读的各个阵地。

一是夯实青少年教育,以红岩主题读书活动植入校园阵地。青少年是红岩精神的继承者,各区县着力加强青少年群体的红色文化熏陶。以校园阵地为基础,定期开展红岩主题读书活动,在全民阅读的校园阵地打造以赓续红色血脉为旗帜的特色阅读品牌。如重庆市最大的少年儿童阅读比赛"书香重庆 红岩少年"就以红岩命名,将红岩精神传承的内核与全民阅读以比赛的形式相结合,让红色基因融入血脉,在青少年心中种下"强国复兴有我"的种子;渝中区、黔江区连续三年举办"少年向上·传承红岩精神 争当时代新人"主题教育读书活动,围绕红岩革命文物保护传承工程、红岩精神弘扬传承、文化强市建设等主题开展了少年提案、主题演讲、经典诵读、书画创作等活动;沙坪坝区充分发挥沙磁文化发源地的优势,以"冠红岩之名、铸红岩之魂"实践活动为引领,大力实施"书香学灯耀红岩"读书行动,开展"红岩·书香小学灯""红岩·书香点灯人""红岩·书香护灯人""红岩·书香传灯人"四大专项行动,精心营造具有红岩精神底色的书香校园,打造万千青年向往的"青春之城"。

二是筑牢干部教育根基,以红岩专题读书班深入党政机关阵地。党政干部是红岩精神的践行者,中共重庆市委相关部门、各区县党委将红岩精神传承作为党史学习教育的重要内容,开办红岩精神专题读书班,在全民阅读的党政机关阵地建立以锤炼政治品格为宗旨的教育学习机制。如中共重庆市委理论学习中心组深入学习领会习近平总书记关于重庆历史文化特别是红岩精神的重要论述,通过读原著、看话剧、听讲座等形式,帮助广大党员干部更加全面认识中国共产党在重庆的光辉奋斗历程,深刻领会红岩精神。红岩专题读书班在党史学习教育中发挥独特作用,在党史学习教育中,"立"红岩精神以坚定理想信念,"用"红岩精神以继承优良传统,"活"红岩精神以提升服务本领,有利于将党史学习教育成效转化为推动重庆党政工作高质量发展的强大精神动力。

三是强化社会教育,以红色阅读各类活动融入社会阵地。各区县、街镇等在开展全民阅读工作时也积极探索其与红岩主题的结合,把传承红岩精神作为"书香重庆"建设的重要内容扎实推进,在全民阅读的社会阵地嵌入以塑造城市精神为引领的红色阅读活动。如九龙坡区开展"争做红岩先锋 共建书香九龙"全民阅读活动,为打造具备适应和引领现代化能力的新时代"红岩先锋"变革型组织助力赋能,号召广大党员、干部带头读书学习,营造浓厚的全民阅读书香氛围;沙坪坝区陈家桥街道的"品红岩书香 传革命薪火"全民阅读月系列活动,通过经典诵读、绘本伴读、行走读城等多种形式,让广大市民成为红岩故事的讲述者、红岩精神的传播者和践行者。

三、取得成效

一是创新落实了立德树人根本任务,构筑思政育人新高地。以"书香校园"建设为载体,将红岩精神融入思政教育体系,挖掘红岩精神的时代价值,一方面丰富了中小学思政教育的内容,提高了思政教育的针对性和实效性,促使学生们在阅读感悟中强化责任担当,在深切缅怀中汲取精神能量,实现"润物细无声"的课程思政育人效果;另一方面创新发挥了地方红色资源的育人价值,策划和开展以红岩精神为底色的校园阅读活动,促使青少年在活动参与中筑牢信仰之基,增强历史自觉和文化自信,引导青少年将个人发展与社会、国家发展紧密结合,培养更多全面发展的时代新人。

二是深刻把握了主题教育丰富内涵,搭建党性锻炼新平台。以"书香机关"建设为载体,将红岩精神作为党史学习教育的重要内容,体现了革命传统教育的时代内涵,成为深入学习贯彻习近平新时代中国特色社会主义思想的历史切口。将红岩精神引入全民阅读的机关阵地,是促使党员干部赓续红色血脉,传承红色基因,不断提高政治判断力、政治领悟力、政治执行力的有效途径。同时,各个机关阵地作为现代化新重庆建设的"领头羊",能够发挥关键决策和精神引领作用,在加强党员干部党性锻炼的同时,进一步发扬斗争精神,锤炼斗争作风,增强斗争本领,在现代化新重庆建设中锐意进取、攻坚克难。

三是有力弘扬了城市精神核心内容,引导全民阅读新风向。以"书香重庆"建设为载体,将红岩精神作为城市精神的底色加以继承和弘扬,为重庆市创造了又一张鲜明的精神名片。通过全民阅读等活动的传承和弘扬,作为重庆市重要文化遗产的红岩精神以及"红色三岩"革命遗址群得到了更好的保护和利用,这不仅有助于提升重庆市的文化软实力,也为城市文化的传承和发展注入了新的活力。同时,广大市民在形式多样的全民阅读活动中对红岩精神有了更深刻的认识和理解,增强了他们对红岩精神的认同感和自豪感,为形塑以红岩精神为核心的重庆城市精神强化了群众基础。

四、经验启示

"深化全民阅读活动"既要"深入"时代蓝图,发掘中国式现代化中的阅读力量,又要"嵌入"精神文脉,融入现代化新重庆建设的精神底色。传承红岩精神已经成为重庆市全民阅读工作的鲜明特色,二者在文化强市的统一部署下接口众多,这种结合是全民阅读工作落地重庆红色土壤的适应性创新,也是全民阅读活动向纵深发展的必然要求。

一是接续推进主题活动，巩固思政育人成效。以大思政课一体化建设为抓手，接续开展红岩主题阅读活动，将红岩精神深度融入"书香校园""书香班级"建设中。同时创新推广形式，从狭义的文字阅读走向广义的实践阅读，开展见红岩、听红岩、悟红岩系列阅读活动，鼓励教师带头学红岩，成为学生的"点灯人"，将红岩精神阅读融入课堂、带回家庭。

二是继续发挥党建特色，提升社会治理效能。持续在党政机关特别是基层组织中开展红岩精神学习教育工作，为打造新时代"红岩先锋"变革型组织提供精神动力。广大党员干部要在红岩精神的学习中坚定理想信念、传承爱国情怀、弘扬凛然斗志、涵养浩然正气，让红岩精神绽放出新的时代光芒。基层党员干部特别要在红岩主题的阅读学习中磨砺敢于斗争、敢于变革的担当和追求，准确识变、科学应变、主动求变，全力推动新时代"红岩先锋"变革型组织建设，进一步提升基层社会治理效能。

三是持续擦亮红岩品牌，塑造城市精神内核。实施红岩精神的传承弘扬工程，就是要让广大市民在日常行为中，在精神文明的创建活动中，让学红岩、知红岩、爱红岩、传红岩成为共同的行为追求。深化全民阅读活动就是实现这一目标的重要切口，《红岩》《魔窟》《忠诚与背叛》《信仰的力量》《最后的58天》等系列红色书刊是市民接触红岩精神最直接、最便捷的途径。将红岩精神的内涵融入全体市民的阅读生活中，能够更好引领城市人文的红色风尚，以传承弘扬红岩精神加强社会主义核心价值观培育，以红岩精神涵养新时代重庆人的精神面貌、道德境界和人文素养，锻造坚定志气、坚毅骨气和坚实底气。

典型案例二　大力实施"书架工程"，打造书香重庆新标杆
——重庆市书架工程全民阅读典型案例[①]

为深化全民阅读，建设"书香重庆"，重庆市大力实施"书架工程"，坚持用好用活各类阅读阵地、做好新兴阅读与传统阅读交融结合、实行线上活动与线下推广相互促进，着力活化阅读资源、优化阅读供给、强化阅读服务，成功把书架亮了出来、把书本读了起来、把书香传了开来，并形成极具重庆辨识度的精品力作，打造出"书香重庆"建设的新标杆。

一、实施背景

为全面深入学习贯彻习近平新时代中国特色社会主义思想和党的二十大精神，落实中共重庆市委六届二次、三次全会相关工作部署，深入推进重庆市全民阅读，统筹推进"书香重庆"建设，2023年7月中共重庆市委宣传部、重庆市文化和旅游发展委员会印发《重庆市村（社区）书架工程建设实施方案》，切实把书架工程和城乡社区阅读阵地打造成为"书香重庆"建设和基层文化建设主阵地。2023年12月，全市宣传思想文化工作会议召开。书架工程作为书香重庆全民阅读服务体系建设的重要内容，为打造高辨识度的重庆文化标识、加快推进新时代文化强市和现代化新重庆建设注入不竭精神动力。

[①] 执笔人：王斌、何官峰、彭荣华。

二、主要做法

(一)阵地建设与阅读服务整合优化

一是设立空间,建设阅读阵地。利用图书馆、实体书店、社区书屋等各类城市空间,在社区、街区、公共场馆等建设24小时多功能阅读空间,支持设立"阅读+"空间。因地制宜充分利用便民服务中心、新时代文明实践站、农家书屋等空间,为老百姓打造家门口的休闲阅读空间。加快阅读空间开放化,在群众聚集度高的公共空间放置或新设置书架。如涪陵区新妙镇农家书吧已建成23个;巫溪县初步计划每个村(社区)至少建成1个开放式阅读功能区;巴南区打造50平方米"背篓书屋"、3个图书馆外借点等。

二是活化资源,优化阅读服务。丰富和更新出版物资源,既确保村(社区)书架纸质图书的种类在150本及以上,又确保季度通过"轮换""补充"等方式更新品种数在20种以上,多渠道扩大增量。整合各方面出版物资源,建立综合台账,对新上架和应下架出版物按程序进行处理,落实好意识形态工作责任。如璧山区大兴镇在各村(社区)的党群服务大厅摆放书籍种类超150种的开放书架;高新区香炉山街道思贤社区街道阅读书架提供图书共计800余册;秀山县对书架已有刊物进行全面清理,及时处理应下架刊物等。

(二)新兴阅读与传统阅读交融结合

一是立足特点,创新阅读形式。深入实施村(社区)阅读打卡行动,利用微信号或在实体阅读空间打卡积分,构建打卡与积分挂钩的激励机制。采用"阅读+"形式,将阅读推广活动与基层文化活动、民俗活动、自然探索活动等结合,用活各类平台资源。同时提供便利化数字化阅读服务,用好各类数字和视听阅读资源,尽可能提供免费Wi-Fi和在线阅读基础支持,激发受众阅读兴趣。

二是因地制宜,丰富阅读活动。通过书架工程带动农家书屋建设,开展关爱乡村学生、乡村文化走读、名师讲堂伴读、校长读书会、城乡结对帮扶等活动,带动群众参与阅读。充分考虑当地文化特色、社会条件等现有资源,考虑不同年龄段和不同职业群体的阅读需求,创造内容丰富、契合需要的阅读活动。如"书香诵读""书香品德""书香印记""书香盈门"四大书香飘逸活动,将党的创新理论、科技农知、优秀电影等送进农家院坝。

(三)线上活动与线下推广相互促进

一是加强宣传报道,讲好阅读故事。运用报刊、广播、电视、网站和"两微一端"等,发挥各级新闻媒体和区县融媒体中心的作用,增加相关活动的关注度与曝光度,展现基层群众的读书传统和读书风采。开展主题活动,树立先进典型,进行书香重庆全民阅读系列推荐评选活动,讲好新重庆故事。如评选最美阅读空间、全民阅读推广示范单位、全民阅读"点灯人"等。

二是利用数字技术,延展阅读情境。用好"百本好书送你读"平台,增强基层群众对阅读的体验感。通过"实体+数字化""线下活动+线上直播"等形式激发城乡社区群众的阅读兴趣。采取场景化氛围营造,实行书香重庆全民阅读大联展,开展惠民展销,集中展示推介渝版渝创精品图书、发布重庆市全民阅读指数调查结果等。

三、取得成效

一是拓展了阅读空间,书架亮了出来。各类阅读空间的打造与开放,充分发挥了农家书屋和城市社区各类阅读阵地的作用,为公众提供了更加便捷、舒适的阅读环境。阅读服务与资源的供给优化充分盘活了阅读存量资源,增强了阅读资源供给的实效性,扩大公共文化服务覆盖面。如巫山县全县各镇街和村社亮出300余个书架;高新区巴福镇打造家门口的"一公里阅读圈",9个村(社区)约3000本图书已贴好标识上架;璧山区璧泉街道所有社区已完成书架工程,提供5000余册图书。书架不再锁在屋里,基层群众有书可读,居民阅读"触手可及"。

二是提升了阅读趣味,书本读了起来。新奇多样的阅读形式,丰富了阅读资源的形态和展示方式，增强了基层群众对阅读的体验感。内容丰富的阅读活动实现了书与人的链接，切实将阅读与村（社区）现实相结合，满足市民多样化阅读需求，促使市民参与阅读、共享阅读、推广阅读。如城口县金岩村持续开展的读书交流会、好书分享会、经典诵读等系列活动，吸引了在村青年积极参与到阅读活动中来；渝北区"筑梦课堂"实现了阅读与教育相结合。书本不再束之高阁，阅读活动更生动，群众收获更充实。

三是激发了群众热情，书香传播开来。媒体报道、推介典型等营造了浓厚的全民阅读氛围，激发了辖区居民们阅读的热情，引导、培育了基层群众的阅读习惯。如2024年"书香重庆"全民阅读盛典，为全市100个单位和个人颁发奖项，激励全市人民共赴文化盛宴。数字阅读情境则打通了阅读的"最后一公里"，使更多沉睡的阅读资源"活"起来，阅读场景也由单一向多元化形式转变。2023年重庆市成年居民数字阅读率达到82.2%，日均数字阅读时长为48.6分钟。书香溢出书架，深入重庆城乡社区。

四是唱响了书香重庆，标杆立了起来。书架工程着力活化阅读资源、优化阅读供给、强化阅读服务，成功拓展了全民阅读阵地，打造了数字阅读全息体验，完善了全民阅读服务模式，确保了全民阅读高质量发展。形成与发展了"渝阅小书包"、背篓送书进"万家"等极具重庆辨识度的精品力作。真正让阅读走进重庆大街小巷，融入百姓生活，铸造文化底蕴和精神印记。书架工程成为乡村文化"加油站"、"书香重庆"新标杆。

四、经验启示

一是优化服务，织密便民阅读网络。推进书架工程向农村社区、易地搬迁小区、旅游集散中心、高速公路服务区、养老院、中小学校等延伸，充分发挥城乡社区阅读阵地作用。不断拓展书籍品类及数量，增加数字阅读资源，在更多社区投入使用，切实为群众提供便利化、便捷化、均等化的阅读学习服务。

二是创新活动，拓展优质阅读体验。依托各类阅读空间广泛开展系列阅读、评选活动，持续在全社会营造多读书、读好书、善读书的浓厚氛围。不断探索创新方式方法，开展形式丰富、内容多样的阅读活动。通过线上线下相结合的方式，不断完善全民阅读服务模式，积极回应群众多样化的阅读需求，提升服务质量、加强阅读指导，让更多人能够参与到阅读中来，努力为读者呈现更加优质、更加精彩的阅读体验。

三是数字赋能，引领全民阅读风尚。推进数字文化建设，发挥数字文化在引领和撬动全民阅读方面的关键作用。借助5G技术的先进优势，利用大数据技术，精准勾画用户画像，捕捉用户的阅读兴趣，实现优质内容的实时推送，满足受众个性化的阅读需求。深化阅读活动的场景化体验，办好用好报刊、广播、电视、网站和"两微一端"等平台，建立书香志愿者服务体系，打造"线上+线下"文化共同体，增进读者间的情感共鸣，引领公众阅读的新风尚。

行业会议

2024网行者大会会议综述[1]

2024年10月17日,以"网行天下 更绿色更精彩"为主题的2024网行者大会在南岸区隆重举行。本次大会汇聚了众多行业精英、专家学者以及企业代表,共同探讨数字化时代背景下网络出版行业的创新发展路径、面临的挑战与机遇,为推动网络出版行业的高质量发展建言献策。

一、网络出版行业的发展现状与趋势

网络出版行业在数字化浪潮的推动下,正经历着深刻变革与发展。网络游戏、网络文学、数字音乐等新兴出版业态蓬勃发展,成为文化产业新的增长极。2023年,我国网络文学总规模接近400亿元,作品总量超过3700万部,用户人群超过5亿人;中国游戏市场实际销售收入为3029亿元,同比增长13.95%,其中自主研发游戏的国内市场实际销售收入达2563.75亿元,同比增长15.29%。中国音像与数字出版协会常务副理事长兼秘书长敖然指出,网络出版行业在技术和市场的双轮驱动下,焕发出前所未有的活力,新兴业态不断涌现,文化消费场景日益丰富。例如,数字音乐的市场规模持续扩大,在线音乐、音乐短视频、音乐直播等多元化业态满足了不同用户群体的需求。

融合发展越来越成为网络出版的趋势。很多与会者都提到,网络出版企业应积极探索跨领域、跨行业的融合发展路径,加强与其他产业的合作与交流,实现资源共享、优势互补,共同推动文化产业的创新发展。中文在线

---

[1] 课题组成员:傅军、刘颖。

副总裁谢广才指出,网络文学与影视、动漫、游戏等领域的改编与联动日益频繁,构建了完整的文化产业链条。80%的电影、电视剧作品改编自网络文学,网络文学成为大部分数字内容作品的创作源头。南岸区文旅委相关负责人则以《黑神话:悟空》为例,提到不管是数实结合,还是虚拟现实,还是增强现实,未来游戏都可以在文旅上发挥更大的宣传作用、促销作用。

AIGC(人工智能生成内容)为网络出版行业带来了新的变革与机遇。它不仅改变了内容生产的方式,提高了创作效率与质量,还拓展了文化消费的新场景与新形态,为网络出版行业的创新发展注入了强劲动力。南京大学出版研究院副院长杨海平强调,AIGC技术能够实现内容的高效生成与优化,为网络文学、游戏等领域的创作提供强大支持。例如,中篇小说的创作,已经难以区分人工作品与机器生成作品,这标志着内容创作领域的一次重大变革。AIGC在游戏开发中的应用,使得游戏内容更加丰富多样,角色塑造更加生动逼真,为玩家带来全新的沉浸式体验。

二、网络出版的生态建设

网络出版方兴未艾,但与此同时,防网络沉迷、清朗网络空间、提升网络文化产品品位等,也成为行业必须共同面对的重大课题。我们要推动文化与科技深度融合、推动网络出版事业产业高质量发展、加强网络出版行业行风建设、构建绿色健康网络文化生态、树立网络出版良好行业形象,不断满足人民群众精神文化生活需求。

政府主管部门应加强对企业的支持力度,提供政策引导、资金扶持与服务保障,帮助企业克服发展中的困难与挑战。南岸区围绕建设新时代文化强区目标,在数字出版、数字内容、数字文创、网络视听等新赛道聚焦发力,文化产业呈现出繁荣发展的良好态势。未来三年内,要力争数字文化产业规模年均增长30%以上,新增数字文化企业200家以上,吸引超300名高端数字文化人才入驻。重庆市数字出版产业基地为中小企业提供了良好的产业生态和发展环境,助力中小企业成长。例如,基地通过高效的网络游戏出版服务体系,提高游戏版号过审率,为中小企业的发展提供了有力支持。

中国新闻出版传媒集团总经理李忠表示，在数字化时代背景下，新闻出版与网络文化生态建设的关系日益紧密。而网络文化生态的建设，不仅关系到文化的传承与发展，更关系到国家文化软实力的提升。中国期刊协会副会长李军强调，网络出版行业应深入学习贯彻习近平文化思想，坚持"以人民为中心"的发展理念，共同探讨网络出版行业推动文化与科技深度融合、加强网络出版行业行风建设、构建绿色健康网络文化生态等重大问题。

三、文化传承与社会责任

中国编辑学会会长郝振省指出，网络出版行业应深入挖掘中华优秀传统文化的内涵，通过创新表达方式与传播手段，让传统文化在数字时代焕发出新的活力。

完美世界文创合伙人张瑞分享了与南京夫子庙联动的案例，通过游戏还原夫子庙的风光和非遗灯会，线上线下同步点灯，让更多年轻人了解和认知非遗。同时，邀请非遗代表性传承人作为传统文化的艺术指导老师，通过游戏传播非遗。

中文在线常务副总裁谢广才提到，网络文学、网络游戏等新兴出版业态以其独特的内容与形式，吸引了大量海外用户，成为展示中国文化的亮丽名片。2023年我国网络文学"出海"作品达69.58万部，海外营收规模达43.5亿元，翻译语种涵盖20多个语种，覆盖40多个国家和地区。网络文学的出海模式已经从实体图书版权输出的1.0时代，发展到网络文学IP多模态海外开发传播的2.0时代，如今正迈入以海外产业业态布局为特征的3.0时代。例如，《庆余年2》《与凤行》《斗破苍穹》等优秀网络文学作品改编的电视剧在海外平台热播，带动了原著作品的销售，彰显了网络文学在全球文化市场中的影响力。

网络出版行业应积极履行社会责任，坚持正确的价值导向，生产更多优质、健康、向上的文化内容，满足人民群众日益增长的精神文化需求。中共重庆市委宣传部有关领导谈及在平衡网络游戏发展与规范的过程中，监管部门要从"四个业"入手：首先要有事业观，遵循真、善、美；其次是产业需要规范,行业需要规则;最后是从业者的职业观,包括从业人员的社会形象、社会认知和职业素养。

华龙网集团党委书记、董事长李春燕指出,要加强对网络出版内容的监管与审核,建立健全行业规范与自律机制,确保网络出版物符合社会主义核心价值观。作为游戏出版企业,要切实贯彻落实党中央要求,自觉承担起举旗帜、聚民心、育新人、兴文化、展形象的宣传思想文化使命任务。例如,华龙网在游戏出版过程中,严格审核游戏内容,确保游戏传递正能量。

四、技术创新对网络出版的影响

AIGC技术能够实现内容的高效生成与优化,为网络文学、游戏等领域的创作提供有力支持。杨海平指出,AIGC在推进过程中,主要涉及内容生产、AI设计、算法三个方面,为网络出版发展注入新活力、焕发新生机。例如,方正电子的AI辅助出版功能包括内容生成、内容优化、内容总结、内容翻译、知识识别、预审报告、知识检索七个方面。

区块链技术为数字版权保护提供了有效解决方案,确保内容创作者的权益得到充分保障。重庆渝数科技有限公司董事长李戈多在发言中提到,通过区块链技术,可以实现数字内容的溯源、认证和永久性云存储,提升数字资产的安全性和可信度。例如,数字藏品平台鲸探,通过区块链技术实现数字藏品的溯源、认证和存储,为文化产业的数字化转型提供支持。

虚拟现实与增强现实技术则为用户带来了沉浸式的文化体验,模糊了虚拟与现实的界限,拓展了文化消费的新场景。阿里巴巴元境副总裁朱国政指出,虚拟现实技术在游戏、教育、文旅等领域的应用,为用户创造了更加真实和沉浸的体验环境。例如,三峡博物馆推出的"三峡文化数字院线",融合VR冒险和教育模拟游戏,让玩家真实体验大唐的繁华和三峡在侏罗纪时期的神秘。

数字技术在金融领域的应用为文化产业的发展提供了新的动力和支撑。蚂蚁消费金融有限公司首席信息官刘义分享了在数字技术赋能文化产业发展方面的实践经验。例如,通过智能反诈系统和"金融科普花花车"活动,提升消费者金融素养,促进社会整体金融健康。

企业数据资产化是提升企业竞争力和价值的重要途径。李戈多详细阐述了企业数据资产化的方法论与实务案例。通过数据资源化、数据产品化、数据资产化、数据资本化的"四化"方法,企业可以实现数据价值的最大化,提升企业估值、交易估值,盘活隐藏资产,增加融资手段,增厚资产提升利润,降低资产负债率,形成业绩新增长点,赋能企业转型。例如,某交通科技公司通过数据资产入表,全年产生数据资产9000万,数据资产预计占总资产的4.1%,资产负债率下降3%。

五、中小企业的机遇与挑战

敖然指出,网络出版行业应积极拓展海外市场,通过融合出版、数字出版等方式,推动中华文化走向世界。网络出版行业应积极拥抱新技术,加强技术研发与应用,提升内容生产、传播与服务能力。要注重培养高素质的复合型人才,提高行业的整体创新水平,以更好地适应数字化时代的发展需求。

中小企业应充分发挥自身灵活、创新能力强的优势,聚焦细分领域,打造具有特色的产品与服务。广州阿纳海姆网络科技有限公司董事长刘永荣认为,利用AIGC技术降低开发成本、提高创作效率,开发具有文化内涵与创新性的游戏产品,是中小企业在激烈市场竞争中脱颖而出的关键。例如,一些中小企业通过开发具有地方文化特色的小游戏,成功吸引了大量用户,实现了商业价值和社会价值的双赢。

与会者认为,小游戏的发展会给行业带来巨大的机遇。小游戏以其轻量、快上手、适合全年龄段的特点,满足了用户的碎片化需求。微信战略研究院高级研究员孟竞帆指出,微信小游戏用户已达10亿,月活用户5亿,240多款游戏季度流水超千万,预计今年商业总量超100亿。例如,"抓大鹅"重庆版通过定制开发,包括60个关卡及12只重庆主题鹅,以互动小游戏形式提升文化参与感,实现受众的精准多元链接。重庆亿坤科技有限公司总经理江凌也提到,小游戏在中国游戏策略中应该被视为相当重要的一环,它不仅是企业扩展用户群、提高市场渗透率的有力工具,还能帮助企业在较低风险和成本的情况下进行创新尝试和品牌推广。通过正确的开发和运营策略,小游戏可以带来比较可观的商业回报,并为出版单位的长远发展提供持续的增长动力。

综上所述,2024年网行者大会为网络出版行业提供了一个深入交流与合作的平台,凝聚了行业共识,指明了发展方向。在网络出版行业迈向高质量发展的新征程中,各方应携手共进,坚持创新驱动、内容为王、社会责任与融合发展,共同构建更加绿色、更加精彩的网络出版生态,为推动文化强国建设作出积极贡献。

重庆数字出版年会(2024)大会报告综述[①]

2024年12月27日,重庆数字出版年会(2024)在渝北区召开。本次年会以"新质生产力赋能出版业高质量发展"为主题,100余家企业相关业务负责人和业内专家学者参加会议。围绕大会主题,国内数字出版领域知名专家学者作了《培育新质生产力 推动西部地区出版业高质量发展》《人工智能赋能出版产业发展的思考》《人工智能技术赋能数字出版融合创新》《数智时代的出版融合发展》《推进融合出版 传播优秀传统文化》《全景式宣传阐释红岩精神的探索实践》《聚力微短剧+构建数字内容赋能千行百业新生态》等7场专题报告,就新质生产力、人工智能赋能出版业发展等方面进行了深入探讨。报告充分呈现了人工智能等新质生产力赋能出版业高质量发展的态势。

一、新质生产力赋能出版业发展

"加快发展新质生产力"被写入2024年政府工作报告,其成为促进经济社会发展的新增长点和强大动力。新质生产力对各行业、各领域传统生产力不断进行迭代升级,对生产力质态实现革命性跃迁,促进经济社会高质量发展。在出版领域,新质生产力赋能出版业发展的认识也在充分提高,其凭借技术革新和智能化升级,显著提升了出版业的全要素生产率,赋能出版业高质量发展。专家学者们的报告一致认为,近年来国家高度重视AI技术与出版产业的融合发展,先后出台多项框架性、指导性政策,从规划调控、财政

---
① 课题承担单位:重庆华略数字文化研究院。课题组成员:袁毅、游登贵、巫国义。

调控、标准调控等多个方面支持出版业高质量发展。从产业视角看,新质生产力的引入为出版业提供了新的增长引擎,大数据、云计算、人工智能等技术的快速发展,特别是生成式人工智能(AIGC)的兴起,为出版业带来了发展机遇,推动了出版流程的重塑和产品形态的多样化。基于对国家政策和产业发展两方面梳理,新质生产力赋能出版业发展的认识得到充分提高,这一观点在7场报告内容中得到了全面的体现。相关观点呈现如下。

中国新闻出版研究院数字出版研究所所长王飚从出版资源供给、出版业科技创新、产业新业态构建及出版人才队伍建设四个维度深刻剖析新质生产力对出版业的赋能作用,发现新质生产力正成为推动出版业变革和转型升级的关键力量。当前人工智能等新质生产力对出版业发展的赋能作用非常突出,国家新闻出版署智慧出版与知识服务实验室主任、南京大学出版研究院副院长杨海平认为,在国家战略布局中,人工智能是引领新一轮科技革命和产业变革的技术代表,是出版产业转型升级必须关注、接触和尝试应用的新兴领域,也是出版企业抢占数字时代出版发展制高点的重要抓手。上海辞书出版社副总编辑童力军以自身在出版社十年数字出版探索历程为样例,回溯数字技术、大数据、人工智能等先进技术在出版社中应用的经验、教训及启示,构建了出版融合发展的框架体系,即优质知识内容、市场需求、创新技术、核心产品四位一体,进一步深化了新质生产力赋能出版业发展的认识。结合出版实务,北京北大方正电子有限公司副总裁刘长明提出,人工智能技术是发展新质出版生产力的重要引擎,出版业从数字化向数智化方向迈进必须依靠人工智能,主要表现为加速出版产品与服务创新、优化再造出版业务流程、实现内容IP与智能技术的优势叠加等。新质生产力对出版实务赋能作用的认识得到具象化表达。

二、新质生产力在出版业中的应用

新质生产力在出版业中的应用不断深入,推动了出版业从传统模式向数字化、智能化、融合化方向转型升级。一方面,数字技术、人工智能、大数据等前沿科技的广泛应用，重塑了出版业的生产流程和产品形态。新质生产力，特别是以人工智能、大数据、云计算等为代表的前沿技术，正逐步渗透到出版业的各个环节，从内容创作、编辑加工到营销推广、读者服务，都彰显着其强大的驱动力。同时，通过"出版+X"模式，出版业与教育、文旅、娱乐等领域深度融合，催生了智慧教育、沉浸式文旅等新业态。另一方面，新质生产力推动了出版业的绿色化和智能化发展，通过优化生产要素配置，提升了出版质量和效率。此外，数据作为新的生产要素，正在重塑出版业的产业链和商业模式，为行业带来了新的增长动力。随着新质生产力的持续赋能，出版业的全要素生产率不断提高，为高质量发展奠定了坚实基础。

发展新质生产力背景下，出版业加速变革，劳动力、劳动对象和新生产资料呈现新特点，数字化、智能化成为趋势，新产品、新模式、新渠道、新业态不断涌现。正如杨海平所言，出版界早已意识到AI技术对产业变革的巨大推动力，纷纷加快推进与AI技术的深度融合发展进程，以此来打造新的出版产业形态。诚然，这种新的出版业态打造必须与市场新消费、新体验和新场景紧密结合。王飚认为通过数字化转型和智能化升级，可以提高出版业的生产效率和质量，降低生产成本，发挥出版单位的专业、权威、优质内容生产优势，从而推动出版业持续健康发展。如在线教育、数字出版、动漫游戏等产业的发展，为出版业更好地满足人民精神文化需求提供了新路径、新场景。

清华大学出版社副社长庄红权从出版细分领域着眼，深入剖析了大众出版领域的企鹅兰登、教育出版领域的培生、学术出版领域的爱思唯尔和施普林格等国外出版社融合出版发展现状，总结了以传统纸质书为主的出版收入增长、利润下降，以数字产品为主的教育服务业收入有升有降、利润都大幅增长，数字化产品收入增长较快等特点。同时分析了国内大众出版领域的中信出版社、教育出版领域的高等教育出版社、学术出版领域的科学出版社的融合出版发展现状，发现人工智能在出版细分领域的应用日益深入。再以清华大学出版社为例，庄红权系统总结了AI赋能出版业务探索的新方向。与之类似，刘长明认为方正电子在人工智能及大模型技术应用探索方面也在不断深入,从构建智能出版技术底座到垂直特定领域专业场景打造,再到基于出版大模型推出AI编辑助手上线运行,充分体现AI大模型与出版业务场景的紧密结合,推动出版业务智能重构和效率跃升。此外,今日重庆的融合发展、麦芽传媒的微短剧创作和发行及新疆文化出版社深耕优秀传统文化传播也都很好体现了新质生产力在出版业中的深入应用。

三、新质生产力赋能出版业发展的热点

新质生产力特别是人工智能、大数据、云计算等前沿技术,正在深刻改变着出版业的格局与发展路径。当前新质生产力赋能出版业发展的热点频出,主要涵盖了出版流程再造、出版模式探索、出版新业态培育、版权保护等多个方面。这些热点不仅反映了当前出版业的发展趋势,也为未来出版业创新发展提供了广阔的空间和机遇。

在出版流程再造方面,杨海平认为通过运用大数据和人工智能技术,出版企业能够实现选题策划、内容生产、编辑加工、营销推广等环节的智能化协同。这一变革不仅提高了出版效率,还增强了出版的精准性和针对性,为用户提供了沉浸式的阅读体验,拓展了出版的边界和可能性。刘长明也指出,AIGC作为当前出版业实务的关键动力,其在内容创作、生成、分发等方面的应用前景广阔。通过智能创作辅助工具,如AIGC可以实现内容的快速生成与优化,智能编辑系统能够自动进行稿件的校对、润色和排版,大幅提高编辑效率和质量。在出版模式探索方面,庄红权强调数字出版与融合出版已成为出版业发展的新趋势。通过构建一体化的内容生产与传播体系,实现传统出版与新兴出版的深度融合。这一过程中,新质生产力如大数据、云计算等发挥了重要作用,推动了出版流程的再造与升级。在出版新业态培育方面,王飚指出,新质生产力不仅推动了传统出版业的转型升级,还催生了众多新兴出版业态。其中,数字教育和知识服务成为热点领域。通过运用新技术、新模式,出版企业能够为用户提供更加个性化、便捷化的服务,满足用户多样化的需求。刘长明认为,利用AI技术构建更加完善、高效的

知识服务体系，为用户提供个性化的知识服务，是当前出版业新业态培育的重要方向之一。在版权保护方面，多份报告都认为通过运用区块链技术，出版企业能够实现版权信息的透明化、可追溯化，有效维护作者的权益和出版企业的利益。

四、新质生产力赋能出版业发展面临的挑战

新质生产力为出版业发展赋能的同时，也要看到随着数字化时代的深入发展，新技术所带来的诸多问题。在技术应用和数据安全方面，王飚认为，随着数字化时代的深入发展，技术带来的内容安全与数据保护问题日益凸显，出版领域技术创新应用与合规使用的关系亟待解决。AIGC技术的快速发展，将会带来意识形态风险、缺乏思想性、创新性、内容可信度不够、版权侵权等一系列问题。杨海平从技术应用的战略高度作出思考，他认为我国出版业在人工智能的应用上仍处于探索与初级实践阶段，许多国内出版企业仅将人工智能视为提升工作效率的工具，未能充分认识到其对出版产业转型升级的深远影响，以及对人类传播和学习文化知识方式的根本改变。随着AI技术的普及，编辑的核心技能需求正发生显著变化。传统的编辑技能，如文字编校、内容策划，正在被AI所优化或部分替代，编辑逐渐被要求具备数据分析、算法理解等新的技术能力。然而，许多编辑人员在这些新兴领域缺乏足够的知识和技能培训，使得他们在职场竞争中处于不利地位，进一步导致职业身份的模糊化与职业发展空间的受限。红岩春秋杂志社编委许安全提出，面对人工智能等新技术，流程再造的"后期工程"尚未完结。

在人才支撑方面，一方面，缺乏既懂出版业务又掌握新技术的复合型人才。王飚强调，与快速发展的产业相比，新兴出版业融合型出版人才培养存在明显的滞后性，特别是复合型创新人才和团队较为匮乏，出版人才的培养机制已与出版业高质量发展需求不相匹配。另一方面，现有从业人员的知

识结构和技术能力难以适应新技术的发展需求。杨海平提出,AIGC的高效性和规模化生产能力,使得出版企业倾向于依赖技术工具而非人工干预,导致编辑的工作内容和职责不断缩减,编辑职业的发展空间被进一步压缩,职业上升通道受阻。童力军认为,出版人才结构变革与人才培养滞后的问题普遍存在。

与会专家学者还关注到如何通过现行体制机制有效释放新质生产力效应。王飚认为,新质生产力的发展,必然要求有与之相适应的生产方式与生产关系的变革。在数字化、智能化快速发展的背景下,我国出版业因条块分割造成的优质出版资源难以集中的问题、管理制度与新领域新赛道的布局不适应的问题、出版企业主动性与能动性不足的问题都更加突出。新疆文化出版社有限责任公司、新疆电子音像出版社有限责任公司董事长沈岩从文化赓续角度提出,深化文化挖掘与传承的机制有待优化。重庆麦芽传媒有限公司董事长助理、公共事务总监唐会余也认为,微短剧+文旅、+品牌、+实体经济、+乡村振兴、+游戏、+教育的顶层设计规划和推进机制亟待加强。

五、新质生产力赋能出版业发展的建议

在新质生产力赋能出版业发展的过程中,其显著的推动作用已逐渐显现,但也呈现出一些亟待解决的问题。因此,与会专家学者进一步深化相关政策建议,这对于推动出版业高质量发展具有重要意义和现实作用。王飚从新质生产力赋能出版业高质量发展的宏观层面,系统提出要加速出版业转型升级、加快布局优势创新产业、提升科技创新应用水平、加强新型出版人才队伍建设,持续推进出版业深度融合、动能效能提升和高质量发展。基于此,报告提出的相关建议主要集中在技术赋能、内容建设、人才建设、深度融合等方面。

在技术赋能方面。庄红权认为要发挥AI、大数据、云计算等新质生产力

对数字出版业的赋能作用,充分利用AI技术实现出版流程的全自动化、智能化,利用区块链技术实现出版内容的版权保护和溯源等。刘长明提出,数字出版业要更加注重知识服务体系的完善与升级,要利用AI技术构建更加精准、高效的知识图谱和智能问答系统,利用大数据技术分析用户行为偏好,为用户提供更加个性化的知识服务等。刘长明认为,出版业数字化转型经历了互联网+产品和服务创新转型阶段,现在进入以大数据、人工智能驱动的智能+时代。这个阶段基于智能技术和数据要素,实现优化资源配置,提升全要素生产率,实现供给侧结构性改革。基于此,刘长明提出推动智能工具应用、探索构建人机协同智能出版流程和传播新体系、探索AI大模型和业务场景的融合模式等对策建议。

在内容生产方面。庄红权认为出版业应始终坚持"内容为王",强化高质量内容供给。在利用新技术提升生产效率的同时,要建立严格的版权审核与监督机制,确保技术应用的合法性与合规性。构建完善的伦理与隐私审查体系,保护作者和出版企业的合法权益。唐会余基于微短剧发展情况,认为其促进大出版、大文化繁荣的支撑力强劲,强调了内容精品建设路径。沈岩提出,未来新疆融合出版的基础在于深化文化挖掘与传承、加强内容生产研发,努力打造特色鲜明的数字品牌。童力军提出要转变产品思维,坚持数据标准选择、技术路径选择,构建企业、平台和用户三方合作共赢模式,树立品牌意识,推进上海辞书出版社内容生产体系不断健全。

在人才建设方面。王飚、杨海平、许安全都认为出版业要更加注重人才培养与团队建设。创新人才培养方式,强化校企联合培养,推进产教融合,培养既懂出版业务又掌握AI技术的复合型人才。通过加强团队建设、完善激励机制等方式,吸引和留住优秀人才,为数字出版业的融合高质量发展提供有力的人才保障。建立人才岗位常态化流动机制,促进出版人才的知识和技能更新。持续推动内容生产人员能力适配,加强学习交流和务实培训。优化出版人才结构,加强数字内容审核、数据管理、版权运营等方面人才的培养和引进。

在深度融合方面。王飚提出政府应加大对出版业与新兴技术融合项目的资金支持力度,通过设立专项基金、提供贷款贴息等方式降低企业研发成本,以及给予出版企业税收优惠政策,鼓励其加大技术投入和内容创新。报告一致认为要加快推动产业融合与协同发展,促进出版业与教育、娱乐、文旅等行业的深度融合,构建跨领域的"出版+"生态系统。通过横向和纵向的双重整合,提升产业链的整体效率,实现资源配置的最优化。同时,推动出版企业之间的合作与信息共享,提高整个行业的竞争力和影响力。

六、总结

7场专题报告中,无论是行业主旨报告还是产业专题报告,焦点始终集中在新质生产力如何赋能出版业高质量发展上。这体现了当前出版业对技术创新和产业升级的高度重视,也反映了出版业在数字化转型过程中的核心关切。报告深入探讨了新质生产力在出版业中的广泛应用、现实影响、存在困境以及未来发展趋势,为出版业高质量发展提供了理论支撑和实践指导。

从报告内容上看,主要围绕以下问题展开:一是新质生产力如何重塑出版流程,提高出版效率和质量。二是新质生产力如何推动出版产品的多样化和个性化,满足读者和用户日益增长的文化需求。三是新质生产力如何促进出版业与教育、文旅、娱乐等领域的深度融合,拓展出版业的边界和可能性。四是新质生产力在赋能出版业发展的同时,如何解决技术应用、数据安全、人才培养等方面的问题。这些问题的探讨,对于推动出版业的高质量发展具有重要意义,也为新质生产力赋能出版业发展提供必要的决策依据。

报告也提供了很好的思考方向,主要包括新质生产力的技术创新、应用实践以及产业影响。一方面,深入研究了人工智能、大数据、云计算等新质生产力的核心技术和应用场景,探讨了这些技术如何为出版业提供新的增长引擎。另一方面,还关注了新质生产力在出版业中的实际应用案例,分析了这些案例的成功经验和不足之处,为出版业的实践探索提供了有益的参考。当然,报告也存在留白空间。从产业视角出发,新质生产力对出版业生态、产业链以及商业模式的影响,为出版业的转型升级提供战略指导方面,还亟待进一步深入研究。

  报告呈现了未来可能的发展趋势,归结起来是出版业将更加注重技术创新与产业升级的深度融合。一方面,随着人工智能、大数据等技术的不断发展,出版业将更加注重技术的创新应用和实践探索,推动出版流程的智能化和自动化。另一方面,出版业将更加注重与新兴领域的深度融合和跨界合作,拓展出版业的边界和可能性,打造新的增长点和竞争优势。此外,出版业还将更加注重人才培养和团队建设,提高从业人员的专业素养和技术能力,为出版业高质量发展提供有力的人才保障。

后　记

　　出版工作是党的宣传思想文化工作的重要组成部分,是促进文化繁荣兴盛、建设社会主义文化强国的重要力量。随着新一轮科技革命和产业变革深入发展,以及创新驱动发展战略的深入实施,出版新产品、新业态和新模式不断出现,推动出版业全面转型升级、实现高质量发展,已成为行业共识。为加强对重庆出版业高质量发展的理论支持和实践指导,重庆市新闻出版局自2022年起组织出版单位、相关协会和研究机构,围绕重庆出版业高质量发展相关议题开展系列课题研究,形成了一批有价值的成果。

　　本书是上述成果的汇编,即2023—2024年重庆市新闻出版局重点研究课题与重要行业会议成果,主要包括年度产业报告、理论探索和决策建议等。全书共分为四个部分,包括:①行业改革:为深入贯彻落实党的二十届三中全会及中共重庆市委六届六次全会精神,中共重庆市委宣传部(重庆市新闻出版局)在深入调研的基础上,提出了重庆出版业数智融跨改革体系谋划。②行业报告:全景式展现了重庆出版业2023年的发展情况,包括行业发展综合报告以及图书和电子音像、期刊、数字出版专题报告。③行业研究:聚焦2023—2024年出版行业各细分领域的调查研究成果,涉及出版新质生产力调研、期刊分类体系研究、网络文化产业生态、数字出版创新、全民阅读调查等主题。④行业会议:收录了2024年网行者大会及重庆数字出版年会的专题报告内容。

　　重庆大学出版科学研究所组织编写了本书,旨在为推动重庆出版业高质量发展提供科学、客观的参考依据。力求为党和政府相关部门制定出版产业政策、为出版企业优化发展战略、为学界业界深入研究提供有力支撑。鉴于研究和编写水平所限,本书在结构布局、专题遴选、数据获取及统计分析等方面难免存在不够系统全面之处,部分报告内容还存在一些疏漏,敬请广大读者见谅。恳请读者在阅读过程中提出宝贵意见,以便我们在今后的编撰工作中不断改进。

本书的编写得到中共重庆市委宣传部(重庆市新闻出版局)的悉心指导。中共重庆市委宣传部副部长、重庆市新闻出版局局长马然希主持行业改革部分的撰写,并对本书的内容及定位提出了指导性意见;中共重庆市委宣传部出版处对本书的编写和出版全程严格把关;重庆新华出版集团、西南大学出版集团、重庆大学出版社、重庆大学期刊社、西南大学公共文化研究中心、重庆华略数字文化研究院等单位,以及相关领域专家共同参与了本书的撰稿。

重庆市各出版单位提供了翔实的一手数据,多位专家学者审读全稿并提出了宝贵的修改建议。书中引用的论述及文献,虽已尽力标注,仍恐有遗漏,谨一并致以诚挚的谢意。